JN074535

「経理の仕組み」で実現する
決算早期化の実務マニュアル

第3版

公認会計士
武田雄治 著
TAKEDA, Yuji

中央経済社

はじめに

2012年に『「経理の仕組み」で実現する　決算早期化の実務マニュアル』を上梓し，2016年に第２版を上梓しました。いつも執筆をする時は，「ベストセラーにはならなくていいが，10年売れ続けるロングセラーにしたい」と思いながら書いていますが，本書は嬉しいことに10年売れ続けました。この10年の間に，経理に対する考え方や仕事に対する価値観が変わった等の多くの連絡をいただきました。

初版を上梓してから10年の間にも，筆者は多くの上場企業の決算早期化コンサルティングに関与し，さまざまな経験・ノウハウを積みました。また，決算早期化を実現した上場企業を積極的に訪問し，決算早期化を実現するに至ったプロセス等をインタビューさせていただきました。

これらの経験を通じて見えてきたことは，「決算早期化を実現している会社には共通の特徴がある」ということと，「決算早期化を達成できない会社にも共通の特徴がある」ということです。それらについては，第１章・第２章で詳しく書きました。

また，決算早期化を実現している会社では，優秀な人材がいるとは限らず，経理部が進化しているということも見えてきました。このような会社は，単に決算短信の発表が早いだけではなく，あらゆる利害関係者に対してタイムリーに情報を提供する「情報製造業」であり，経営をサポートし，企業価値を高める役割をも担う「情報サービス業」でもあるのです。つまり，決算早期化を実現している会社の経理部は，「経営の中枢部門」「経営の指令基地」となり，「経営者や事業部門を支援するサービス部門」へと進化しているのです。第３章以降で，このような「真の経理部」の作り方について詳しく書きました。第３章以降で述べている「真の経理部」を構築すれば，圧倒的な決算早期化を実現できるだけではなく，経営者や投資家から「ありがとう」といってもらえる経理部になるはずです。

筆者は，公認会計士として独立して以来，「経理を変えれば会社は変わる」という経営理念を掲げています。本書がまさにその経営理念を具現化する方法を記したものです。本書は，単に決算早期化を実現させるための小手先のテクニックを書いたものではなく，経理部を進化させ，経営を変え，会社を変える方法を書きました。本書が読者のみなさまの会社をも変えるきっかけになれば，筆者としてこれほど嬉しいことはありません。

なお，本書の刊行は，クライアント各社様，インタビューに応じていただいた企業各社様，初版執筆からサポートしていただいている中央経済社の坂部秀治編集長の協力なしにはなし得ませんでした。ここに記して御礼を申し上げます。

2024年２月吉日

公認会計士　武田雄治

CONTENTS

第5章 決算早期化を実現するためのプロジェクトの進め方

決算早期化を
実現している会社の特徴

第１章の全体像

1　決算と監査のタスキリレー（P.４～）

□「決算のタスキリレー」ができている
□「監査のタスキリレー」ができている

2　単体決算の特徴（P.５～）

□決算期末期４日～８日程度で単体の試算表を完成させている

3　連結決算の特徴（P.７～）

□連結決算を１週間（５営業日）以内で完成させている

4　開示業務の特徴（P.８～）

□開示業務を１週間（５営業日）以内で完成させている
□単体決算・連結決算をやりながら，開示業務の準備を行っている

5　会計監査の特徴（P.９～）

□試算表完成とほぼ同時に会計監査が開始している

6　その他のスケジュール面での特徴（P.10～）

□事前準備を組織的に徹底して実施している
□スケジュール管理を徹底して実施している

7　スケジュール面以外での特徴（P.13～）

□「森を見る視点」（業務全体を見渡す視点）を持っている
□経理担当者への教育・指導・管理が徹底して行われている
□決算業務が属人化していない（決算業務がマクドナルド化している）
□決算資料がシンプルであり，分量が少なく，体系的に保管されている
□財務分析を徹底して実施している（セルフ監査を実施している）
□監査を理解し，監査に協力的である

決算早期化を目指すのであれば，決算早期化を実現している会社の決算スケジュールを知っておくべきである。

【図表１－１】に示した決算スケジュールは，ここ数年間にわたり決算発表を決算日後30日以内に行っている東証上場企業A社（３月期決算会社，製造業，連結売上高数千億円規模）における３月期本決算の決算スケジュールである。

【図表１－１】　決算早期化を実現しているA社の決算スケジュール

日数	1	2	3	4	5	6	7	8	9	10	11	12	13	14	15	16	17	18	19	20	21	22	23	24	25	26	27	28	29	30
月	4																													
日	1	2	3	4	5	6	7	8	9	10	11	12	13	14	15	16	17	18	19	20	21	22	23	24	25	26	27	28	29	30
曜日	金	土	日	月	火	水	木	金	土	日	月	火	水	木	金	土	日	月	火	水	木	金	土	日	月	火	水	木	金	土
単体																														
連結																												決算発表		
開示																		短信・有報作成・チェック												
監査											単体監査							連結監査							開示チェック					

（注１）「単体」の欄は，決算日翌日から決算整理後（監査修正前）残高試算表作成完了日までを指す。

（注２）「連結」の欄は，連結精算表作成開始日から，連結精算表，連結キャッシュ・フロー計算書完了日までを指す。

（注３）「開示」の欄は，開示基礎資料の作成日，および，決算短信等作成・チェック完了日までの日付を指す。

（注４）「監査」の欄は，会計監査（期末監査のみ，内部統制監査は除く）の往査の日付を指す。

【図表１－１】のスケジュールは，会社名が特定されないように多少手を加えているが，過去数年間，おおむねこのスケジュールで決算・監査を実施している。筆者が知りうる限りにおいて，最も理想的な決算早期化のモデルケースである。

以下，決算早期化を実現している会社の特徴を見ていこう。

1　決算と監査のタスキリレー

【図表１－１】では，決算業務を「単体」「連結」「開示」「監査」と大きく４つの工程に区分したうえで，実際の作業工数を記載している。これを見てもわかるとおり，実にスムーズに各工程の業務が連携して行われている。

まずは，「単体」「連結」「開示」の各工程の業務がそれぞれ約１週間で完了し，それらがタイムリーに，未稼働時間なく次工程に流れている。まるでリレーのタスキを渡すように決算が進んでいるのである（これを**「決算のタスキリレー」**ということにする）。決算早期化が実現されていない会社では，この「決算のタスキリレー」がされていない。決算早期化を実現させるためには「決算のタスキリレー」ができる仕組みを構築しなければならない。

次に，【図表１－２】は，会社の「単体」「連結」「開示」の各工程と，監査法人の「監査」の工程を区分したものである。A社の場合「単体」の決算が終わった翌営業日には「単体」の会計監査が開始し，「連結」の決算が終わった翌営業日には「連結」の会計監査が開始している。さらに，A社の場合，決算短信と有価証券報告書を同時に作成しているが，これらの作成とチェックを５営業日以内に終わらせ，それらが完了した翌営業日には監査法人が決算短信と有価証券報告書の表示のチェックを行っている。このように，会社の決算と監査が連携して行われ，タイムリーに，未稼働時間なくつながっているということも，決算早期化を実現している企業の特徴である（これを**「監査のタスキリレー」**ということにする）。決算が遅延している会社の中には，「決算のタスキリレー」ができる仕組みが構築されていても，「監査のタスキリレー」ができる仕組みは構築されていないことが決算早期化を阻害している原因となっている会社もある。決算早期化を実現させるためには，「監査のタスキリレー」ができる仕組みまで会社側で構築しなければならない。

あなたの会社では，このような決算と監査のタスキリレーが行われているだろうか。

【図表1－2】 決算と監査のタスキリレー

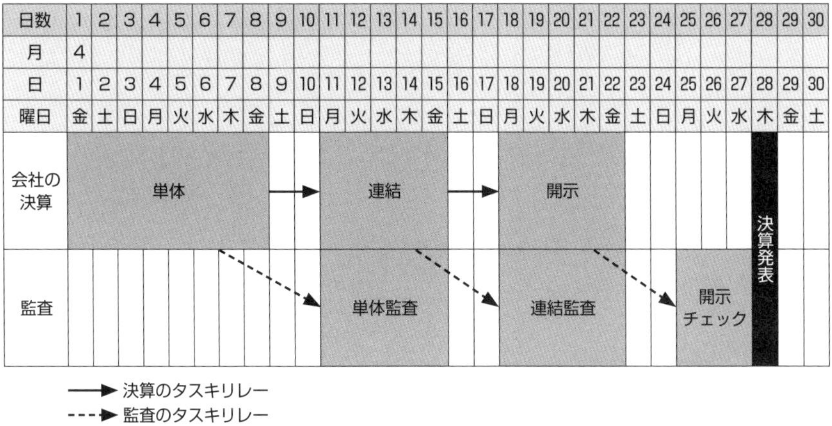

日数	1	2	3	4	5	6	7	8	9	10	11	12	13	14	15	16	17	18	19	20	21	22	23	24	25	26	27	28	29	30
月	4																													
日	1	2	3	4	5	6	7	8	9	10	11	12	13	14	15	16	17	18	19	20	21	22	23	24	25	26	27	28	29	30
曜日	金	土	日	月	火	水	木	金	土	日	月	火	水	木	金	土	日	月	火	水	木	金	土	日	月	火	水	木	金	土
会社の決算	単体								→		連結					→		開示										決算発表		
監査											単体監査							連結監査							開示チェック					

→ 決算のタスキリレー
⇢ 監査のタスキリレー

2　単体決算の特徴

A社は，単体決算の完了，つまり試算表作成完了に，決算日後８日（カレンダー日，以下同様）を要している。特に早すぎることもなく，遅すぎることもない。

実は，決算早期化を実現している会社の特徴として，「**単体決算が特別早いわけではない**」ということが挙げられる。

この点については「意外」と思われた方も多いのではないだろうか。決算早期化を実現させたいと考えている経営者の中には，まず試算表の作成を決算期末後１日～２日に完了させなければならないと思われている方も多い。筆者が上場企業へ決算早期化コンサルティングの営業で訪問した際に，社長や経理責任者から「試算表の作成を早めてほしい」「日次決算ができるようにしてほしい」という依頼を受けることがとても多い。単体試算表の作成を１日でも早く行わなければ，決算発表の早期化はできないと思われている方が多いようである。

【図表１－３】 日別決算発表会社数

日付	2023年３月期決算		
	曜日	会社数	構成比（%）
４月19日迄		4	0.2
４月20日	（木）	2	0.1
21日	（金）	3	0.1
22日	（土）	—	—
23日	（日）	—	—
24日	（月）	3	0.1
25日	（火）	9	0.4
26日	（水）	34	1.5
27日	（木）	84	3.7
28日	（金）	139	6.1
29日	（土）	—	—
30日	（日）	—	—
４月中発表会社		278	12.2

［出所］ 日本取引所グループホームページ
（母集団2,280社）

確かに，上場企業の中には決算日後１日～２日に決算発表（決算短信の発表）を行う会社もある。そのため，自社も同様に決算日後１日～２日に試算表くらいは完成させておかなければならない，と思われているのだろう。しかし，決算日後１日～２日に決算発表を行う会社は約4,000社ある全上場企業の中で１～２社である。【図表１－３】は，東証上場企業３月期決算会社の2023年３月期の日別決算発表会社数の一覧である（母集団は2,280社）。

これを見てもわかるとおり，決算発表を決算日後19日以内に行っている会社は，４社にすぎず，全体の１％にも満たない。「30日開示」（月内開示）を行っている会社は，全体の12.2％にすぎず，その大半は27日以降に決算発表を行っているというのが実情である（なお，同年の決算発表平均所要日数は40.2日であり，41日以上要している会社が約７割を占めている）。

決算早期化を実現している会社の多くは，**決算日後４日～８日程度で単体の**

試算表を完成させている。支店，営業所，工場等のない会社であれば決算日後３日前後で試算表を完成させていることも多いが，例えば支店等があるような場合で，拠点ごとに経理機能を持たせていると，どうしても試算表を完成させるのに時間を要してしまう。

すなわち，決算早期化を実現させるためには，必ずしも単体試算表の作成完了日を前倒ししなければならないわけではないということである。

決算早期化を実現させている会社のさらなる特徴は何かというと，単体試算表作成が完了してから後の作業が極めて早いということにあるといえる。つまり，決算発表が早い会社と遅い会社の大きな違いは，試算表作成完了後の業務（連結決算，開示業務，会計監査）のスピードにあるといっても過言ではない。

3　連結決算の特徴

決算早期化を実現させている会社の大きな特徴として，単体決算が終わった直後から連結決算を行っていることを挙げることができる。当然のことながら，単体決算が終わるまでに，子会社等から連結決算に必要なすべての情報を盛り込んだ「連結パッケージ」の入手を完了していることが前提となる。

さらに，**連結決算を１週間（５営業日）以内で完成させている**ことも特徴として挙げることができる。

A社は，４月の第１週目に単体決算を完了させ，第２週目より連結決算に入っている。そして，１週間（５営業日）で連結精算表，連結キャッシュ・フロー計算書を完了させている。決算発表の遅い会社は，まずこの日程で連結決算を終わらせることができない。

決算発表の遅い会社は，連結精算表の作成だけで１～３週間を要しているところも多いのではないだろうか。「子会社の数が多く，内部取引も多いことから，連結決算に時間がかかるのは仕方のないことだ」と思われている方も多い。しかし，A社は，国内外に連結子会社を約100社有する製造業であり，内部取引も多い。日本の上場企業で最も連結子会社数が多いソニーグループは，1,597

社の連結子会社と141社の持分法適用会社（共同支配企業を含む）を有しているが（2023年３月31日時点），決算短信を４月28日に発表している（2023年３月期本決算）。

連結決算の早期化を実現させるかどうかにあたっては，業種・規模・子会社数・内部取引内容はまったく関係ない。第２章で詳しく述べるが，子会社数が多い場合や，連結グループの規模が大きい場合は，「重要性」の観点からプロセスの簡略化を図ることが可能である。連結決算は精緻化以上に迅速化を目指さなければならない。

4　開示業務の特徴

決算早期化を実現させている会社の大きな特徴として，**開示業務を１週間（５営業日）以内で終わらせている**ということも挙げることができる。

A社は，単体決算・連結決算をやりながら開示準備を行っているため，連結決算が終了した翌営業日から，決算短信・有価証券報告書の作成に取りかかっている。それまでにすべての開示項目に対するサポート資料（以下，「開示基礎資料」という）は作成しているため，経理部担当者が入力するだけである。入力自体は１～２日で完了し，丸２日かけて経理部長を含む経理部メンバーにより決算短信・有価証券報告書の入力・表示の正確性，妥当性，網羅性等のチェックを行っている。決算短信・有価証券報告書の入力を開始してから４日目には，社内チェックもおおむね完了している。

決算発表が遅い会社は，開示業務に２～３週間を要している会社が珍しくない。単体決算や連結決算を決算日後20日ほどで終わらせていても，決算短信の発表に45日を要する会社もある。これは，単体決算や連結決算の中で開示基礎資料をまったく作成していないため，単体決算や連結決算が終わってから後の工程に膨大な時間を要していることに原因がある。

いわずもがなであるが，決算のゴールは決算短信・有価証券報告書等の最終成果物の作成・開示である。しかしながら，決算のゴールを単体試算表や連結精算表の完成においている決算担当者は少なくない。単体試算表が完成したら単体決算担当者はその時点で決算が終わり，連結精算表が完成したら連結決算担当者はその時点で決算が終わる。それ以降は，単体決算や連結決算とは別の開示担当者が決算短信・有価証券報告書等の作成を行う。このように，単体決算・連結決算担当者と，開示業務担当者が完全に分断されている会社が多い。開示業務を経理部以外の部署が実施しているという会社もある。決算の最終ゴールである開示に至るまでの一連の工程を自ら断ち切り，縦割りの業務を行っている会社の決算は，確実に遅い。経理部内での「縦割り行政」は改善し，業務を「横串」で刺さなければ，決算早期化を実現させることはできない。

5　会計監査の特徴

会計監査の面から決算早期化を実現させている会社の大きな特徴を挙げると，1でも述べたとおり，「**監査のタスキリレー**」ができる仕組みが構築されていることである。

決算早期化を実現している会社は，単体試算表作成完了日とほぼ同時に会計監査が開始する。A社の場合も，単体試算表作成完了日の翌営業日に会計監査が開始している。ここが大きな特徴なのである。

決算発表が遅い会社の多くは，会社の決算と会計監査が一連の工程としてつながっていない。よって，試算表作成が完了しても，すぐに会計監査が開始できない。すぐに会計監査を開始できない原因は監査法人側の事情による場合もあるかもしれないが，ほとんどの場合は会社側にある。

「監査のタスキリレー」が構築できておらず，試算表作成が完了してもすぐに会計監査を開始してもらえない場合，自社（会社側）に問題がないかどうか検討したほうがいいだろう。会計監査を「前倒し」で実施してもらったり，「工数」「日数」を縮めたりするためには，自社（会社側）で会計監査を理解し，会計監査の受け入れ方を変え，監査法人に働きかける必要がある。その方法は，第2章5（監査に時間がかかりすぎている会社）で詳しく述べる。

6　その他のスケジュール面での特徴

決算早期化を実現させている会社の大きな特徴として，決算日前から**「事前準備」**を組織的に徹底して実施しているということも挙げることができる。3月期決算会社であれば，決算日前の3月中に実施できることはやり切っている。一方で，決算発表が遅い会社の多くは，「事前準備」をしていない。決算業務を決算日後から実施している。中には，伝票入力等の日常的に実施できるものを決算中にまとめて実施している会社も少なくない。当然，決算中の負荷は大きくなりオーバーフローとなる。これでは，決算早期化の実現は難しいだろう。

ある上場企業は，決算日後約20日後に決算発表を行っているが，残業ゼロ，休日出勤ゼロ，監査法人も定時帰宅である。この会社は3月期決算会社であるが，社内の「決算スケジュール表」は4月1日からではなく，3月1日からスタートしており，3月中に実施できる決算業務は3月中にやり切っている。つまり，決算日後約20日で決算発表を行っているが，実質的には約50日かけて決算業務を実施しているのだ。決算日前からやれることはやり切り，決算日後に業務量が増えることにならないように，決算業務の標準化を行っている。

「決算は決算日後に実施しなければならない」という決まりはない。「事前準備」をやり切り，決算日後に行う業務量を減らすべきである。

これまで決算短信の発表に45日を要していた会社は，45日要していた決算業務を30日に短縮・圧縮させて「30日開示」（月内開示）を実現させるという発想ではなく，「事前準備」を徹底して実施することにより決算業務を前倒しして実施する（そして，決算短信の発表を前倒しさせる）という発想を持つべきである。

また，決算早期化を実現させている会社は，当然のことながら**スケジュール管理**は徹底している。事前に決算スケジュールを作成し，その決算スケジュールが1日たりともズレることはない。しかし，決算発表が遅い会社になればなるほど，単体試算表の完成予定の日に完成したことがない，決算短信のドラフ

【図表１－４】　事前準備の徹底による決算業務の前倒しという発想

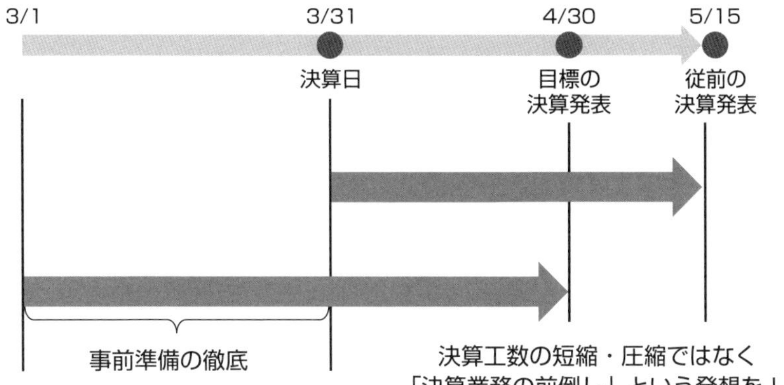

トの完成予定の日に完成したことがない，という具合に，各業務が慢性的に遅延する。当然のことながら決算早期化どころの話ではない。どんなに忙しくても，仕入先への支払が遅れるということはないはずだ。決算早期化を実現させるためには，決算責任者のリーダーシップとマネジメント能力も必要である。

【図表１－５】に決算日前に実施すべき「事前準備」事項を列挙したので，チェックリストとして活用してほしい。決算早期化を実現している会社なら，当然のように決算日前に終わらせているものばかりである。

【図表１－５】　決算前に実施できる決算業務（例）

事前確認事項
□当期から適用・改正される会計基準・税制改正等の有無の確認・社内共有
□業務フロー，内部統制の変更の有無の確認
□重要な会計方針，会計上の見積り，表示方法等の変更の有無の確認
□当期から適用・改正される会計基準等に合わせた決算資料（特に開示基礎資料）のテンプレートの作成・更新
□決算スケジュールの作成
□業務分担の見直し，決算担当者への指導等
□決算前にできる経過勘定項目の計算

（利息の未収・未払額等）
□決算前にできる財務諸表の表示の変更・振替
（長短区分，損益区分の変更・振替等）
□決算前にできる非定型的取引の会計処理・財務諸表の表示の検討
（企業結合等）
□決算前にできる決算資料の作成
（貸付金，借入金，敷金保証金等，期末時点における残高があらかじめ見込まれる勘定科目等）
□各種引当金の引当計上の必要性の検討
□見積りに関する事項（減損等）の見積り
□月次趨勢分析の実施
□着地見込みの作成，予算実績分析の実施
□各種マニュアルの見直し・更新
□子会社・支店・工場・営業所等の往査，指導

連結決算
□当期から適用・改正される会計基準等に合わせた連結パッケージ，インストラクション（指示書）の作成・更新
□決算期がズレている子会社等の連結パッケージの入手，チェック，連結システムへの取り込み
□連結精算表の期首仕訳
□新規取得・期中除外した子会社等に関する連結仕訳

開示業務
□有価証券報告書や決算短信等の開示項目の変更の有無の確認
□有価証券報告書や決算短信等の前期数値の入力・チェック

会計監査（監査法人への依頼事項を含む）
□監査法人との事前コミュニケーション
□監査法人からの依頼事項・依頼資料の準備
□監査法人への事前質問と回答入手
□監査上の重要な問題（critical issue）の確認
□前回監査での監査差異，指摘事項の確認
□子会社・支店・工場・営業所等の期中監査の実施
□棚卸の時期の前倒し
□確認状発送の時期の前倒し

7 スケジュール面以外での特徴

スケジュール面以外においては，決算早期化を実現させている会社は，次のような特徴がある。

⑴ 「森を見る視点」（業務全体を見渡す視点）を持っている
⑵ 経理担当者への教育・指導・管理が徹底して行われている
⑶ 決算業務が属人化していない（決算業務がマクドナルド化している）
⑷ 決算資料がシンプルであり，分量が少なく，体系的に保管されている
⑸ 財務分析を徹底して実施している（セルフ監査を実施している）
⑹ 監査を理解し，監査に協力的である

⑴ 「森を見る視点」（業務全体を見渡す視点）を持っている

「決算早期化を実現した会社と，決算早期化が実現できない会社の最大の違いを１つ述べよ」といわれたら，**決算担当者が「森を見る視点」（業務全体を見渡す視点）を持っているかどうかの違い**だと断言できる。

「森を見る視点」を持つとは，以下のように業務面，人員面，スケジュール面で全体を俯瞰することをいう。

「森を見る視点」とは

- 決算業務だけでなく，開示業務まで見渡している
- 自分の業務だけでなく，決算・開示担当者全員の業務まで見渡している
- 経理部の業務だけでなく，会社全体・グループ全体の業務まで見渡している
- 会社の業務だけではなく，監査法人の業務まで見渡している
- 決算中の業務だけではなく，決算前・決算後の業務まで見渡している

- 経理担当者全員が最終成果物（有報，短信等）を把握・理解している
- 最終成果物から逆算して決算・開示業務を組み立てている

筆者はこれまで決算早期化を実現した会社にも多く訪問させてもらっているが，そのような会社に共通することは，決算・開示担当者だけではなく経理担当者の全員（派遣社員・パートタイマー等を含む）が「森を見る視点」を持っているということである。

決算早期化が実現できない会社は，「森を見る視点」が欠落しており，**「枝を見る視点」**になっている。つまり，単体担当者は単体決算だけにしか目が行かず，連結担当者は連結決算だけにしか目が行かず，開示担当者は開示業務にしか目が行っていない。決算担当者でありながら，自社の最終成果物を見たことがない人もいる。経理部内で「縦割り行政」が行われているため，業務の「手待ち」「手戻り」「重複」が生じ，決算の工数が増大する（ちなみに，このような会社は，管理部門全体でも「縦割り行政」が行われ，経理部門，財務部門，経営企画部門，IR部門等で業務の重複が行われていることが多い）。

「枝を見る視点」を持って決算を実施することにより，

- 決算業務が属人化するという業務分担の問題
- 決算中に業務が集中するという決算スケジュールの問題
- 決算資料が属人化し，かつ，重複が多くなるという決算資料の問題

など，さまざまな問題を引き起こすことになる。

決算早期化を実現するためには，「森を見る視点」を持つことが必須条件である。「森を見る視点」を持つことなく決算早期化プロジェクトを実施しても，枝葉の部分の改善しかできず，十分な効果を上げることができない。

【図表１－６】「枝を見る視点」から「森を見る視点」へ

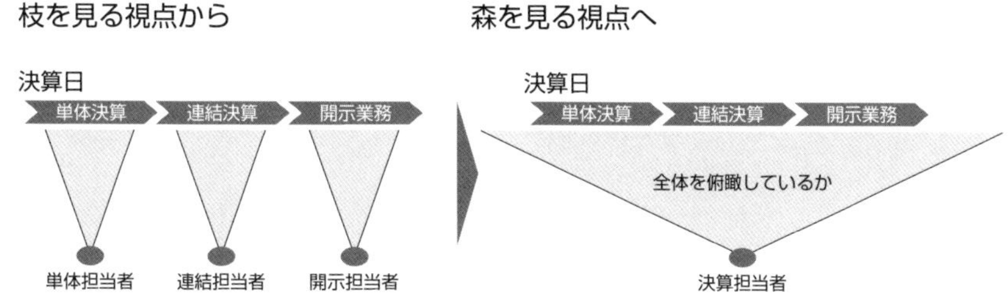

⑵　経理担当者への教育・指導・管理が徹底して行われている

決算早期化を実現している会社は，経理担当者に対して，きちんと教育し，直接指導し，適切に業務を管理している。一方で，決算早期化を達成できない会社は，それができていない（やっていない）。

決算早期化を実現しているある上場企業では，定期的に部内勉強会を開催しているだけでなく，社外のセミナー・研修にも積極的に参加している。また，複数の専門雑誌も購読し，まず部課長クラスのベテラン社員が読み，重要箇所には蛍光ペンで線を引いておき，部内で回覧している。部下は，最低でも上司が蛍光ペンで線を引いたところだけは理解するようにしている。これを毎週・毎月行っているため，経理部員の知識は総じて高い。拙著『決算早期化の実務マニュアル』（初版）も常備し，まずはベテラン社員が読み，重要箇所には蛍光ペンで線を引いて，全経理部員が四半期ごとに読んでいる。そのため，決算早期化を実現させるために何をすべきかについても全部員が理解している。当然に，全部員が**「森を見る視点」**を持っている。そのうえで，決算時はベテラン社員が決算・開示担当者の業務管理・進捗管理をデイリーで行い，決算・開示が遅延することを防いでいる。このような愚直な努力をしているため，当然に決算発表は早い。

教育・指導・管理すべきは本社の経理部員だけではない。決算早期化を実現している別の上場企業では，連結決算担当者が四半期決算終了後，次の四半期決算が始まるまでの中２か月の間に，海外を含め，主要な子会社等を循環訪問し，直接指導をしている。何週間も机を並べて指導することもあるという。筆者がこの連結決算担当者へ「経理部でそこまでしている会社は珍しいですよ」と言ったときの返事がとても印象に残っている。「だって，正確な連結パッケージが期日どおりに入手できなくて困るのは自分ですから」。

上場企業であっても，経理部を含むバックオフィスへコストをかけることを渋る会社が多い。特に営業部門・技術部門あがりの社長は，バックオフィスの重要性をまったく理解していないことがある。

経理部員が参加すべき社外のセミナー・研修費用や，購読すべき専門雑誌・専門紙の購読代だけではなく，経理業務・決算業務に必要不可欠なシステム投資，人材投資，備品購入等も徹底して渋る会社もある。30年前のデスクトップPCに，20年前の会計システムを入れ，10年前のWindowsをいまでも使い続けている上場企業も珍しくない。経理部への必要な投資を渋り続けたことにより，「昭和の経理部」が社内に取り残され，経理部から正しい情報，価値がある情報をタイムリーに発信できないばかりか，経理部が事業運営の足を引っ張っているケースもある。このような「会計軽視」の会社は，決算早期化を実現するどころか，会社や事業が成長することもないと思われる。このような上場企業の経理担当者から決算早期化コンサルティングの依頼を受けることがあるが，予算がないため，決裁が下りることはない。面会やプレゼンを求められることもあるし，見積書やプレゼン資料の提示を求められることもあるが，時間の無駄であるため，「予算が付いたら再度連絡をください」とお断りを入れている。その後，こういう会社に予算が付いたことはないし，契約に至ったこともない。

このような「会計軽視」の会社は，どれほど優秀な経理担当者を採用しても，経営者自身が「経理部のあり方」を変えようとしない限り，経理部が進化することはなく，決算早期化を実現することもない。まずは「経理部のあり方」を変え，**経理部は『経営の中枢部門』であり，『経営の指令基地』である**ということを全役員，全経理部員が理解すべきである。経理部を進化させる方法は，第3章1（経理部とは何をする部署なのか）で詳しく述べる。

(3) 決算業務が属人化していない（決算業務がマクドナルド化している）

決算早期化を実現している会社は，適切な業務分担がなされ，業務も平準化・標準化されており，決算担当者の能力は総じて高い。一方で，決算早期化を達成できない会社は，適切な業務分担がされておらず，一部の決算担当者（部課長クラスのベテラン社員）に業務が過度に集中している（「属人化」している）傾向がある。一部の決算担当者が業務を握りしめたくなる気持ちは理解できるが，これは，いわゆる「自分がやったほうが早い病」である。**決算業務が「属人化」している会社は例外なく決算発表が遅い**。それが決算発表遅延のボトルネックになっていることもある。決算業務が「属人化」している会社は，「脱属人化」「標準化」「シンプル化」「単純作業化」を目指さなければならない。その際に，派遣社員やパートタイマーでも決算業務ができるようにすることが理想である。これを筆者は**「決算業務のマクドナルド化」**といっている。

「脱属人化」を図るにあたり，参考にすべきはマクドナルドの店舗（厨房）のオペレーションである。マクドナルドの厨房は，アルバイトが中心であり，オーダーが入ってから数秒から数十秒でハンバーガーを作っている。優秀な料理人がいるわけではなく，料理未経験の高校生も多くいる。それを可能としているのは，極限までシンプルにされたオペレーションにある。厨房には，あらかじめ用意された「具材」が並んでおり，ミートが焼けたら，バンズ（パン）に必要な「具材」を乗せるだけ。ここに料理人の知識も経験もそれほど求められない。

つまり，圧倒的なスピードと，一定の品質を保つために必要なことは，優秀な人材を採用することでもなければ，細かい業務マニュアルを作ることでもなく，業務を極限までシンプルにし，あらかじめ「具材」を用意すればよいのである。

決算における「具材」とは「決算資料」である。決算資料をあらかじめ標準テンプレート化しておけば，決算業務を標準化させることが可能となる。決算業務が標準化すれば，ベテラン社員が決算業務を握りしめる必要はなく，「脱属人化」を実現させることができる。

このように,「決算業務のマクドナルド化」を実現させることができれば,マクドナルドのオペレーションのように,派遣社員でもパートタイマーでも決算業務に携わることができる。これまで決算・開示に携わらなかった担当者が,決算・開示を担当することができれば,当然に人材は育つ。そして,特定の担当者が決算業務を握りしめていた状況から,各担当者が業務を分担して実施する状況に変えることができれば,必然的に決算業務を前倒しさせることができ,決算早期化を実現させることができる。

連結売上高が1,000億円を超える上場企業でも,経理部の正社員が３名しかいないところもある。この会社は,派遣社員,パートタイマー,アウトソーシングを活かして決算・開示業務を行い,圧倒的な決算早期化を実現させている。

決算早期化を実現している会社で,決算業務が「属人化」している会社はない。「決算業務のマクドナルド化」を実現させている会社は,決算早期化を実現させている。「決算・開示はベテランの業務」「若い者には任せられない」と

【図表１－７】 決算のマクドナルド化による効果

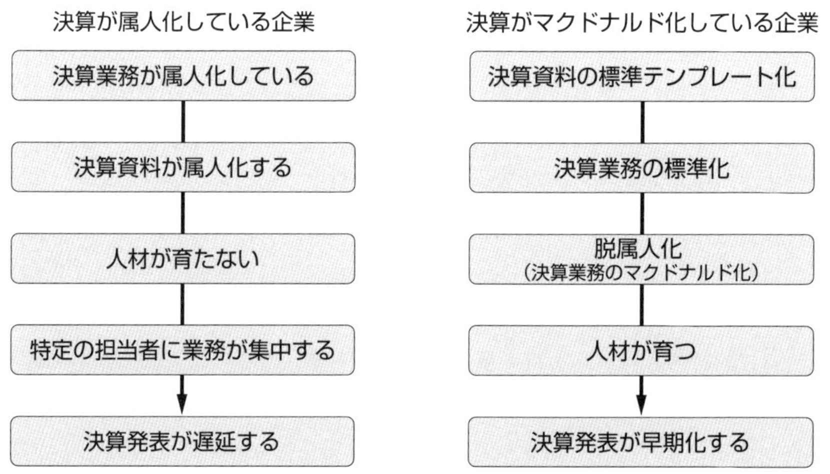

いう考えは思い込みである。皿洗いばかりさせず，すぐに包丁を持たさなくては，いつまでも経っても一流の料理人にはなれない。まずは，誰でもわかる標準テンプレートを準備し，決算業務を誰でもできるようにするべきである。その方法は第4章（決算早期化を実現するアウトプット事例）で詳しく述べる。

(4)　決算資料がシンプルであり，分量が少なく，体系的に保管されている

決算早期化を実現している会社は，決算資料がシンプルであり，分量が少なく，体系的に保管されている。一方で，決算早期化を達成できない会社は，その逆で，決算資料が複雑で，分量が多く，体系的に保管されていない。分量が多いのに「漏れ」もある。このような決算資料の整備状況で，決算・開示を行い，会計監査を受けるのであるから，それぞれに膨大な工数がかかるのは当然である。

筆者は，これまで上場企業100社以上の決算資料を閲覧・分析していたため，決算資料や共有フォルダを見ただけで，その会社が決算早期化を実現している会社かどうかを当てることができる。決算発表が遅い会社は，決算資料も共有フォルダも「ぐちゃぐちゃ」「めちゃくちゃ」のカオス状態になっている。

決算早期化を実現している会社と，そうでない会社で，決算資料の作成方法・保管方法に違いが生じるのは，「森を見る視点」を持っているか，「枝を見る視点」になっているかの違いである。経理部員の全員が「森を見る視点」を持ち，最終成果物（有報，短信等）から逆算して必要な決算資料を作成しなければ，各担当者が属人的に好き勝手に資料を作成し，資料が増殖していくことになる。

決算早期化を実現させるには，**決算資料を極限までシンプルにし，極限まで分量を減らすべき**である。多くの会社が，1回の決算で作成するエクセルファイル・エクセルシートの分量を数分の1に減らすことは可能と思われる。その方法も，第4章（決算早期化を実現するアウトプット事例）で詳しく述べる。

⑸ 財務分析を徹底して実施している（セルフ監査を実施している）

決算早期化を実現している会社は，財務分析を徹底して行っている。また，圧倒的な決算早期化を実現させている会社は，**「セルフ監査」**を実施しているというレベルまで異常点発見のための分析を実施している。一方で，決算早期化を達成できない会社は，財務分析をやっていない（もしくは，分析が甘い）。財務分析は監査法人（もしくは他部署）がやるものだと思っている会社すらある。

決算の最終ゴールは，単体試算表や連結精算表を完成させることではなく，各利害関係者に対して価値ある情報をタイムリーに提供・報告することである。そのためには，財務分析を実施し，分析結果を言語化し，それを開示資料にまとめ，開示しなければならない。財務分析をせずに，どうやって価値ある情報を利害関係者に開示することができようか。

財務分析を実施していない会社が，今後財務分析を実施すると，工数が増えると思われるかもしれないが，逆である。これまで財務分析を実施していない（もしくは，分析が甘い）から，開示業務の工数だけでなく，監査業務の工数まで膨れ上がるのだ。

決算早期化を実現している会社は，単体試算表や連結精算表が完成すると同時に財務分析を実施し，異常点を発見し，分析結果を言語化している。だから，開示業務や監査業務の工数が減り，ディスクロージャーの精度も上がり，経営者や投資家から信頼される経理部になるのである。**財務分析は決算業務の１つであり**，あらかじめ作成する決算スケジュール表に財務分析を実施する工数を盛り込んでおくべきである。

財務分析の手法については，第４章5（財務分析はどのように行うのか）で詳しく述べる。

⑹ 監査を理解し，監査に協力的である

決算早期化を実現させるためには，単体試算表や連結精算表の完成を早めればよいというわけではない。会計監査が終わらなければ実質的に決算発表はで

きない。

5で述べたとおり，決算早期化を実現させている会社は**「監査のタスキリレー」**ができる仕組みが構築されている。それができるのは，①会社側も監査を理解し，②監査に協力的であるからである。

決算早期化を実現させるためには，まず，監査を受ける側の経理担当者が，監査の目的・手法・手続等を理解しておかなければならない。次章でも述べるが，監査の目的は，財務諸表がすべての重要な点において適正に表示されているかどうかについて，監査意見を表明することであり，その目的を効率的に達成するために，リスク・アプローチという手法を採用し，分析的手続を中心とする監査手続を実施している。しかし，これらを理解していない経理担当者が非常に多い。監査の手法を理解せず，監査を監査法人に「丸投げ」している会社が多いのだ。

仮に，皆様が大きな病気になり，手術を受けなければならないとした場合，その病気や手術のことを何も知らずに手術台に上がるだろうか。おそらく，調べられる限りの情報をインプットし，事前準備を行い，術後の備えも行い，不明点があれば主治医に確認し，万全の体制で手術に臨むのではないだろうか。もしここで，「手術なんて医者に丸投げしておけばいい」という態度で臨むとどうなるだろうか。おそらく，術後の回復も時間がかかるだろうし，治るものも治らないのではないだろうか。

監査も同様に，監査を理解し，主体的に監査を受けている会社と，監査を監査法人に「丸投げ」している会社では，監査工数は大きく変わる。少なくとも，監査法人が会議室で何をしているのか，どのような手続を踏んでいるのか，監査調書にどのようなことを記載しているのか，どれだけの工数を要しているのか，といったことを理解しなければならない。

そのうえで，監査に協力すべく，「監査の受け方」「監査の受け入れ方」を変えなければならない。第三者（監査法人）が見てわかる資料を作成することは当然のこと，企業側である程度のリスク評価を行い，全勘定科目の財務分析を（セルフ監査といえるレベルまで）実施すべきである。特に，監査法人が重点的かつ慎重に監査を実施すると思われる異常な変動がある勘定科目や，評価・見積りに関する勘定科目は，企業側でも重点的かつ慎重に財務分析を実施する必要がある。分析結果はドキュメントし，大きな変動があったもの等については，そのエビデンス（証票類のコピー等）もあらかじめ準備しておかなければならない。

ここまでを期末監査が始まるまでに実施しておけば，監査法人からの資料提出依頼や質問もなくなり，監査の工数も削減でき，監査の前倒しもできるはずである。

「監査の受け方」「監査の受け入れ方」を変える方法については，第２章5（会計監査に時間がかかりすぎている会社）で詳しく述べる。

以上のように，決算早期化を実現させた会社の特徴を見てきたが，あなたの会社の決算業務とどこに違いがあるのかを，まずは押さえておいてほしい。決算早期化を実現させた会社とあなたの会社と違うところに，決算が遅滞する原因（ボトルネック）が潜んでいるからだ。

第2章

決算早期化を
達成できない原因と解決策

第２章の全体像

1　決算が全体的に遅い会社（P.25～）

□「森を見る視点」（業務全体を見渡す視点）を持っていない
□経理担当者への教育・指導・管理が行われていない
□決算業務が属人化している
□決算資料が複雑で，分量が多く，体系的に保管されていない
□財務分析が甘い
□監査は監査法人に丸投げ

2　単体決算が遅い会社（P.30～）

□決算中にやることが多すぎる
□業務フローに問題がある

3　連結決算が遅い会社（P.42～）

(1)　子会社側に問題がある場合
□インストラクション（決算業務指示書）がない
□連結パッケージに問題がある
□直接指導していない
□サブ連結に時間がかかりすぎている
(2)　親会社側に問題がある場合
□人に問題がある
□アウトプット資料に問題がある
□連結精算表作成プロセスに問題がある
□連結システムの利用に問題がある
□連結アウトソースの活用に問題がある

4　開示業務が遅い会社（P.93～）

□単体決算・連結決算と開示業務が分断している
□開示基礎資料が不足している
□開示基礎資料と開示資料（最終成果物）が紐付いていない

5　監査に時間がかかりすぎている会社（P.100～）

□監査の日程が長すぎる
□監査開始のタイミングが悪い

1　決算が全体的に遅い会社

第１章では，決算早期化を実現している会社の特徴を述べた。決算早期化を実現している会社には共通した特徴がある。

同様に，決算早期化を達成できない会社（決算発表が遅い会社）にも共通した特徴がある。それは，**「決算早期化を実現している会社がやっていることをやっていない」**というものである。その特徴をまとめたのが【図表２－１】である。

【図表２－１】　決算発表が早い会社と遅い会社の特徴

決算発表が早い会社の特徴		決算発表が遅い会社の特徴
1．「森を見る視点」（業務全体を見渡す視点）を持っている	▶	1．「森を見る視点」（業務全体を見渡す視点）を持っていない
2．経理担当者への教育・指導・管理が徹底して行われている	▶	2．経理担当者への教育・指導・管理が行われていない
3．決算業務が属人化していない（決算業務がマクドナルド化している）	▶	3．決算業務が属人化している
4．決算資料がシンプルであり，分量が少なく，体系的に保管されてる	▶	4．決算資料が複雑で，分量が多く，体系的に保管されていない
5．財務分析を徹底して実施している（セルフ監査を実施している）	▶	5．財務分析が甘い
6．監査を理解し，監査に協力的である	▶	6．監査は監査法人に丸投げ

第１章で述べたとおり，**決算発表が遅いのは，決算担当者が「森を見る視点」（業務全体を見渡す視点）を持っていないから**である。そのため，決算担当者が「枝を見る視点」になっているため，決算業務が属人化し，決算資料まで属人化していく。決算資料が属人化し，複数化し，カオス化していくため，決算業務をマクドナルド化することはできず，特定の担当者にますます業務負

荷がかかっていく（特定の担当者があえて業務を握りしめているケースもある）。そうやって，特定の担当者の守備範囲が広くなっていき，業務に精通していくため，上司・部下・他部署・監査法人等からの問い合わせが集中し，さらに忙殺されていく。本来，経理部として時間を割くべき財務分析の実施や，経営者・投資家等への開示の準備等の「クリエイティブな仕事」に取り組むこともできず，そのような仕事は他部署（経営企画部等）へ丸投げし，監査も監査法人に丸投げしている。毎年のように会計基準等が改正され，開示の範囲が広くなっていくと，特定の担当者の業務負荷はさらに増大し，決算発表がさらに遅れていく。そうやって，「悪循環」（デス・スパイラル）に陥っている会社が多い（P.18【図表１－７】参照）。

決算発表が遅い会社が，決算早期化を図ろうとする場合，優秀な人材を中途採用しようとしたり，決算・開示のシステムを入れ替えようとしたり，コンサルティング会社に依頼して単体決算を早めるための業務フローの見直しをしようとしたりする会社が少なくない。しかし，そのようなことをしても，効果は出ない。なぜなら，決算発表が遅延する「ボトルネック」はそこではないからだ。

決算発表が遅延する最大の「ボトルネック」は，何度も書いているとおり，**決算担当者が「森を見る視点」（業務全体を見渡す視点）を持っていない**ことにある。ゆえに，改善すべきは，人やシステムや業務フローではなく，あなたの「視点」である。決算担当者のみならず，経理部員全員が，経理部の定義，経理業務の定義を行い，経理部の「最終成果物」（ゴール）を理解し，「最終成果物」（ゴール）から逆算して業務を再構築し，人員配置や決算スケジュールも再構築しなければならない。それをすることなく，小手先の改善を繰り返しても結果が出ることはない。

では，決算発表が遅い会社が，決算早期化を図ろうとする場合，まず何をすべきなのか。それは，（何度も繰り返すが）経理部員（特に決算担当者）が「森を見る視点」（業務全体を見渡す視点）を持つことであり，以下の「決算早期化への３つのアプローチ」により**経理部の「ストレージ」を最適化すること**である。

> 決算早期化への３つのアプローチ
>
> ⑴　経理の業務を分ける　―日常業務と決算業務を分け，日常業務はデイリーに行う
>
> ⑵　決算担当者を分ける　―ベテラン社員への業務集中を見直し，業務を分散化する
>
> ⑶　決算スケジュールを分ける　―決算は「事前にやる」「併行してやる」

⑴　経理の業務を分ける　―日常業務と決算業務を分け，日常業務はデイリーに行う

まずは，経理部における「日常業務」と「決算業務」を明確に分けるべきである。第１章でも述べたとおり，決算発表が遅い会社は，伝票入力等の「日常

【図表２－２】　日常業務と決算業務（例）

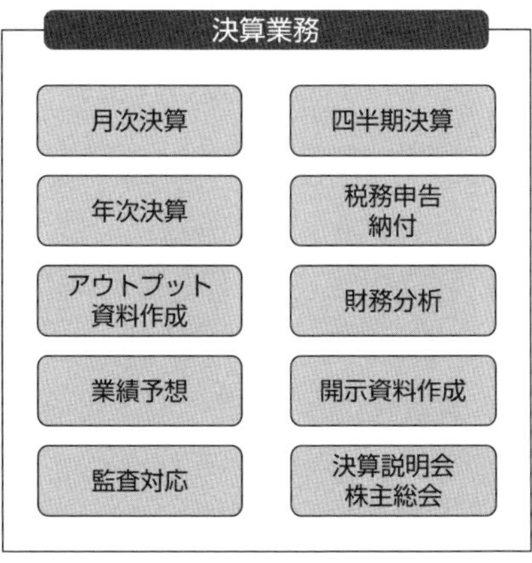

業務」を決算中にまとめて実施しているケースが少なくない。また，「決算業務」の事前準備も行っていないケースもある。当然，決算中の負荷は大きくなりオーバーフローとなる。

決算早期化を図ろうとするのであれば，①「日常業務」と「決算業務」を明確に区分し，②「日常業務」はデイリーで実施し，③「決算業務」も事前準備を徹底して実施することにより，決算中の負荷を減らすべきである。

⑵ 決算担当者を分ける　―ベテラン社員への業務集中を見直し，業務を分散化する

第1章でも述べたとおり，決算早期化を達成できない会社は，適切な業務分担がされておらず，一部の決算担当者（部課長クラスのベテラン社員）に業務が過度に集中している（「属人化」している）傾向がある。決算業務が「属人化」している会社は例外なく決算発表が遅いため，「属人化」をやめ，業務を分担しなければならない。

例えば，【図表2－3】のように，これまで特定のベテラン社員が抱えてい

【図表2－3】 ベテラン社員への業務集中を見直し，業務を分散化する

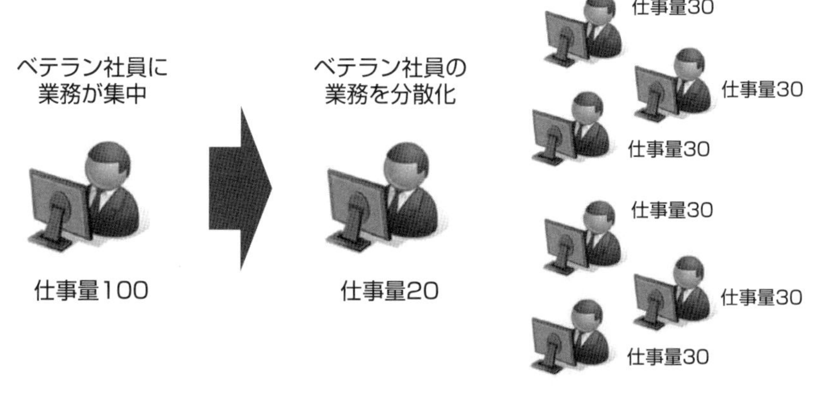

た仕事を，全経理部員に振り分けることができれば，ベテラン社員の仕事量を半分以下に減らしたとしても，組織として対応可能な仕事の総量は増える。不測の事態によりベテラン社員が決算に携わることができなくなったとしても，従前の仕事の総量は維持できる。

このように「属人化」をやめ，業務を分担することにより，ベテラン社員は本来やるべき「クリエイティブな仕事」に取り組むことができるし，部下を育てることもできる。そして，決算を早期化させることもできる。一石何鳥もの効果がある。

(3)　決算スケジュールを分ける　―決算は「事前にやる」「併行してやる」

業務を「日常業務」と「決算業務」に分け，決算担当者も分けることができれば，次に決算スケジュールを分ける。

(1)で述べたとおり，決算発表が遅い会社は，「決算業務」の事前準備が行われていないことが多いため，決算前にやれることはやっておく必要がある。

また，決算発表が遅い会社は，経理部内で「縦割り行政」が行われており，単体担当者は単体決算だけにしか目が行かず，連結担当者は連結決算だけにしか目が行かず，開示担当者は開示業務にしか目が行っていないケースが多い。「森を見る視点」を持ち，**「開示から逆算して考える」**という視点で決算を行え

【図表2－4】　決算は「事前にやる」「併行してやる」

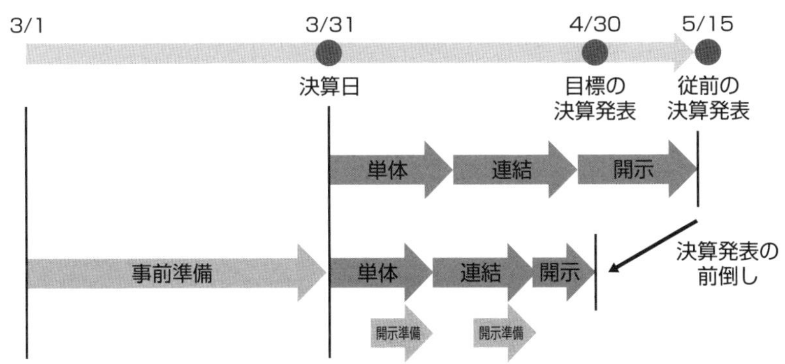

ば，単体担当者が単体決算を行いながら単体開示準備を併行して行うことは可能であるし，連結担当者が連結決算を行いながら連結開示準備を行うことも可能である。そうすると，従前の開示担当者が開示業務にかけていた工数を大幅に削減することができ，決算発表を前倒しすることも可能となる。

ここまで述べた「決算早期化への３つのアプローチ」により経理部の全体最適（決算全体の早期化）を図ってほしい。具体的な最適化の方法は第３章～第５章で述べる。

全体最適ができたら部分最適（単体，連結，開示，監査の各パートの早期化）を図る。部分最適の具体的な方法は本章2～5で述べる。

全体最適ができてから部分最適を図るほうが大きな効果が出るため，先に第３章～第５章を読んでいただいても構わない。

2　単体決算が遅い会社

第１章でも述べたとおり，決算早期化を実現させた会社でも単体試算表作成完了まで決算期末後４～８日を要していることが多い。そのため，試算表を決算期末後８日以内に完成させていれば，単体決算のスピードとしては特に問題がないと思われる。

しかし，決算期末後２週間経っても，３週間経っても試算表が締まらない会社もある。このような会社は，単体決算の早期化を検討する必要があるだろう。

【図表２－５】は，一般的な単体決算のフローである。まずは，それぞれの業務の「終了日」と「工数」を把握してほしい。一概に「単体決算が遅い」といっても，そのボトルネックは各社異なり，よって解決策も各社異なる。

決算発表が遅い会社は，いわゆる「締め」が遅い。つまり，【図表２－５】の「決算整理前試算表」の完成（締め）が遅い。「決算整理前試算表」の完成が遅いということは，その名のとおり，決算「前」の作業が遅いということである。

【図表２－５】　一般的な単体決算のフロー

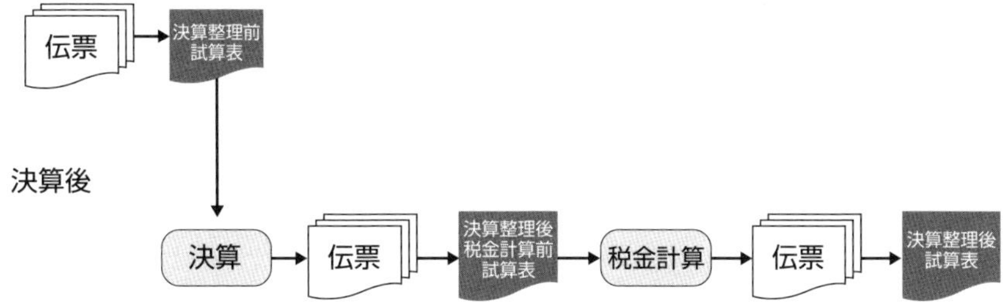

そのような会社は，多くの場合，以下の２つに原因がある。

⑴　決算中にやることが多すぎる　―事前準備不足 ⑵　業務フローに問題がある

以下，それぞれについて説明していく。

⑴　決算中にやることが多すぎる　―事前準備不足

先述のとおり，決算日後の業務量が多いと，決算早期化を実現することは困難である。伝票処理等の日常的に実施できるものについては，決算前に実施しておくべきである。決算日後１～３営業日に大量の伝票を入力している会社があるが，それらは本当に決算日後に入力すべきものであろうか。本来決算前に実施できるものを決算日後に実施しているために単体決算が遅いというのは，単体決算の遅延ではない。日常業務の怠慢にすぎない。

得意先からの入金を確認しなければ売上計上ができないとか，仕入先からの請求書が届かなければ仕入計上ができないという会社もあるが，これは業務フローの問題である。これは⑵で述べる。

いわゆる「決算業務」についても，それらは本当に決算日後でなければできないものだろうか。決算前に実施できるものを，決算日後にやっているだけというものが多いのではないだろうか。

(2) 業務フローに問題がある

単体決算が遅い会社に伺うと，「仕入先からの請求書の到着が遅れており，仕入高（原価）が固まらないんですよ」とか，「納品の報告が届かないから，売上高がまだ確定していないんですよ」というようなことを決算担当者が言っていることがある。また，現金・預金や固定資産等，帳簿残高と実残高との間に差異があり，その差異調整に何日も要している会社も多い。

このように，決算の数字がなかなか確定しないという会社は，「業務フロー」に大きな問題を抱えているのだ。特に，外部証憑の入手をもって数値を確定させている限り，単体決算の早期化は困難である。売上高であれば，出荷という事実をもって数値を確定させるべきであり，仕入高であれば，納品・検収という事実をもって数値を確定させるべきである。ひいては，受注時，発注時に数値自体は確定している場合もあるだろう。いずれにしても，業務フローの見直しにより，単体決算の早期化を達成できるケースは多い。

以下，多くの会社が問題を抱えていると思われる，販売プロセスの業務フロー，購買プロセスの業務フロー，有形固定資産取引プロセスの業務フローの３つを取り上げて，その改善ポイントを見ていくことにしよう。

① 販売プロセスの業務フロー

例えば，売上高や売掛金が決算期末後何日も経たなければ確定しないという会社の場合，販売プロセスの業務フローの抜本的な見直しを検討したほうがよい。

一般的な販売プロセスの業務フローは，【図表２－６】のようになる。

ここで，通常であれば，「②受注」の段階で，見積書，契約書，注文書または注文請書控といった書類が作成または入手されているはずである。そして，受注台帳のようなものへ記入・更新するか，販売システムへ受注データを入力することになる。その際に，出荷予定日も把握し，記録できる場合もあるだろ

【図表2－6】 販売プロセスの業務フロー

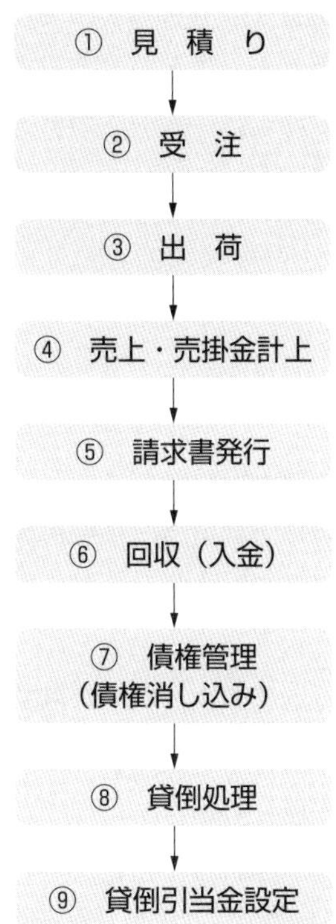

う。そうすると，「②受注」の段階で，売上予定日と売上予定額をある程度把握することができているはずである。「③出荷」の段階で出荷報告書が作成され，売上伝票が起票されれば，「④売上・売掛金計上」が行われることになる。売上高の計上や売掛金の計上は，ここまでのプロセスで完了するはずである。

「③出荷」の事実の確認に時間がかかるというケースもあるが，このような場合は取引の事実が発生してから把握するのではなく，「②受注」の段階で売上予定日と売上予定額をある程度把握することができているはずであるから，「②受注」の段階で予定計上し，後に実績に基づいて予定を消し込むという方法を採用することにより，情報伝達の遅れやモレを防ぐこともできる。

「②受注」の段階では販売単価が未確定で，単価の確定に時間がかかるというケースもある。このような場合は，営業部門等との連携を深め，見積りの精度向上が必要であるが，相手があることなので思うように精度を高めることができない場合もある。そうであれば，取引先の協力を得て計算期間を変更する（例えば，月末締めを20日締めに変更する等）といった対応も検討する必要がある。

いずれにしても，「②受注」や「③出荷」の段階で，売上高や売掛金の数値を確定させる必要がある。

決算早期化の観点から問題なのは，「⑤請求書発行」の段階や，「⑥回収（入金)」の段階にならなければ経理部が売上高を把握していない場合である。販売部門が請求書を発行し，請求書控や送り状控が経理部へ回付されてきてはじめて経理部が売上高を把握するというフローは，内部統制上も問題があるだろう。

中には，販売を代理店が行っており，販売時点では自社で売上を把握することができず，決算中に代理店から売上明細が到着し，そこではじめて売上高を把握することができるという場合もある。代理店からの売上明細の到着が遅れれば，それだけ売上高の確定が遅れることとなる。この場合も，取引先の協力を得て売上明細を早期に回収するか，過去の実績値等から売上高を予定計上・見積計上することを検討する必要がある。なお，売上高を予定計上・見積計上した場合，実績値との差異を後日修正しなければならないが，この差異を売上が実現した事業年度に取り込んでいることが原因で，単体試算表の完成が遅延しているケースもある。当該差異修正額が総売上高に対して軽微なものであり，金額的重要性が乏しいものであれば，差異修正の処理を翌事業年度に行っても，監査上何ら問題はないであろう。管理会計上も特に問題はないと思われる。

実際にどのように業務フローを改善していくのかということは，各会社によって状況が異なるため一概にここで説明することはできないが，一般的に決算発表が遅い会社は，「①見積り」→「②受注」→「③出荷」の各業務を経理部の「日常業務」（日次処理）として行っているのに対して，「④売上・売掛金計上」→「⑤請求書発行」→「⑥回収（入金）」→「⑦債権管理（債権消し込み）」→「⑧貸倒処理」→「⑨貸倒引当金設定」の各業務は，経理部の「決算業務」として行っているケースが多い。

一方で，決算早期化を実現させている会社は，「⑦債権管理（債権消し込み）」までを経理部の「日常業務」もしくは「日常業務」の延長線上にある業務として捉え，「⑧貸倒処理」→「⑨貸倒引当金設定」のみを経理部の「決算業務」として捉えているという大きな違いがある（【図表２－７】参照）。

決算発表が遅い会社は，販売プロセスの一連の業務において，「決算業務」

【図表２－７】　販売プロセスの業務フロー

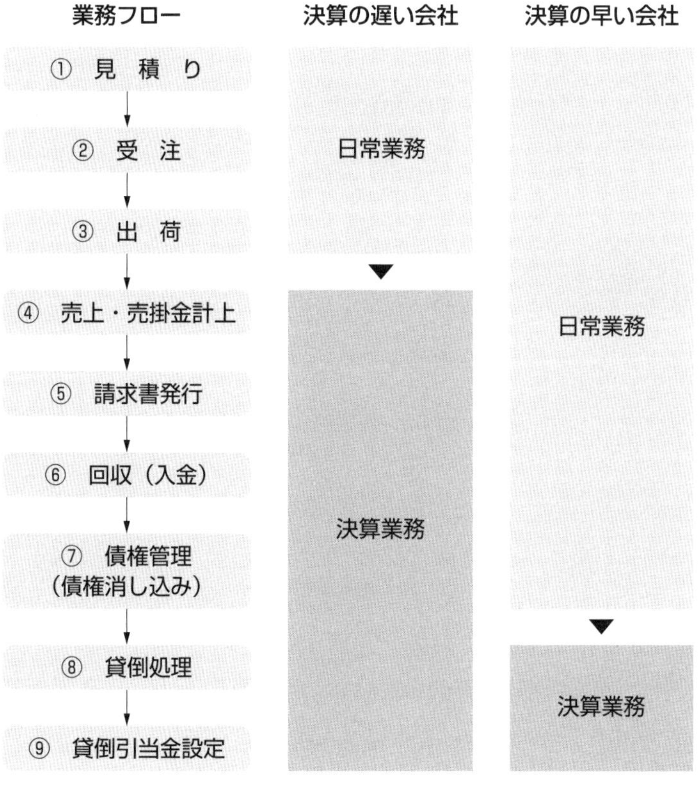

業務フロー
① 見 積 り
② 受 注
③ 出 荷
④ 売上・売掛金計上
⑤ 請求書発行
⑥ 回収（入金）
⑦ 債権管理（債権消し込み）
⑧ 貸倒処理
⑨ 貸倒引当金設定

決算の遅い会社
日常業務（①～③）
決算業務（④～⑨）

決算の早い会社
日常業務（①～⑦）
決算業務（⑧～⑨）

として捉えている業務が多すぎて，決算作業に膨大な時間を要しているのである。決算日後第１営業日から第３営業日あたりに膨大な量の売上伝票を入力している会社は珍しくない。業務フローの改善を行う際には，日次処理として実施できる業務はなるべく「日常業務」として実施できるようにし，「決算業務」における負担をできるだけ軽減させておくべきである。

② 購買プロセスの業務フロー

次に，原価の確定に時間がかかるという会社は，購買プロセスの業務フローの抜本的な見直しを検討したほうがよい。

一般的な購買プロセスの業務フローは，【図表２－８】のようになる。

ここで，通常であれば，「①発注」の段階で，購入依頼書，発注書または発注書控，注文書または注文請書控といった書類が作成または入手されているは

【図表２－８】 購買プロセスの業務フロー

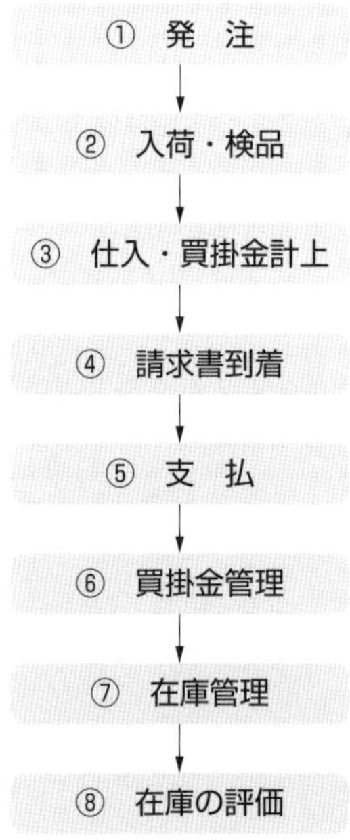

ずである。そして，注文台帳のようなものへ記入・更新するか，購買システムへ発注データを入力することになる。「②入荷・検品」の段階で納品され，検収を行うと，納品書を受領することになる。納品書受領後に仕入伝票が起票されれば，「③仕入・買掛金計上」が行われることになる。仕入高の計上や買掛金の計上は，ここまでのプロセスで完了するはずである。

納品書の到着に時間がかかるというケースもあるが，納品書等の到着を待つのではなく，発注時から納品予定日を記録しておき，後に実績に基づいて予定を消し込むという作業を行うことも可能であろう。

購買プロセスにおいても問題なのは，「④請求書到着」まで経理部が仕入高を認識できないことである。これも内部統制上，大きな問題である。

購買プロセスにおいても，実際にどのように業務フローを改善していくのか

【図表２－９】　購買プロセスの業務フロー

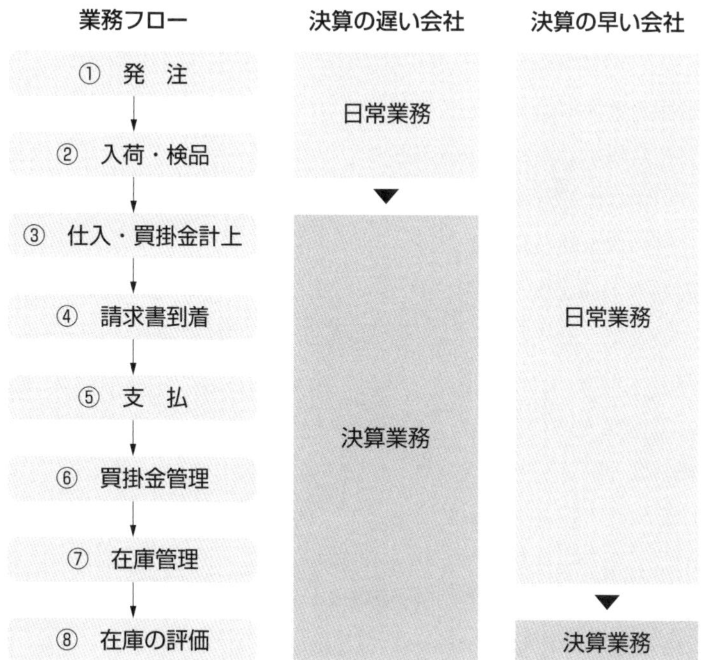

ということは，各会社によって状況が異なるため一概にここで説明することはできない。しかし，一般的に決算発表が遅い会社は，「①発注」→「②入荷・検品」の各業務を経理部の「日常業務」として行っているのに対して，「③仕入・買掛金計上」→「④請求書到着」→「⑤支払」→「⑥買掛金管理」→「⑦在庫管理」→「⑧在庫の評価」の各業務を経理部の「決算業務」として行っているケースが多い。

一方で，決算早期化を実現させている会社は，「⑥買掛金管理」や「⑦在庫管理」までを経理部の「日常業務」もしくは「日常業務」の延長線上にある業務として捉え，「⑧在庫の評価」のみを経理部の「決算業務」として捉えているという大きな違いがある。

決算早期化を目指すためには，買掛金管理や在庫管理は「日常業務」として実施できるようにし，「決算業務」における負担をできるだけ軽減させておくべきである。そうすれば，決算時において棚卸資産の帳簿残高が実在庫残高と一致しないなどと差異調整に慌てることもなくなるだろう。

③　有形固定資産取引プロセスの業務フロー

固定資産台帳への登録や抹消が遅れ，その結果，減価償却計算等の会計処理が遅れるという会社も多い。このような会社は，有形固定資産取引プロセスの業務フローの抜本的な見直しを検討したほうがよい。

一般的な有形固定資産取引プロセスの業務フローは，【図表２－10】のように，まず購入プロセスとして「①発注・購入」→「②納品・検収」→「③台帳への登録」というフローがあり，除却・売却のプロセスとして，「④除却・売却」→「⑤台帳からの抹消」というフローがある。そして，「⑥維持・管理」→「⑦減価償却計算」というフローへとつながる。

有形固定資産の購入プロセスであれば，通常，「①発注・購入」を行い，「②納品・検収」を行った段階で，固定資産を受け入れた部門において，稟議書，納品書，請求書，支払依頼書，固定資産登録依頼書といった書類が作成または入手されているはずである。そして，固定資産台帳へ登録をし，同時に固定資

【図表2－10】 有形固定資産取引プロセスの業務フロー

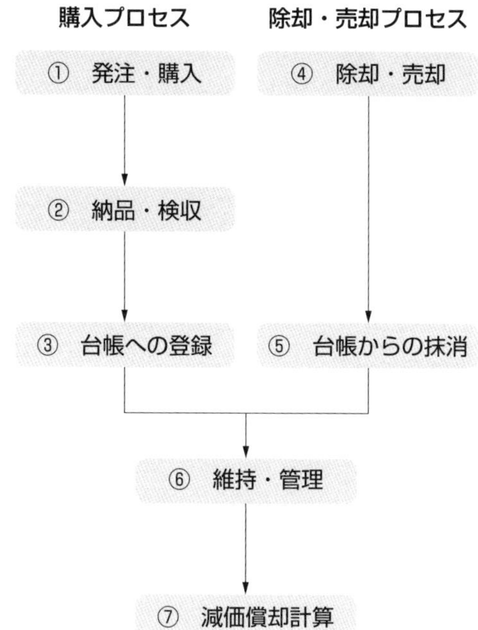

産計上に関する振替伝票を起票することにより，有形固定資産が計上されることとなる。あとは，「⑥維持・管理」を行い，決算時において「⑦減価償却計算」を行うことになる。有形固定資産の除却・売却プロセスにおいても，基本的に同様のプロセスとなる。

ここで問題となるのが，購買プロセスと同様に，請求書の到着をもって固定資産計上を行っているケースである。先述のとおり，外部証憑の入手をもって数値を確定させている限り，単体決算の早期化は困難であるため，業務フローを見直す必要がある。

また，台帳への登録や抹消を決算時にまとめて行っていることにより，決算が遅れているケースもある。これには，購入部門もしくは所有部門等からの報告が適切に行われていない場合と，経理部門が台帳処理を都度・適時に行っていない場合が考えられる。前者のケースでは，有形固定資産に関する部門間の情報伝達，処理プロセスが明確化されていないことが多い。購入や除却・売却を行った際に，経理部門を含む他部門に対して，いつ，何を，どのように報告するべきなのかについて明確にしておく必要がある。後者のケースでは，経理部門が検収スケジュールや除却・売却の予定を把握しておき，都度処理するようにすべきである。

一般的に決算発表が遅い会社は，「①発注・購入」→「②納品・検収」の各業務や，「④除却・売却」の業務を経理部の「日常業務」として行っているのに対して，「③台帳への登録」「⑤台帳からの抹消」の各業務を経理部の「決算業務」として行っているケースが多い。

【図表２－11】 有形固定資産取引プロセスの業務フロー

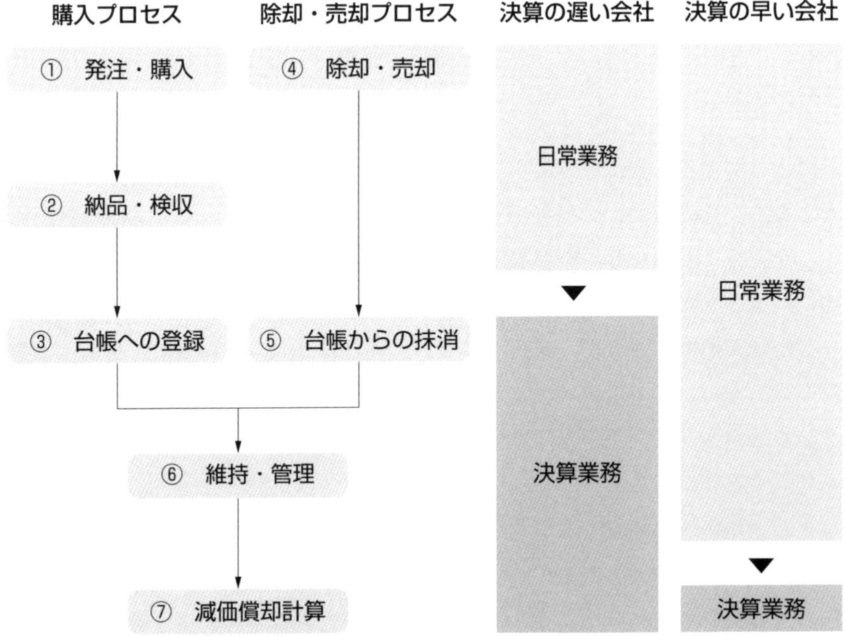

一方で，決算早期化を実現させている会社は，「⑦減価償却計算」のみを経理部の「決算業務」として捉えているという大きな違いがある。

決算早期化を目指すためには，固定資産台帳への登録や抹消手続も「日常業務」として実施できるようにし，「決算業務」における負担をできるだけ軽減させておくべきである。

ここまで，販売プロセスの業務フロー，購買プロセスの業務フロー，有形固定資産取引プロセスの業務フローの３つを取り上げて，業務フロー改善のポイントを述べてきたが，他のプロセスでも考え方は同じである。各プロセスにおける各取引の「インプット業務（仕訳やデータの入力業務）」や，「チェック業務（第三者による確認・統制業務）」や，「管理業務」（【図表２－12】参照）が，日常業務なのか決算業務なのか，決算前にやるべきものなのか決算日後にやるべきものなのかを再考すべきである。

決算早期化を実現させるためには，現状の業務フローの中で効率化を目指すのではなく，**抜本的に業務フローを変えなければならない場合もある**。単体決

【図表２－12】　業務フロー

主なプロセス	主な取引内容	管理業務
販売プロセス	与信，受注，売上，回収	与信管理，受注管理，販売管理，債権管理
購買プロセス	発注，仕入，支払，在庫	購買管理，納品管理，在庫管理，債務管理
製造プロセス	調達，製造，在庫，出荷	製造管理，原価管理，在庫管理
経費プロセス	経費計上，支払，経費精算	経費支払管理，未払管理
人事プロセス	給与計算，支払	給与等支払管理，社保支払管理，納税管理
有形固定資産取引プロセス	取得，除売却	固定資産管理
リース取引プロセス	取得，解約	リース資産管理

算が遅いからといって，安易に人員を増やしたり，ITシステムを導入したりしても抜本的な改善にはならないことのほうが多いため，留意が必要である。

なお，筆者は，究極的にはどんな会社でも決算日の翌日（第１営業日）に試算表（決算整理前試算表）を締めることは可能であると思っている（ただし，決算早期化を実現させるためにそれが必要というわけではない）。抜本的な業務フローの改善を真剣に考えれば，単体決算は必ず早期化させることはできるということである。

3 連結決算が遅い会社

連結決算については，子会社数，子会社の業種・規模，内部取引の量・内容等によって，その作業量は大きく変わる。子会社が１社しかなく，内部取引もほとんどないような場合であれば，連結精算表は数時間もあれば完成する。一方で，子会社数が数百社あり，業種もバラバラで，内部取引も多い場合であれば，連結精算表作成に数日間を要することになるだろう。しかし，第１章で述べたとおり，決算早期化を実現させるには，連結決算にかける工数は最大で**「５営業日」**を目標にしてほしい。

【図表２－13】は，一般的な連結決算のフローである。まずは，それぞれの業務の「終了日」と「工数」を把握してほしい。一概に「連結決算が遅い」といっても，そのボトルネックは各社異なり，よって解決策も各社異なる。

連結決算が遅い会社については，以下の２つに分けて説明していく。

⑴　子会社側に問題がある場合
（例：子会社からの連結パッケージの提出が遅い）
⑵　親会社側に問題がある場合
（例：親会社の連結精算表作成に時間がかかりすぎる）

【図表２－13】 一般的な連結決算のフロー

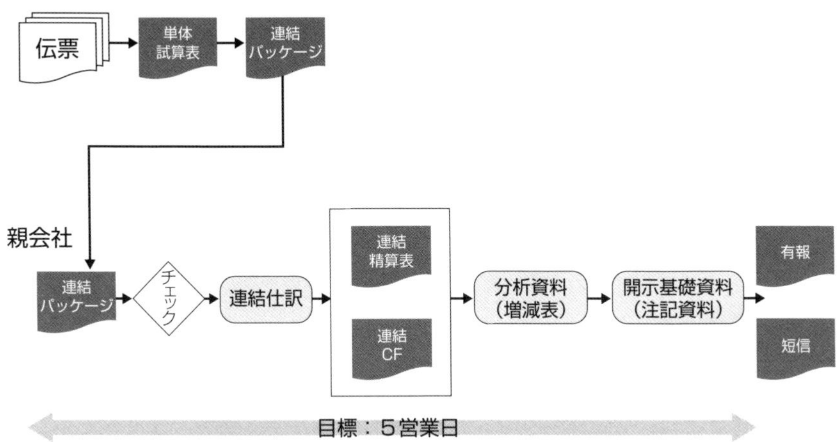

(1) 子会社側に問題がある場合

親会社の連結精算表作成能力は高いものの，子会社からの連結パッケージの提出に時間がかかりすぎる，もしくは子会社からの連結パッケージの精度が低くそのデータをそのまま利用することができない，といった「子会社側の問題」により連結決算が遅延するケースが非常に多い（連結パッケージの説明についてはP.47参照）。ここで，「子会社側の問題」と述べたが，これらの問題の多くは「親会社の責任」である。

例えば，「子会社から連結パッケージの提出が遅れるという連絡がありましたので，連結精算表の提出は２～３日遅れそうです」とか，「いつもいつも○社からの連結パッケージの提出が遅れるため，連結決算が遅れるのです」とか，「○社からの連結パッケージは間違いだらけで，何度も先方へ問い合わせをしなければならないため，連結決算が遅れてしまいます」とか，そのようなことを言って，子会社に責任を押しつける親会社の決算担当者を多く見てきたが，これらはすべて「親会社の責任」であり，親会社側で改善策を考え，改善させなければ，決算早期化の達成は難しい。

なぜなら，ソニーやホンダといった巨大な上場企業であっても，その子会社は大半が非上場企業である。しかも，ほとんどが知名度の低い中小企業である。例えば，先述のとおりソニーは1,597社の連結子会社を有するが（2023年３月31日時点），あなたはその子会社の名前を何社いえるだろうか。ほとんど出てこないはずである。このように，通常は上場企業の子会社といえども，大半は知名度が低い企業である。知名度が低い企業に連結決算の実務経験が豊富な人材はまずいないと思っておいたほうがよい。上場企業であっても連結決算の実務経験を有する優秀な人材を確保することが難しいにもかかわらず，知名度の低い子会社がそのような人材を確保することは，極めて困難なことである。子会社の決算担当者は，連結決算の実務経験どころか，連結財務諸表の基礎知識すら有していない場合もあるだろう。そのような連結の基礎知識を有していない経理担当者にとって，親会社からの連結パッケージを入力することですら相当レベルの高い仕事を要求されているということを忘れてはならない。税務の基礎知識がない方に，税務申告書を作成させるようなものである。

以前，ある上場企業の子会社に往査に行った際，社長の奥様が１人で経理を担当していたので驚いたことがある。上場企業の子会社で，売上高数十億円の中堅企業であっても，このような会社はある。このような会社に，親会社からエクセルシート約100枚の連結パッケージがメールで送られてくるのである。その社長の奥様は膨大な量の連結パッケージを１人で，しかも１～２日で入力していたが，それだけでもすごいことである。「以前，どこかの会社で連結決算の実務をやっていた経験があるのですか？」と聞いてみたら，「あるわけないでしょ。長年の経験と勘で入力してるわよ」との返事。ちなみに，この子会社には，親会社から連結パッケージのエクセルデータがメールで送られてくるだけで，指導や助言は一切ないという。

一般的に，子会社に対して，「連結パッケージの期首値が，前期末の数値と違うではないか！」「もっと精度の高いものを提出しろ！」「もっと早く提出しろ！」と怒ったところで，精度の高い情報を得ることはできず，決算早期化を図ることもできないであろう。

では，どうしたらよいのか。

親会社が責任をもって，改善策を考えるしかない。具体的には，以下の4つを通して子会社側の問題を改善していくしかない。

① インストラクション（決算業務指示書）の作成
② 連結パッケージの見直し
③ 直接指導
④ サブ連結の見直し

① インストラクション（決算業務指示書）の作成

インストラクションとは，連結決算業務に関する親会社から子会社の決算担当者への業務指示書である。子会社に対して，決算業務に関して適切な指示を行わなければ，連結決算の早期化ができるわけがない。単に電話やメールにより指示するのではなく，インストラクションという文書により指示をすることが望まれる。

インストラクションには決まった様式はなく，1枚に要約している会社もあれば，何十枚にもなるものを作成している会社もある（海外子会社に対しては詳細なインストラクションを作成しているケースが多く，100枚を超えるものも珍しくない）。親会社経理部長が発信している場合もあれば，親会社取締役が発信している場合もある。いずれの場合においても，重要なことは，子会社の決算担当者に対して連結決算への協力を仰ぐことである。

インストラクションには，主に【図表2－14】のような事項を記載する。

実務上は，国内の子会社に対してはインストラクションを作成せずに，連結パッケージのみを作成しているケースが多い。しかし，インストラクションを作成していない場合には，連結パッケージ内に，【図表2－14】の記載例の各事項を盛り込むことが望まれる。特に，決算スケジュールおよび連結パッケージ提出期限や，インストラクションや連結パッケージの過年度からの変更点，

【図表２－14】 インストラクションの記載例

- 対象決算期間（決算日）
- 連結グループの概要，事業の内容等
- 決算スケジュールおよび連結パッケージ提出期限
- インストラクションや連結パッケージの過年度からの変更点（連結パッケージに記載する場合もあり）
- 連結パッケージに添付して提出する資料
- 連結パッケージの提出先（メールアドレス等），報告方法
- 監査指示書の概要
- 会計監査の監査手続
- 会計監査の監査チームの概要
- 会計監査の重要な監査項目
- 対象決算期間における重要事項
- 対象決算期間における会計基準・税制・開示項目等の変更点
- 連結決算に関する問い合わせ先（担当者名，電話番号，メールアドレス等）

対象決算期間における重要事項，対象決算期間における会計基準・税制・開示項目等の変更点については，子会社の担当者のために詳細に記載しておくことが望まれる。

海外子会社に対しては，連結パッケージとは別にインストラクションを作成することが望まれる。海外子会社の場合，現地と会計基準等が異なる場合もあるため，単に連結パッケージのデータだけを送付しても，高い精度の回答は期待できないためである。連結パッケージ上において，現地の会計基準から日本の会計基準へ組み替えた後の数値の記入を求めるのであれば，現地の会計基準と日本の会計基準がどのように違うのか，組み替えをするにはどのような仕訳が必要なのかという情報を，詳細にインストラクションに盛り込んでおく必要があるだろう。

また，準備期間も必要であるため，インストラクションは連結パッケージよ

りも早い段階で子会社へ送付しておくことが望まれる。

②　連結パッケージの見直し

連結パッケージとは，子会社から入手する，連結財務諸表作成のために必要となる連結情報の標準フォームをパッケージ化したものをいう。

連結パッケージには，子会社の個別財務諸表だけではなく，連結消去・修正仕訳（以下，「連結仕訳」という）の作成に必要な情報，連結財務諸表における注記および附属明細表等の作成に必要な情報も盛り込まれる。

連結パッケージはエクセルファイルで作成されていることが多く，通常は決算日前後に子会社へ連結パッケージのデータを送付し，「あらかじめ決められた日」までに必要事項を記入のうえ，親会社へ返送してもらう。「あらかじめ決められた日」とは，決算早期化を実現している会社の場合，親会社の試算表完了予定日前後であることが多い。

連結パッケージは，ほとんどの上場企業で作成しているが，ごく稀に作成していない会社を見受ける。連結グループで連結会計システムを統一しているような場合を除いて，子会社から連結資料を入手しなければ連結財務諸表の作成はできないため，子会社から会社法ベースの決算書や納税申告書のコピーを入手し，連結グループ内部の取引や連結グループ間債権債務残高等については子会社の担当者に電話やメールで確認しているだけで連結精算表を作成しているという会社もある。連結仕訳の都度子会社へ確認を取らなければならないことから非常に効率が悪いだけでなく，電話やメールによる回答では信頼性は極めて乏しいという問題もある。重要性が低い投資先であればこのような対応でも問題ないが，通常は連結パッケージをきちんと作成し，入手すべきである。連結パッケージを作成していない会社は，公認会計士に依頼して早急に作成することが望まれる。

連結パッケージを作成している会社においても問題点がないわけではない。連結決算に時間がかかりすぎている会社は，以下の問題を抱えていることが多い。

(a) 連結パッケージ上に情報が多すぎる（情報過多）
(b) 連結パッケージ上に情報が少なすぎる（情報過少）

(a) 連結パッケージ上に情報が多すぎる（情報過多）

まず，多くの会社の連結パッケージはその内容や雛形があまりにも複雑であり，量が多い。エクセルファイルで100シート前後もある連結パッケージを作成しているケースも珍しくない。

先述のとおり，子会社の経理担当者は一般的に連結財務諸表の知識が乏しい。そのような担当者に対して，複雑かつ大量の連結パッケージの入力・提出を依頼しても，そのパッケージに記載していることを理解するだけで大変な作業となる。理解できたとしても，100シートもあれば，それに必要事項を入力するだけでも相当な時間を要することになる。これが理由で連結パッケージの提出が遅延しているのではないかと思われるケースも多い。

また，子会社の入力に時間を要するだけではなく，親会社側も多すぎる情報の中から必要な情報を探すことに相当な時間をロスしている場合もある。そもそも，連結パッケージが100シートもある会社では，ほとんどその膨大な情報を決算に活かしきれていない。

例えば，連結財務諸表を作成する際に，グループ間の内部取引を消去しなければならないため，親会社は子会社に対してグループ間取引に関する情報を入手しなければならないが，このような内部取引の情報を入手するために，連結パッケージ上どのような記載をすべきだろうか。

ある上場企業においては，「売上高明細」「売上原価明細」「販売費及び一般管理費明細」「受取利息明細」「支払利息明細」「その他営業外収益明細」「その他営業外費用明細」「特別利益明細」「特別損失明細」といった９種類の相手先別明細を作成し，子会社の決算担当者に入力させていた。これだけでも大変な時間を要することになる。しかし，連結財務諸表を作成するうえで欲しい情報は全勘定科目の相手先別明細ではなく，グループ間取引の相手先と金額である。つまり，子会社から損益計算書の全勘定科目に対する相手先明細を入手しなくても連結財務諸表は作成できるのである。

そこで，この会社の連結パッケージ上の連結グループ間の内部取引明細を【図表２－15】のように変更し，９種類あった明細を非常にシンプルな１シートに収めた。これなら，連結財務諸表の知識が乏しい担当者でも入力することが可能である。その結果，子会社の作業負担だけでなく，親会社の連結精算表作成作業の負担をも軽減させることができたのである。

なお，受取利息に対する未収利息や前受利息がある場合，支払利息に対する未払利息や前払利息がある場合には【図表２－15】の連結パッケージ作成例だけでは情報が不十分である。経過勘定項目の相殺消去のための情報も必要であるし，連結キャッシュ・フロー計算書作成のためのキャッシュベースでの利息の受取額や支払額の情報も必要となる。このような場合は，【図表２－16】のようなフォームを１枚追加することにより対応できる。

グループ間の債権債務についても相殺消去しなければならないが，例えば親子会社間の貸付け・借入れについても「貸付金明細」「借入金明細」の２種類の明細を作り，連結キャッシュ・フロー計算書作成のために，これらとは別に「貸付金増減明細」「借入金増減明細」も作成しているケースを見受ける。貸付金・借入金だけで合計４種類の明細を作成していることになるが，同じ勘定科目の明細を複数枚作成することは非常に大変な作業であるし，非効率である。これも工夫すれば，【図表２－17】のように非常にシンプルな１シートに収めることが可能である。

償却資産の明細についても，これだけで何枚ものシートを用意しているケースがほとんどであるが，これも【図表２－18】のようにシンプルな１枚のシートに収めることが可能である。

親会社としてはどんな情報でも入手しておきたいという思いがあるため，年々連結パッケージの量が増えていき，複雑になっていくのだと思われる。しかし，連結パッケージの量が多すぎ，複雑であることが連結パッケージの提出

【図表２－15】 連結パッケージ作成例(1)

自20X1年04月01日
至20X2年03月31日

連結グループ内部取引明細

（単位：円）

科　目	連結会社以外に対する損益		連結会社に対する損益			合　計
			A社	B社	C社	
製品売上高						
商品売上高						
製品工事原価						
商品売上原価						
販売費及び一般管理費						
受取利息						
受取配当金						
支払利息						
貸倒引当金繰入額（営業外）						
固定資産売却益						
投資有価証券売却益						
貸倒引当金戻入						
固定資産除却損						
固定資産売却損						
投資有価証券売却損						
投資有価証券評価損						
棚卸資産評価損						
貸倒損失						
貸倒引当金繰入						
配当金（利益処分）						

（注） 連結会社に対する損益のある勘定科目が他にあれば，適時「行」を追加して記入してください。

遅延につながっている可能性が高いことから，極力シンプルに，誰が見てもわかるものへ見直しをすることが望まれる。

最後に，決算早期化の観点から，連結パッケージをシンプルにしていくこと

【図表２－16】　連結パッケージ作成例(2)

自20X1年04月01日
至20X2年03月31日

受取利息・支払利息 明細

（単位：円）

科　目	内　容		連結会社以外に対する損益	連結会社に対する損益			合　計
				A社	B社	C社	
受取利息							
	受取利息	P/L					
	期首未収利息	加算					
	期首前受利息	減算					
	期末未収利息	減算					
	期末前受利息	加算					
	当期利息受取額	キャッシュ・フロー					
支払利息							
	支払利息	P/L					
	期首未払利息	加算					
	期首前払利息	減算					
	期末未払利息	減算					
	期末前払利息	加算					
	当期利息支払額	キャッシュ・フロー					

のほかに，**分冊化**することも検討していただきたい。膨大な量の連結パッケージを子会社の担当者が入力することは大変な苦労を伴うし，相当の作業量となることが想定される。提出期限のノルマが高いと，連結パッケージの質の低下につながるおそれもある。親会社としても，膨大な量の情報を一時点にすべて入手する必要性はないはずである。そこで，必要な情報を，必要なタイミングで入手できるように分冊化すれば，質の高い情報を遅延することなく入手できる可能性が高まる。分冊化には，【図表２－19】のように３つの方法が考えられる。

【図表２－17】 連結パッケージ作成例(3)

自20X1年04月01日
至20X2年03月31日

貸付金・借入金·社債 増減明細

（単位：円）

科　目	内容	連結会社以外に対する残高	連結会社に対する残高（＊１）			合　計
			Ａ社	Ｂ社	Ｃ社	
短期貸付金						
	期首残高					
	増加					
	減少					
	為替換算調整					
	期末残高					
長期貸付金						
	期首残高					
	増加					
	減少					
	為替換算調整					
	期末残高					
短期借入金（１年以内返済長期借入金を含まず）						
	期首残高					
	増加					
	減少					
	為替換算調整					
	期末残高					
長期借入金（１年以内返済長期借入金を含む）						
	期首残高					
	増加					
	減少					
	為替換算調整					
	期末残高					
社債（１年以内返済社債を含む）						
	期首残高					
	増加					
	減少					
	期末残高					

（＊１） 連結会社へ貸し付けた分の残高，もしくは，連結会社から借り入れた分の残高を記入してください。

【図表２－18】　連結パッケージ作成例(4)

自20X1年04月01日
至20X2年03月31日

償却資産 増減明細

■取得価額

(単位：円)

連結科目 (取得価額)	期首残高	期中増加	期中減少	当期末残高	当期中の 売却収入
建物及び構築物					
機械装置					
車両運搬具					
工具器具備品					
土地					
建設仮勘定					
有形固定資産計					
特許権					
ソフトウェア					
のれん					
無形固定資産計					
長期前払費用					
投資その他計					

■減価償却累計額

連結科目 (減価償却累計額)	期首残高	期中増加	期中減少	当期末残高	減価償却費内訳		
					売上原価	販管費	合計
建物及び構築物減価償却累計額							
機械装置減価償却累計額							
車両運搬具減価償却累計額							
工具器具備品減価償却累計額							
有形固定資産減価償却累計額計							
特許権償却累計額							
ソフトウェア償却累計額							
のれん償却累計額							
無形固定資産償却累計額計							
長期前払費用償却累計額							
投資その他償却累計額計							

■帳簿価額

連結科目 (帳簿価額)	期首残高	期中増加	期中減少	当期末残高	売却益	売却損	除却損
建物及び構築物							
機械装置							
車両運搬具							
工具器具備品							
土地							
建設仮勘定							
有形固定資産計							
特許権							
ソフトウェア							
のれん							
無形固定資産計							
長期前払費用							
投資その他計							

【図表２－19】 連結パッケージの分冊化

内容による分冊化	（例）「基本編」…連結精算表作成に必要な情報を入力してもらう連結パッケージ 「CF編」…連結キャッシュ・フロー計算書作成に必要な情報を入力してもらう連結パッケージ 「注記編」…連結注記情報の開示に必要な情報を入力してもらう連結パッケージ
決算による分冊化	（例）「本決算版」…本決算用の連結パッケージ 「四半期版」…四半期決算用の連結パッケージ 「月次版」…月次決算用の連結パッケージ
重要性による分冊化	（例）「重要性が高い子会社用」 「重要性が低い子会社用」 「持分法適用会社用」

まずは，内容により分冊化することが可能である。連結パッケージを，(a)個別財務諸表および連結仕訳の作成に必要な情報，(b)連結キャッシュ・フロー計算書の作成に必要な情報，(c)連結財務諸表における注記および附属明細表作成に必要な情報等，という具合に分冊化し，それぞれの提出期限を段階的にずらすのである。子会社による連結パッケージの提出遅延が目立つ会社は参考にしていただきたい。

次に，決算により分冊化することも可能である。(a)本決算用の連結パッケージ，(b)四半期決算用の連結パッケージ，(c)月次決算用の連結パッケージと，決算ごとに連結パッケージを分けるのである。多くの会社は，本決算用の連結パッケージを四半期決算や月次決算でも使用し，エクセルシート上に「このページは本決算時のみ記入してください。」とか，「このページは四半期決算・月次決算時には記入不要です。」と書いている。しかし，年間12か月のうち本決算時以外の11か月は「記入不要」のシートが何十枚と入った連結パッケージを使用することは，連結パッケージを記入する子会社側にとっても，連結パッケージを閲覧する親会社側にとっても，無駄に作業を煩雑にするだけである。

さらに，子会社等の重要性により分冊化することも可能である。例えば，(a)

重要性の高い子会社用の連結パッケージ，(b)重要性の低い子会社用の連結パッケージ，(c)持分法適用会社用の連結パッケージ，という具合に分冊化するのである。子会社数の多い会社においては，すべての子会社に対する債権債務や内部取引等を同じレベルで相殺消去せず，子会社等の質的・量的重要性に鑑みた処理をしているはずである。そうであるならば，子会社等から入手する情報についても重要性が高い子会社と，重要性が低い子会社が同じである必要性はない。一般的に，重要性が高い子会社と，重要性が低い子会社の会社規模は，売上高ベースでも総資産ベースでも桁が４つも５つも違うというケースもある。重要性が高い子会社向けに作成された連結パッケージを，重要性が低い子会社にも入力させるのは酷である。

なお，分冊化は必ずしなければならないわけではない。連結パッケージが複雑かつ大量であることが原因で，連結決算の工数の増大を招いている場合は，分冊化を検討してもらいたい。

特定の子会社の連結パッケージのみを分冊化している上場企業もある。

(b)　連結パッケージ上に情報が少なすぎる（情報過少）

上述のような連結パッケージの「情報過多」による問題点とは逆に，「情報過少」による問題点もある。

例えば，連結精算表作成に必要な情報は盛り込まれているが，連結キャッシュ・フロー計算書作成に必要な情報や，注記情報等の開示に必要な情報が盛り込まれていないというケースは多い。また，数年間連結パッケージの見直しを行っていないため，連結パッケージが現行の会計基準等に対応できていないケースも多い。つまり，連結パッケージに情報の網羅性が確保されていないのである。

連結パッケージが「情報過少」である会社において，連結パッケージ入手後に，親会社の連結担当者が子会社の担当者へ何度も何度も問い合わせをしている姿を見かけることがあるが，非効率であることはいうまでもない。子会社が海外にある場合，時差の関係でこちらが問い合わせしたい時間に先方が出社していないということもある。このような事後的な子会社とのやり取りに多くの時間が割かれていることが，連結決算遅延の原因となっているケースもある。決算中の子会社との無駄なやり取りを避けるためにも，連結パッケージには最低限必要な情報を網羅的に盛り込んでおき，入手後の子会社とのやり取りをゼロにする必要がある。

以上のように，連結パッケージ上に情報が多すぎる場合と，情報が少なすぎる場合を見てきたが，連結決算が遅い会社は，この両方にあてはまるケースが多い。つまり，連結パッケージに情報が多すぎるにもかかわらず，網羅的でないのである。モレもダブりもある，ただ複雑なだけのパッケージを使用しているのだ。毎期毎期，会計基準等が変更し，開示項目も変更することから，完璧な連結パッケージというものはない。連結パッケージは最低でも年に一度は見直しをする必要がある。連結パッケージの見直しは，**情報の網羅性**のみならず，**シンプルかつ誰が見ても理解できるものかどうか**についても検討することが必要である。

以下，連結パッケージの様式例を掲げておく（【図表２－20】）。連結パッケージには画一的・絶対的な様式があるわけではなく，目的さえ達成できればどんな様式を使ってもよい。したがって，以下に掲げた様式例も一例にすぎない点にご留意いただきたい。

【図表２－20】　連結パッケージの様式例

連結用財務諸表関連	
様式１	貸借対照表・損益計算書・株主資本等変動計算書
様式２	貸借対照表・損益計算書　変動分析
様式３	販売費及び一般管理費　明細
様式４	現金預金　増減明細
様式５	償却資産　増減明細
様式６	貸付金・借入金・社債　増減明細

様式７	有価証券　増減明細
様式８	投資その他の資産　増減明細
様式９	引当金　増減明細
様式10	純資産の部　増減（推移）明細
様式11	法人税等　増減明細
様式12	重要な後発事象
様式13	偶発債務・債務保証・保証予約残高の明細
内部取引関係	
様式14	連結グループ内部取引明細
様式15	内部購入棚卸資産明細表
様式16	内部購入固定資産明細表
様式17	内部購入有価証券明細表
セグメント関係	
様式18	セグメント別損益計算書
様式19	セグメント別売上明細
様式20	セグメント別仕入明細
様式21	セグメント別販売費及び一般管理費
様式22	セグメント別資産集計表
様式23	セグメント別連結会社間債権明細表
様式24	減価償却費及び資本的支出のセグメント別集計表
キャッシュ・フロー関係	
様式25	キャッシュ・フロー計算書作成資料
注記関連	
様式26	リース関係の注記資料
様式27	税効果会計関係の注記資料
様式28	退職給付会計関係の注記資料
様式29	金融商品会計関係の注記資料
様式30	デリバティブ取引関係の注記資料
様式31	資産除去債務の注記資料
様式32	賃貸等不動産の注記資料
様式33	関連当事者の注記資料
様式34	借入金・担保提供資産関係の注記資料

有価証券報告書等での開示情報関連	
様式35	設備の状況
様式36	その他会社の基礎情報（役員，株主，従業員等）

③ 直接指導

連結決算の早期化を図るためには，インストラクションを作成し，誰もが理解できるシンプルな連結パッケージを作成することを前提として，親会社から子会社に対して直接指導する必要がある。

直接指導は，親会社の連結担当者が子会社へ出向いて指導してもよいし，子会社の連結担当者を親会社へ集めてもよいだろう。距離的・経済的な問題がある場合であれば，「連結決算マニュアル」や「連結パッケージ作成マニュアル」のようなものを整備することも必要であろう。

どのような手段を取るにしても，迅速な連結決算業務を実施するためには，連結決算業務や連結パッケージ作成に関する定期的な説明を行う必要がある。連結パッケージ作成に関する説明については，ただ単に入力方法を説明するだけではなく，連結パッケージが要求している情報の各部門からの基礎資料収集方法や，連結パッケージ入力結果と試算表や基礎資料との照合手続，前期の連結パッケージとの比較分析（増減分析）の必要性や方法，適切な権限者による連結パッケージの承認手続等についても，親会社が説明すべきである。

何度も書いているとおり，多くの場合，子会社の担当者は連結決算に関する基礎知識を有していない。連結パッケージの正確性・信頼性を確保するためには，親会社が子会社の担当者を指導するしかない。

決算早期化（30日開示）を達成しているあるグローバル企業は，決算早期化を達成させるために主要な子会社の経理責任者をすべて日本人にしている。親子間のコミュニケーション不足による連結決算の遅延を防ぐためだ。また，P.15でも述べたとおり，別の決算早期化達成企業の連結決算担当者は，四半期決算が終わってから次の四半期決算が始まるまでの中２か月間に，海外も含め，主要な子会社を循環訪問し，直接指導を行っている。

決算早期化を達成している企業は，このように愚直な努力をしているのだ。

【図表2－21】 連結決算において親会社がやること，子会社がやること

親会社が（子会社に対して）やること
- 連結決算に関するインストラクションの作成
- 誰でも理解できるようわかりやすい連結パッケージの作成
- 連結決算マニュアルの整備
- 連結パッケージ作成マニュアルの整備
- 連結パッケージ作成に関する定期的な説明
- 連結決算業務に関する説明会，研修会の開催

子会社がやること
- 連結パッケージ作成に関する業務分担の明確化
- 連結パッケージが要求している情報の各部門からの基礎資料の収集手続の明確化
- 各部門による基礎資料の確認，および，上席者の承認
- 連結パッケージ入力結果と基礎資料の照合
- 最終試算表と連結パッケージとの一致の確認
- 連結パッケージ内データの整合性の確認
- 前期の連結パッケージとの比較分析（増減分析）
- 適切な権限者による連結パッケージの承認

④　サブ連結の見直し

連結グループに孫会社が存在する場合，(a) 親会社が子会社と孫会社を連結する方法と，(b) 子会社が孫会社を連結し，親会社が当該子会社の連結財務諸表を連結する方法，の2パターンがある。(b) の方法は，一般的に「サブ連結」と呼ばれる。

子会社の規模が大きく，内部管理目的もしくは外部報告目的のために連結決算を行っているのであれば，サブ連結をするほうが効率的といえる。また，孫会社の規模があまりに小さい場合や，孫会社の数があまりにも多い場合も，親

会社の連結決算の作業負担を軽減させるためにサブ連結をするほうがよいともいえる。

他方で，サブ連結は，子会社の連結を，さらに親会社で連結するわけであるから，グループ内で連結決算を二度実施することとなるため，場合によっては連結決算の工数増大につながる。また，子会社側のマンパワーや能力面での限界，親会社側の管理・指導の限界もある。

決算早期化の観点からいえば，子会社・孫会社の規模がそれほど大きくない場合や，孫会社の数がそれほど多くない場合は，サブ連結を見直す（やめる）ことも検討してよいだろう。

(2) 親会社側に問題がある場合

(1)では，連結決算が遅れる原因として子会社側に問題がある場合について述べた。

次に，連結決算が遅れる原因として親会社側に問題がある場合を述べていく。つまり，子会社側の要因ではなく，親会社側の要因により連結精算表の作成や連結キャッシュ・フロー計算書などの作成が遅い場合を述べる。

親会社側に問題がある場合として，以下，次の５つに分けて説明していく。

① 人の問題
② アウトプット資料の問題
③ 連結精算表作成プロセス上の問題
④ 連結システムの問題（連結エクセル化）
⑤ 連結アウトソースの問題

① 人の問題

人の問題とは，会社の連結財務諸表作成担当者に問題を抱えている場合をいう。人の問題は，さらに，以下の２つに分けて説明することができる。

(a)　担当者の能力不足の問題
(b)　担当者の能力の属人化の問題

(a)担当者の能力不足の問題とは，会社に連結財務諸表を作成できる能力のある者が存在しない場合，もしくは能力のある者が十分に存在しない場合をいう。新興企業の中には，社内に連結財務諸表を作成できる能力のある者が１人もいないという会社もある。このような場合は，会計事務所や会計コンサルティング会社に連結財務諸表作成を外注することになるが，外注する場合は総じて連結精算表や連結キャッシュ・フロー計算書の作成に時間がかかる（なお，外注することの問題点については，P.91で詳述する）。

次に，(b)担当者の能力の属人化の問題とは，会社において連結財務諸表を作成できる者が，特定の１人，もしくは少数の担当者に限定されていることをいう。このような状況においては，仮に彼らが決算作業中に病気などにより長期で休まなければならなくなった場合，たちまち決算作業に遅れが生ずるというリスクがある。また，後継者が育たないという問題もある。さらに，特定の者の能力に依存している状態では，連結決算がブラックボックス化するうえ，チェック機能がまったく働かず，連結仕訳に重大なミスや不正があっても，社内の誰もそれに気が付かないおそれもある。このように，担当者の能力が属人化している状況は，決算が遅延するおそれだけではなく，決算の精度上も，内部統制上も大きな問題があるため，改善しなければならない。

(a)担当者の能力不足の問題の場合も，(b)担当者の能力の属人化の問題の場合も，社内できちんと連結財務諸表を作成できる人材を育成すべきである。社内に連結財務諸表を作成できる能力のある者が１人もいないような場合は，会計事務所や会計コンサルティング会社に外注することになるが，外部に丸投げするのではなく，なるべく指導を受けながら自社内で作成できるよう努力をすべきであるし，社外の研修やセミナーに積極的に参加して作成能力を付ける努力をすべきである。また，属人化している場合は，きちんと業務分担を定期的に見直し，業務のローテーションを行いながら，OJT（オン・ザ・ジョブ・トレーニング）で人材を育てていくべきである。

なお，連結決算が属人化している会社は，アウトプット資料が属人化していることが多く，資料が理解できないために，業務分担できないというケースも少なくない。

そのような会社は，まずアウトプット資料を見直すべきである。アウトプット資料の見直しについては，次の②で述べる。

最後に，連結決算内製化を行い，決算早期化を達成させた会社の事例をご紹介しよう。かつて決算発表に45日以上要していたある上場企業は，決算早期化を目指すとともに，社内のノウハウを高め，決算の質的向上を目指すために，連結決算の外注をやめ，内製化に切り替えた。当初は社内に連結決算の基礎知識を有している経理担当者が少なかったことから，連結決算を監査法人の助言を受けながら行っていた。そのため，決算早期化どころか，逆に連結決算に非常に時間がかかってしまった。しかし，中長期的には連結決算の内製化は必要不可欠であるとの判断により，格闘しながらも月次で連結決算を行っていった。すると，１年後には監査法人の助言を受けなくても連結決算を行うことができるようになった。さらに経験を積んでいき，当初は，連結精算表の作成，連結キャッシュ・フロー計算書の作成，連結セグメント情報等の開示資料の作成が，それぞれ寸断されて，各担当者がバラバラに業務を行っていたものを，各業務の担当者が情報を共有し，同時併行で行うことができるようになった。このような，連結決算の内製化と業務フローの見直しにより，３～４年後には決算日後20日前後で連結決算を完了することができ，決算早期化（30日開示）を達成させた。

② アウトプット資料の問題

アウトプット資料の問題とは，会社が連結決算において作成・出力するあらゆる資料・明細の様式や体裁に問題を抱えている場合をいう。連結決算が遅延化している会社の多くは，このアウトプット資料・明細に問題を抱えているといってもいいだろう。

ここでは，アウトプット資料の中でも，以下の４つを取り上げ，多くの会社が抱える問題点について説明していく。

(a)　連結精算表
(b)　連結キャッシュ・フロー精算表
(c)　連結精算表の作成のもととなる連結仕訳明細
(d)　連結キャッシュ・フロー精算表の作成のもととなる勘定科目ごとの増減明細

(a)　連結精算表

連結決算が遅延化している会社において，連結精算表の様式に問題を抱えている会社は多い。

通常，教科書的には連結精算表といえば【図表２－22】のような様式である。つまり，「親会社」の数値と「子会社」の数値を足し「単純合算」の数値をまず算出し，連結仕訳として「投資資本の相殺消去」「当期純利益の少数株主持分への按分」「のれん償却」「債権債務の相殺」「内部取引の消去」等を入力する欄に仕訳を入力し，連結財務諸表上の数値を算出する。非常にオーソドックスな精算表の様式である。連結仕訳の仕訳種類別に欄を設けることにより，どのような連結仕訳が入力されたかで連結財務諸表の数値がどうなったのかをひと目で見ることができる。

しかし，この精算表を独自の様式に変更している会社を見受けることが多い。例えば，【図表２－23】のように，連結仕訳の仕訳種類別の欄を設けずに，「連結仕訳」という欄１列にすべての連結仕訳を入力しているケースがある。このような連結精算表だと，別途連結仕訳に関する明細があるとしても，連結精算表上ではどのような種類の連結仕訳が入力されたのかわからない。また，「連結仕訳」という欄１列にすべての連結仕訳を入力しているため，各連結仕訳明

【図表２－22】 連結精算表

勘定科目	親会社	子会社	単純合算	連結前修正	投資資本当純按分のれん償却	債権債務相殺消去	内部取引消去	未実現利益消去	持分法	連結F/S
連結貸借対照表										
現金										
当座預金										
普通預金										
定期預金										
売掛金										
仮払消費税										
その他流動資産										
繰延税金資産										
貸倒引当金（△）										
流動資産合計										
建物付属設備										
減価償却累計額（△）										
車両運搬具										
減価償却累計額（△）										
工具器具備品										
減価償却累計額（△）										
建設仮勘定										
土地										
有形固定資産合計										
ソフトウェア										
ソフトウェア仮勘定										
電話加入権										
商標権										
のれん										
無形固定資産合計										
投資有価証券										
子会社株式										
敷金保証金										
長期貸付金										
長期前払費用										
繰延税金資産										
破産更正債権										
貸倒引当金（△）										
投資その他の資産合計										
固定資産合計										
資産合計										
買掛金										
短期借入金										
１年以内返済社債										
未払金										
未払費用										
前受金										
繰延税金負債										
賞与引当金										
その他流動負債										
流動負債合計										
長期借入金										
社債										
繰延税金負債										
退職給付に係る負債										
役員退職慰労引当金										

その他固定負債										
固定負債合計										
負債合計										
資本金										
資本準備金										
その他資本剰余金										
資本剰余金										
利益準備金										
その他利益剰余金										
当期未処分利益										
利益剰余金										
自己株式										
株主資本合計										
その他有価証券評価差額金										
為替換算調整勘定										
新株予約権										
評価・換算差額合計										
非支配株主持分										
純資産合計										
負債純資産合計										

連結損益計算書

外部売上										
関係会社売上										
売上高合計										
外部売上原価										
関係会社売上原価										
売上原価合計										
売上総利益										
役員報酬										
給与手当										
退職金										
雑給										
賞与引当金繰入										
退職給付費用										
法定福利費										
貸倒損失										
貸倒引当金繰入										
減価償却費										
雑費										
販売費及び一般管理費合計										
営業利益										
受取利息配当金										
為替差益										
雑収入										
営業外収益合計										
支払利息手数料										
為替差損										
貸倒損失										
雑損失										
営業外費用合計										
経常利益										
特別利益										
特別損失										
税金等調整前当期純利益										
法人税等										
法人税等調整額										
非支配株主に係る当期純利益										
親会社株主に係る当期純利益										

【図表２－23】 連結精算表（簡易版）

勘定科目	親会社	子会社	単純合算	連結仕訳	連結F/S
連結貸借対照表					
現金					
当座預金					
普通預金					
定期預金					
売掛金					
長期貸付金					
長期前払費用					
繰延税金資産					
破産更正債権					
貸倒引当金（△）					
投資その他の資産合計					
固定資産合計					
資産合計					
買掛金					
短期借入金					
１年以内返済社債					
未払金					
未払費用					
前受金					
退職給付に係る負債					
役員退職慰労引当金					
その他固定負債					
固定負債合計					
負債合計					
資本金					
資本準備金					
その他資本剰余金					
資本剰余金					
利益準備金					
その他利益剰余金					
評価・換算差額合計					
非支配株主持分					
純資産合計					
負債純資産合計					
連結損益計算書					
外部売上					
関係会社売上					
売上高合計					
外部売上原価					
関係会社売上原価					
売上原価合計					
売上総利益					
役員報酬					
給与手当					
退職金					
雑給					
賞与引当金繰入					
退職給付費用					
貸倒損失					
雑損失					
営業外費用合計					
経常利益					
特別利益					
特別損失					
税金等調整前当期純利益					
法人税等					
法人税等調整額					
非支配株主に係る当期純利益					
親会社株主に係る当期純利益					

細と連結精算表との数値がリンクしておらず，連結精算表に適切に数値が入力されているのかどうかの検証を行うことも困難である。このような様式を簡素化した連結精算表は，一見作業も簡略化できるようにも思えるが，社内のチェックだけではなく会計監査においても通常より多くの時間を要することになり，かえって連結決算にかかる時間を増大させる原因となる場合もある。また，チェックが不十分となり，連結仕訳や連結精算表の入力にミスがあったとしても気が付かないおそれもある。

また，【図表２－23】とは逆に，連結仕訳の欄が何十列もあり，出力するとＡ３サイズの用紙で３枚にも４枚にもなるような連結精算表を作成しているケースも多い。このような連結精算表も作成に時間がかかり，第三者の検証も多くの時間を要することになる。

連結精算表の様式を見直すだけでも，決算の早期化と正確性の向上を図ることができる場合があるのだ。

(b)　連結キャッシュ・フロー精算表

連結キャッシュ・フロー精算表の様式についても同様に，問題を抱えている会社は多い。

通常，教科書的には連結キャッシュ・フロー精算表といえば【図表２－24】のような様式である。つまり，精算表の左上の部分で連結貸借対照表の前期末残高と当期末残高の増減高を算出し，その右側の調整欄において各科目の増減内容に応じて連結キャッシュ・フローの各項目に振り替えることとなる。

しかしながら，連結キャッシュ・フロー精算表も【図表２－25】のような様式を用いている会社を見受けることがある。これは，各調整欄を集約しているのであるが，このような様式の精算表は，(a)の連結精算表の場合と同様に，社内のチェックだけではなく会計監査においても通常より多くの時間を要することになり，また，連結仕訳や連結精算表の入力にミスがあったとしても気が付かないおそれもある。各勘定科目の増減高が，連結キャッシュ・フロー精算表のどの項目に振り替えられているのか，ひと目でわかるような様式にしておく

【図表2－24】 連結キャッシュ・

貸借対照表	勘定科目	前期末	当期末	増減額	税引前利益振替	受取利息	支払利息	減価償却費（有形・無形）	各種引当金	特別損益
（借方）	現金預金									
	売上債権									
	棚卸資産									
	短期貸付金									
	繰延税金資産（流動）									
	その他流動資産									
	貸倒引当金（流動）									
	有形固定資産									
	無形固定資産									
	のれん									
	投資有価証券									
	長期貸付金									
	繰延税金資産（固定）									
	その他投資									
	貸倒引当金（固定）									
（貸方）	仕入債務									
	短期借入金									
	未払法人税等									
	繰延税金負債（流動）									
	賞与引当金									
	その他流動負債									
	長期借入金									
	社債									
	退職給付に係る負債									
	役員退職慰労引当金									
	その他固定負債									
	資本金									
	資本剰余金									
	利益剰余金									
	為替換算調整勘定									
	その他有価証券評価差額金									
	自己株式									
	非支配株主持分									
	合計									

キャッシュ・フロー計算書	項目	前期末	当期末	増減額	税引前利益振替	受取利息	支払利息	減価償却費（有形・無形）	各種引当金	特別損益
Ⅰ 営業活動によるキャッシュ・フロー										
	税金等調整前当期純利益									
	減価償却費									
	のれん償却									
	投資有価証券売却益									
	無形固定資産の償却									
	為替差益									
	その他特別損失									
	受取利息および受取配当金									
	支払利息									
	賞与引当金増減額									
	貸倒引当金増減額									
	退職給付に係る負債増減額									
	役員退職慰労引当金増減額									
	売上債権増減額									
	棚卸資産増減額									
	仕入債務増減額									
	未払金増減額									
	未払費用の減少									
	前受金の増加									
	その他資産・負債の増減									
	小　計									
	利息及び配当金の受取額									
	利息の支払額									
	法人税等の支払額									
	営業活動によるキャッシュ・フロー									
Ⅱ 投資活動によるキャッシュ・フロー										
	定期預金の預け入れによる支出									
	定期預金の払い出しによる収入									
	有形固定資産の取得による支出									
	有形固定資産の売却による収入									
	無形固定資産の取得による支出									
	敷金の差入れによる支出									
	敷金の返還による収入									
	投資有価証券の増加による支出									
	投資有価証券の売却による収入									
	投資活動によるキャッシュ・フロー									
Ⅲ 財務活動によるキャッシュ・フロー										
	短期借入の増減									
	長期借入による収入									
	長期借入金の返済による支出									
	社債発行による収入									
	社債の償還による支出									
	財務活動によるキャッシュ・フロー									
Ⅳ 現金及び現金同等物に係る換算差額										
Ⅴ 現金及び現金同等物の増加額										
Ⅵ 現金及び現金同等物の期首残高										
Ⅶ 連結範囲の変更に伴う現金及び現金同等物減少額										
Ⅷ 合併に伴う現金及び現金同等物増加額										
Ⅸ 現金及び現金同等物期末残高										

フロー精算表

固定資産取得・除売却	有価証券増減	子会社株式取得	連結範囲の変更	その他投資等	資産・負債の増減	定期預金	借入金	社債	法人税等	少数株主損益	現金及び預金の振り替え	合計

【図表2－25】 連結キャッシュ・フロー精算表（簡易版）

貸借対照表	勘定科目	前期末	当期末	増減額	営業CF仕訳	投資CF仕訳	財務CF仕訳	合計
（借方）	現金預金							
	売上債権							
	棚卸資産							
	短期貸付金							
	繰延税金資産（流動）							
	その他流動資産							
	貸倒引当金（流動）							
	有形固定資産							
	無形固定資産							
	のれん							
	投資有価証券							
	長期貸付金							
	繰延税金資産（固定）							
	その他投資							
	貸倒引当金（固定）							
（貸方）	仕入債務							
	短期借入金							
	未払法人税等							
	繰延税金負債（流動）							
	賞与引当金							
	その他流動負債							
	長期借入金							
	社債							
	退職給付に係る負債							
	役員退職慰労引当金							
	その他固定負債							
	資本金							
	資本剰余金							
	利益剰余金							
	為替換算調整勘定							
	その他有価証券評価差額金							
	自己株式							
	非支配株主持分							
	合計							

キャッシュ・フロー計算書	前期末	当期末	増減額	営業CF仕訳	投資CF仕訳	財務CF仕訳	合計
Ⅰ 営業活動によるキャッシュ・フロー							
税金等調整前当期純利益							
減価償却費							
のれん償却							
投資有価証券売却益							
無形固定資産の償却							
為替差益							
その他特別損失							
受取利息および受取配当金							
支払利息							
賞与引当金増減額							
貸倒引当金増減額							
退職給付に係る負債増減額							
役員退職慰労引当金増減額							
売上債権増減額							
棚卸資産増減額							
仕入債務増減額							
未払金増減額							
未払費用の減少							
前受金の増加							
その他資産・負債の増減							
小　計							
利息及び配当金の受取額							
利息の支払額							
法人税等の支払額							
営業活動によるキャッシュ・フロー							
Ⅱ 投資活動によるキャッシュ・フロー							
定期預金の預け入れによる支出							
定期預金の払い出しによる収入							
有形固定資産の取得による支出							
有形固定資産の売却による収入							
無形固定資産の取得による支出							
敷金の差入れによる支出							
敷金の返還による収入							
投資有価証券の増加による支出							
投資有価証券の売却による収入							
投資活動によるキャッシュ・フロー							
Ⅲ 財務活動によるキャッシュ・フロー							
短期借入の増減							
長期借入による収入							
長期借入金の返済による支出							
社債発行による収入							
社債の償還による支出							
財務活動によるキャッシュ・フロー							
Ⅳ 現金及び現金同等物に係る換算差額							
Ⅴ 現金及び現金同等物の増加額							
Ⅵ 現金及び現金同等物の期首残高							
Ⅶ 連結範囲の変更に伴う現金及び現金同等物減少額							
Ⅷ 合併に伴う現金及び現金同等物増加額							
Ⅸ 現金及び現金同等物期末残高							

ことが望まれる。

また，連結キャッシュ・フロー精算表は，精算表の左上の部分で連結貸借対照表の前期末残高と当期末残高の増減高を算出するが，この連結キャッシュ・フロー精算表上の前期末残高と当期末残高の連結貸借対照表の表示を，【図表２－26】のように連結精算表の表示をコピー＆ペーストさせているものも多い(【図表２－24】と【図表２－26】を見比べてほしい)。このような精算表を使っている会社は，決算作業が非常に煩雑になっており，連結キャッシュ・フロー精算表の作成に膨大な工数を要しているのではないだろうか。そもそも連結キャッシュ・フロー計算書の最終成果物がどのような開示を求めているのかを考えてほしい。「建物附属設備の取得による支出」や「建物附属設備の売却による収入」の開示を求めているだろうか。「有形固定資産の取得による支出」や「有形固定資産の売却による収入」の開示を求めているのである。「商品」「製品」「仕掛品」「貯蔵品」を分けて増減額の開示を求めているだろうか。「棚卸資産の増減額」を求めているのである。金額的重要性の乏しい流動資産項目等の増減額を開示する必要があるのだろうか。そのようなものは「その他資産・負債の増減」として開示するにすぎない。最終成果物の開示を見れば，連結精算表の表示をコピー＆ペーストする必要はまったくないといえる。通常，連結精算表を作成した後に，連結キャッシュ・フロー精算表作成用に「組替表」を作成する。最終成果物である連結キャッシュ・フロー計算書の表示に合わせて組み替えるのである。同じように，勘定科目別の増減表も連結キャッシュ・フロー精算表作成用に集約する必要がある（【図表２－27】参照)。集約する作業を追加して実施しても，全体として工数の削減になるはずである。

【図表2－26】 連結キャッシュ・フロー精算表（詳細版）

貸借対照表		勘定科目	前期末	当期末	増減額	合計
（借方）		現金				
		当座預金				
		普通預金				
		定期預金				
		売掛金				
		有価証券				
		商品				
		製品				
		仕掛品				
		貯蔵品				
		前渡金				
		前払費用				
		未収入金				
		未収収益				
		短期貸付金				
		立替金				
		仮払金				
		仮払消費税				
		その他流動資産				
		繰延税金資産				
		貸倒引当金（△）				
		建物付属設備				
		減価償却累計額（△）				
		車両運搬具				
		減価償却累計額（△）				
		工具器具備品				
		減価償却累計額（△）				
		建設仮勘定				
		土地				
		ソフトウェア				
		ソフトウェア仮勘定				
		電話加入権				
		商標権				
		のれん				
		投資有価証券				
		子会社株式				
		敷金保証金				
		長期貸付金				
		長期前払費用				
		繰延税金資産				
		破産更正債権				
		貸倒引当金（△）				
（貸方）		買掛金				
		短期借入金				
		1年以内返済社債				
		未払金				
		未払費用				
		前受金				

（以下省略）

【図表２－27】　連結キャッシュ・フロー精算表の作成方法

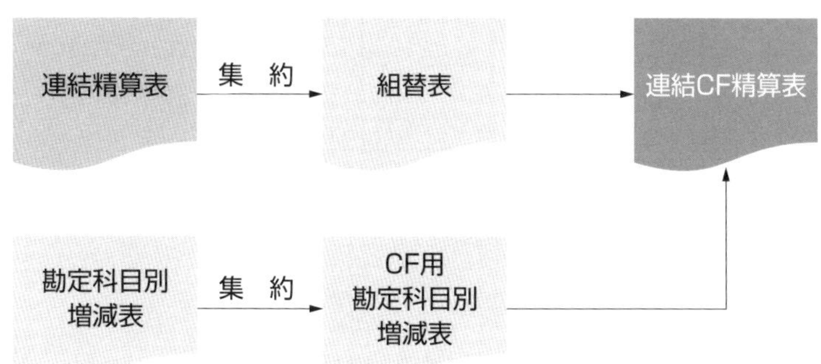

(c)　連結精算表の作成のもととなる連結仕訳明細

連結仕訳の明細に問題を抱えている会社は多い。よく見受けるケースが，【図表２－28】のように，連結仕訳を羅列したもの（以下，これを「連結仕訳帳」という）しか整備していないというケースだ。連結仕訳帳をエクセルで作成している会社であっても連結会計システムを利用している会社であっても，連結仕訳明細として連結仕訳帳しかないことは問題である。規模の大きな会社であれば，連結仕訳が数百もしくは数千ある。このような連結仕訳が数百行，数千行と羅列された連結仕訳帳しかなければ，どうやって連結仕訳の正確性を検証するのだろうか。また，ある連結仕訳を検証したいと思った場合，連結仕訳帳の仕訳の中から特定の仕訳を探すことも困難であろう。監査人に対して連結仕訳のエビデンスとして連結仕訳帳を提出している会社もあるが，監査人の立場からすればこれほど監査のしづらい帳票はない。連結仕訳帳は管理用に使用すべきであり，連結仕訳検証資料や監査資料として使用することにはなんのメリットもない。このような連結仕訳帳しか整備していない会社は，連結決算に工数がかかりすぎていることが多く，連結決算の正確性にも疑問が残る。

連結仕訳明細に決まった様式はないが，例えば，投資資本相殺消去仕訳であれば，投資額，資本（純資産）の額，持分比率などがわかる明細を作成しておく必要がある。【図表２－29】のような明細があればわかりやすい。

【図表２－28】 ある会社の連結仕訳帳

	勘定科目	会社名	金額	勘定科目	会社名	金額
93	未払金	㈱ABC貿易	123,900	立替金	㈱ABCホールディングス	123,900
94	買掛金	㈱ABC貿易	630	売掛金	㈱ABCホールディングス	630
95	買掛金	㈱ABCホールディングス	139,640,573	売掛金	㈱ABC貿易	139,640,573
96	未払金	㈱ABCホールディングス	2,839,921	売掛金	㈱ABC貿易	2,839,921
97	前受金	㈱ABCホールディングス	3,480	売掛金	㈱ABC貿易	3,480
98	買掛金	㈱ABC商事	90,772	売掛金	㈱ABCホールディングス	90,772
99	未払金	㈱ABC商事	1,575,000	売掛金	㈱ABCホールディングス	1,575,000
100	前受金	㈱ABC商事	4,431	売掛金	㈱ABCホールディングス	4,431
101	買掛金	㈱ABCホールディングス	64,103,910	売掛金	㈱ABC商事	64,103,910
102	未払金	㈱ABCホールディングス	13,134,778		㈱ABC商事	13,134,778
103	未払金	㈱ABCインターナショナル	15,158,320	売掛金	㈱ABCホールディングス	15,158,320
104	未払金	㈱ABCホールディングス	50,000	未収金	㈱ABCインターナショナル	50,000
105	未払費用	㈱ABCマーケティング	530,419	未収利息	㈱ABCホールディングス	553,480
106	短期借入金	㈱ABCマーケティング	25,704,740	短期貸付金	㈱ABCホールディングス	25,704,740
107	未払金	㈱ABCマーケティング	3,636,410	立替金	㈱ABCホールディングス	3,636,410
108	一年以内返済長期借入	㈱ABCマーケティング	9,634,907	長期貸付金	㈱ABCホールディングス	9,634,907
109	長期借入金	㈱ABCマーケティング	159,558,229	長期貸付金	㈱ABCホールディングス	159,558,229
110	長期借入金	㈱ABCマーケティング	23,061	長期貸付金	㈱ABCマーケティング	23,061
111	買掛金	㈱ABCホールディングス	5,059,950	売掛金	㈱ABCマーケティング	5,059,950
112	未払金	㈱ABCホールディングス	840,212	売掛金	㈱ABCマーケティング	840,212
394	買掛金	㈱ABCファイナンス	210,000	売掛金	㈱ABCホールディングス	210,000
395	未払費用	㈱ABCファイナンス	530,460	未収利息	㈱ABCホールディングス	530,460
396	長期借入金	㈱ABCファイナンス	21,919,205	短期貸付金	㈱ABCホールディングス	21,919,205
397	未払金	㈱ABCファイナンス	2,486,142	立替金	㈱ABCホールディングス	2,486,142
398	長期借入金	㈱ABCファイナンス	111,632,991	長期貸付金	㈱ABCホールディングス	111,632,991
399	長期未払費用	㈱ABCファイナンス	1,900,838	長期未収利息	㈱ABCホールディングス	1,900,838
400	買掛金	㈱ABCホールディングス	15,817,095	売掛金	㈱ABCファイナンス	15,817,095
401	未払金	㈱ABCホールディングス	17,550,366	売掛金	㈱ABCファイナンス	17,550,366
402	買掛金	㈱ABCキャピタル	654,056	売掛金	㈱ABCホールディングス	654,056
403	買掛金	㈱ABCキャピタル	131,573,432	立替金	㈱ABCホールディングス	131,573,432
404	買掛金	㈱ABCホールディングス	28,027,555	売掛金	㈱ABCキャピタル	28,027,555
405	未払金	㈱ABCホールディングス	29,916,360	売掛金	㈱ABCキャピタル	29,916,360
406	前受金	㈱ABCホールディングス	450,156	前払金	㈱ABCキャピタル	450,156
407	買掛金	㈱ABCコンサルティング	65,100	売掛金	㈱ABCホールディングス	65,100
408	未払金	㈱ABCコンサルティング	6,836,272	立替金	㈱ABCホールディングス	6,836,272
409	前受金	㈱ABCホールディングス	18,375,000	前払費用	㈱ABCホールディングス	18,375,000
410	前受収益	㈱ABCホールディングス	196,875	前払費用	㈱ABCホールディングス	196,875
411	未払金	㈱ABCホールディングス	38,209,075	未収金	㈱ABCコンサルティング	38,209,075

【図表２－29】　投資資本相殺消去仕訳明細の作成例

子会社名		子会社A	子会社B	子会社C	合計
【基本データ１】					
	発行済株式総数	1,000,000	315,000	40,000	
	持株数	1,000,000	315,000	39,600	
	出資割合	100.00%	100.00%	99.00%	
	出資額	300,000,000	20,000,000	19,800,000	
	減損額〈過去〉（△）	200,000,000	0	0	
	減損額〈今期〉（△）	0	10,000,000	0	
	関係会社株式（簿価）	100,000,000	10,000,000	19,800,000	
【基本データ２】					
当期	資本金（期末）	35,000,000	25,000,000	20,000,000	
	資本剰余金（期末）	0	0	0	
	利益剰余金（期末）	(180,000,000)	(25,000,000)	(7,000,000)	
	当期純損益	10,000,000	10,000,000	7,000,000	
前期	資本金（期首）	300,000,000	20,000,000	0	
	資本剰余金（期首）	0	0	0	
	利益剰余金（期首）	(170,000,000)	(15,000,000)	0	
連結修正仕訳	**<単体における減損処理の戻し>**				
	利益剰余金-期首	(200,000,000)	0	0	(200,000,000)
	関係会社株式評価損	0	(10,000,000)	0	(10,000,000)
	関係会社株式	200,000,000	10,000,000	0	210,000,000
	<投資資本相殺消去>				
	資本金-期首	300,000,000	20,000,000	0	320,000,000
	関係会社株式	(300,000,000)	(20,000,000)	0	(320,000,000)
	<新規連結・追加取得>				
	資本金-新規連結	0	0	20,000,000	20,000,000
	関係会社株式	0	0	(19,800,000)	(19,800,000)
	少数株主持分-新規連結	0	0	(200,000)	(200,000)
	<期中増資>				
	資本金-増資による増加	50,000,000	5,000,000		55,000,000
	関係会社株式	(50,000,000)	(5,000,000)		(55,000,000)
	<当期純利益の按分>				
	非支配株主に係る当期純利益	0	0	(70,000)	(70,000)
	非支配株主持分-期中	0	0	70,000	70,000
【仕訳集計】					
BS	関係会社株式	(150,000,000)	(15,000,000)	(19,800,000)	(184,800,000)
PL	非支配株主に係る当期純利益	0	0	(70,000)	(70,000)
PL	関係会社株式評価損	0	(10,000,000)	0	(10,000,000)
SS	資本金-期首	300,000,000	20,000,000	0	320,000,000
SS	資本金-増資による増加	50,000,000	5,000,000	0	55,000,000
SS	資本金-新規連結	0	0	20,000,000	20,000,000
SS	利益剰余金-期首	(200,000,000)	0	0	(200,000,000)
SS	非支配株主持分-期中	0	0	70,000	70,000
SS	非支配株主持分-新規連結	0	0	(200,000)	(200,000)
	貸借一致Check	0	0	0	0
	《参考》次期利益剰余金期首残高	(200,000,000)	(10,000,000)	(70,000)	(210,070,000)

(d) 連結キャッシュ・フロー精算表の作成のもととなる勘定科目ごとの増減明細

連結キャッシュ・フロー精算表の作成は，連結貸借対照表の前期末残高と当期末残高の増減高を分析し，その他の情報も加味したうえで，各科目の増減額をその増減内容に応じてキャッシュ・フロー精算表の各項目へ振り替える作業であるといえる。よって，連結キャッシュ・フロー精算表を作成するにあたり，勘定科目ごとの増減明細を作成しなければならない。

しかしながら，この増減明細を作成することなく連結キャッシュ・フロー精算表を作成している会社がある。また一部の勘定科目の増減明細のみを作成している，もしくは一部の会社（例えば親会社）のみの増減明細を作成しているという会社もある。【図表２－28】と同様に，キャッシュ・フローについても仕訳を羅列した明細のみを作成している会社もある。

連結キャッシュ・フロー精算表の作成のもととなる勘定科目ごとに増減明細を作成していないということは，(c)の連結精算表の場合と同様に，連結決算に工数がかかりすぎることが多く，連結決算の正確性にも疑問が残ることになる。

連結キャッシュ・フロー精算表の作成のもととなる勘定科目ごとの増減明細も，特に決まった様式はないが，例えば，固定資産の増減明細であれば【図表２－30】のようなものを，借入金の増減明細であれば【図表２－31】のようなものを作成することが望まれる。その際，当該増減明細と連結キャッシュ・フロー精算表がリンクしている必要がある。

【図表2－30】　連結キャッシュ・フロー精算表作成用 固定資産増減明細

固定資産		増減						固定資産売却収入		固定資産購入未払		P／L		
		期首残高	増加	減少	減価償却費	為替換算調整	期末残高	売却	未収金	期首	期末	売却益	売却損	除却損
A社	有形													
	無形													
	合計													
B社	有形													
	無形													
	合計													
C社	有形													
	無形													
	合計													
D社	有形													
	無形													
	合計													
E社	有形													
	無形													
	合計													
F社	有形													
	無形													
	合計													
G社	有形													
	無形													
	合計													
H社	有形													
	無形													
	合計													
合計	有形													
	無形													
	合計													

【図表2－31】 連結キャッシュ・フロー精算表作成用 借入金増減明細

借入金		増減					未払利息	
		期首残高	増加	減少	為替換算調整	期末残高	期首	期末
A社	短期							
	1年以内長期							
	短期計							
	長期							
	合計							
B社	短期							
	1年以内長期							
	短期計							
	長期							
	合計							
C社	短期							
	1年以内長期							
	短期計							
	長期							
	合計							
D社	短期							
	1年以内長期							
	短期計							
	長期							
	合計							
E社	短期							
	1年以内長期							
	短期計							
	長期							
	合計							
F社	短期							
	1年以内長期							
	短期計							
	長期							
	合計							
G社	短期							
	1年以内長期							
	短期計							
	長期							
	合計							
H社	短期							
	1年以内長期							
	短期計							
	長期							
	合計							
連結消去	短期							
	1年以内長期							
	短期計							
	長期							
	合計							
合計	短期							
	1年以内長期							
	短期計							
	長期							
	合計							

③　連結精算表作成プロセス上の問題

連結決算が遅れる原因の中でも，親会社側に問題がある場合として，①人の問題と，②アウトプット資料の問題について述べてきたが，連結決算が遅延化している会社においては，ほぼすべての会社において抱えている問題点が，ここで述べる，③連結精算表作成プロセス上の問題である。

具体的には，以下の３つが決算を遅延化させている。

(a)　連結パッケージの分析ができていない (b)　１円単位まで正確な連結精算表を作成している (c)　連結仕訳を１本１本起こしている

以下，それぞれについて説明していく。

(a)　連結パッケージの分析ができていない

連結決算業務の最上流工程が連結パッケージの入手であり，連結パッケージの正確性に問題があれば後工程に影響を及ぼす。しかし，先述のとおり，子会社の経理担当者は連結の知識に乏しい場合が多いことから，連結パッケージの正確性，信頼性はそもそも高くない可能性がある。

そこで，連結パッケージを収集したら，それが正確に作成されているものなのか，信頼しうるものなのかについて，分析をする必要がある。分析の手法には画一的・絶対的なものがあるわけではないため，その都度必要と思われる方法により行えばよい。例えば，連結パッケージ上の個別財務諸表の数値が，当該子会社の予算や着地見込の数値と比較して大幅に乖離していないかを比較分析するという方法がある。前事業年度や前四半期の数値と比較分析するという方法もある。連結グループ内部の取引高や，連結グループ間債権債務残高については，親会社が把握している数値と比較することにより検証することが可能である。

ここで，異常値や異常項目が検出されたら，ただちに子会社へ問い合わせて原因を調べる必要がある。子会社側の会計処理の誤りであれば，場合によっては決算を修正してもらう必要があるだろう。連結パッケージの記載誤りであれば，連結パッケージを再提出してもらう必要がある。

連結精算表の作成段階，もしくは，その後の会計監査の段階になって，子会社から入手した連結パッケージに記載ミス等があることが発見されたとしたら，連結パッケージをチェックするところから決算作業を遡らなければならなくなるかもしれないし，連結仕訳を追加することになるかもしれない。このような，頻繁な子会社とのやり取りや，多くの監査修正が連結決算の工数を増やしているケースが少なくない。そのようなことにならないように，連結決算の上流工程である連結パッケージの収集段階における分析は，決算早期化を実現させるために必ず実施する必要がある。

親子で決算期がズレている場合（例えば，親会社の決算期が３月期で，子会社の決算期が12月期の場合），期中（２月や３月）に連結子会社から連結パッケージを入手し，分析することが，決算早期化のポイントである。しかしながら，連結パッケージの収集・分析を期末（４月）にまとめて実施している会社を見受ける。「期末にまとめて実施するほうが効率的だ」などといわれることもあるが，決算早期化を実現させている会社は，「事前準備」を組織的に徹底して実施しており，決算日前にできることは，決算日前に終わらせていることは，P.10で述べたとおりである。

なお，P.7でも述べたとおり，決算早期化を実現させるには，連結決算にかける工数は最大で「**５営業日**」を目標にすべきである。逆算して考えると，**連結パッケージの分析は最大で１～２営業日で終わらせなければならない**のである。

連結パッケージの分析はしなければならないが，ここに３日以上かけると決算早期化は困難である。ある上場企業では，数十社ある子会社全社の連結パッケージの全ページ，全項目の数値の正確性のチェックを，連結決算担当者数名が４～５日かけて実施していたが，“too much”といわざるをえない（この会社は，連結決算だけで15営業日以上かかっていた）。

「子会社の重要性」を考慮し，重要性が高い子会社や勘定科目については重点的，慎重，精緻に分析し，重要性が低いものについてはそれなりの程度で分析すればよい。重要性の判定方法には，特に決まった方法はない。筆者の場合，グループ各社の「売上高」「税引前利益」「総資産」「純資産」を金額が高いものから並べ，そのcoverage（連結全体に占める割合）を算出している。多くの場合，上位１～２割の会社が，coverage90％以上を占めるのではないだろうか。

例えば，ある上場企業のcoverageを算出した【図表２－32】の事例の場合，グループ24社のうち，「売上高」「税引前利益」「総資産」「純資産」のいずれの基準においてもcoverage90％以内に入っていない会社が約半数あることがわかる。つまり，約半数は明らかに金額的重要性が乏しいと判断できる。このような金額的重要性が乏しいグループ会社については，連結パッケージの全ページ，全項目の数値の正確性のチェックをする必要はなく，取引高・残高が一定金額未満の項目などのチェックを省略する（もしくは，連結パッケージ自体を簡略化する）といった方法を採っても問題ない（ただし，金額的重要性が乏しくても，質的に重要性が高ければ，「重要性が高い」と判断しなければならない場合がある）。

「本当に省略，簡略化して問題ないのか？」と聞かれることがある。先程，ソニーの子会社が1,597社あると述べたが，ソニーが1,597社全社の連結パッケージを，全ページチェックしているだろうか？　**「重要性」を考えずして決算早期化は不可能である。**

【図表2－32】 子会社重要性の判定

（単位：百万円）

売上高基準

順位	会社	売上高（個別）	売上高（上位累計）	coverage
1	親会社	404,683	404,683	70.68%
2	A社	71,076	475,759	83.10%
3	B社	22,497	498,256	87.03%
4	C社	12,330	510,586	89.18%
5	D社	9,001	519,586	90.75%
6	E社	6,672	526,259	91.92%
7	F社	6,432	532,690	93.04%
8	G社	5,150	537,840	93.94%
9	H社	5,056	542,897	94.82%
10	I社	5,038	547,935	95.70%
11	J社	4,942	552,877	96.57%
12	K社	4,087	556,964	97.28%
13	L社	3,629	560,593	97.92%
14	M社	2,728	563,321	98.39%
15	N社	2,544	565,865	98.84%
16	O社	1,638	567,503	99.12%
17	P社	1,495	568,998	99.38%
18	Q社	1,460	570,458	99.64%
19	R社	980	571,438	99.81%
20	S社	391	571,829	99.88%
21	T社	301	572,130	99.93%
22	U社	185	572,315	99.96%
23	V社	117	572,432	99.98%
24	W社	96	572,527	100.00%
	単純合算	572,527		

税引前利益基準

順位	会社	税引前利益（個別）	税引前利益（上位累計）	coverage
1	親会社	4,924	4,924	70.66%
2	C社	821	5,745	82.44%
3	E社	290	6,035	86.59%
4	L社	133	6,168	88.50%
5	P社	133	6,301	90.41%
6	Q社	117	6,417	92.08%
7	S社	105	6,523	93.60%
8	A社	91	6,613	94.89%
9	V社	85	6,698	96.11%
10	G社	82	6,780	97.28%
11	F社	80	6,860	98.43%
12	D社	79	6,939	99.57%
13	J社	75	7,014	100.65%
14	H社	60	7,074	101.50%
15	M社	44	7,118	102.14%
16	K社	40	7,158	102.71%
17	O社	40	7,198	103.28%
18	B社	37	7,234	103.81%
19	R社	11	7,246	103.97%
20	N社	4	7,249	104.02%
21	T社	2	7,251	104.05%
22	I社	-34	7,217	103.56%
23	U社	-114	7,104	101.93%
24	W社	-134	6,969	100.00%
	単純合算	6,969		

総資産基準

順位	会社	総資産（個別）	総資産（上位累計）	coverage
1	親会社	255,294	255,294	77.18%
2	A社	21,572	276,866	83.70%
3	B社	7,530	284,396	85.98%
4	C社	7,275	291,671	88.18%
5	F社	4,206	295,877	89.45%
6	G社	3,951	299,828	90.64%
7	D社	3,846	303,674	91.81%
8	E社	2,899	306,574	92.68%
9	H社	2,694	309,267	93.50%
10	J社	2,240	311,507	94.17%
11	I社	2,215	313,723	94.84%
12	K社	1,776	315,498	95.38%
13	P社	1,689	317,187	95.89%
14	S社	1,672	318,860	96.40%
15	N社	1,636	320,496	96.89%
16	L社	1,628	322,125	97.38%
17	W社	1,579	323,703	97.86%
18	Q社	1,526	325,229	98.32%
19	T社	1,381	326,610	98.74%
20	O社	1,270	327,880	99.12%
21	V社	1,222	329,102	99.49%
22	M社	810	329,912	99.74%
23	R社	479	330,391	99.88%
24	U社	390	330,780	100.00%
	単純合算	330,780		

純資産基準

順位	会社	純資産（個別）	純資産（上位累計）	coverage
1	親会社	60,398	60,398	76.10%
2	A社	2,158	62,555	78.82%
3	B社	1,466	64,021	80.66%
4	F社	1,405	65,426	82.43%
5	C社	1,288	66,715	84.06%
6	Q社	1,142	67,857	85.49%
7	T社	1,112	68,969	86.90%
8	E社	1,083	70,052	88.26%
9	P社	1,028	71,081	89.56%
10	S社	889	71,970	90.68%
11	D社	759	72,728	91.63%
12	H社	750	73,478	92.58%
13	K社	721	74,199	93.49%
14	V社	651	74,850	94.31%
15	N社	644	75,494	95.12%
16	O社	618	76,112	95.90%
17	J社	607	76,719	96.66%
18	W社	560	77,279	97.37%
19	G社	430	77,709	97.91%
20	M社	392	78,100	98.40%
21	U社	374	78,474	98.87%
22	L社	339	78,813	99.30%
23	R社	332	79,145	99.72%
24	I社	225	79,370	100.00%
	単純合算	79,370		

（薄い網掛け）いずれの基準においても coverage90%以内に入っていない会社

（濃い網掛け）いずれの基準においても coverage95%以内に入っていない会社

(b)　１円単位まで正確な連結精算表を作成している

簿記の世界では「貸借一致」というのは大原則であり，すべての仕訳は借方と貸方が一致しなければならない。貸借対照表も損益計算書も，複数の仕訳の積上げであるため，必ず貸借は一致する。

このような大原則があるため，連結決算においても，すべての連結仕訳は借方と貸方を一致させ，１円単位まで正確な連結精算表を作成しなければならないと思っている方は多い。

内部取引消去や債権債務相殺を行う際に，親会社の認識している金額と子会社の認識している金額に相違が生じた場合，その原因について連結パッケージを閲覧したり，子会社に問い合わせをしたりしながら，何時間も何日も調査して両社の認識している金額が一致するまで追求するという気の遠くなりそうな作業を行っている会社がある。数百円，数千円レベルの不一致があっても同じように調査しているのである。

しかしながら，実務上，親会社の認識している金額と子会社の認識している金額は通常一致しないと思っていたほうがいい。なぜなら，

- 親会社と子会社の決算日が異なる
- 親会社と子会社の通貨が異なる
- 親会社と子会社で用いる勘定科目が異なる
- 出荷日と納品日にタイムラグがある
- 親会社と子会社の起票のタイミングが異なる

等，さまざまな要因により，親子間での金額の認識に差が生じるからである。

例えば，連結売上高500億円の会社において，当期，親会社が子会社へ商品500,000円分を販売したとしよう。しかし，子会社は親会社からの仕入を480,000円しか計上していなかった。内部取引消去の連結仕訳を起票しようとすると20,000円の貸借差額が生じることになる。このようなことは実務上頻繁に起こる。ここで，この20,000円の貸借差額の原因を調査するために連結パッケージを閲覧したり，子会社に問い合わせをしたりといった作業を行う必要があるかといえば，必要ない。連結売上高500億円の会社において，20,000円の

認識の差が出たとしても金額的重要性はないため，このレベルであれば無視しても問題ない。このようなケースでは，販売者側が認識している数値を「正」として，次のような連結仕訳を起票すればよいのである。

売　上　高　500,000 ／ 売 上 原 価　500,000

同様に，連結総資産500億円の会社において，親会社の子会社に対する債権は，売掛金1,000,000円であったとしよう。しかし，子会社の親会社に対する債務は，買掛金950,000円であった。このように連結グループ間の債権債務残高が一致しないことも実務上頻繁に起こる。この場合においても，債権額と債務額の差額50,000円について調査する必要があるかといえば，必要ない。この場合も，売掛金の数値を「正」として，次のような連結仕訳を起票すればよいのである。

買　掛　金　1,000,000 ／ 売　掛　金　1,000,000

単体の財務諸表は，投資家に報告するだけではなく，債権者や株主にも提出・報告するものであり，また，税務署にも提出するものである。つまり，配当や税務計算の重要な書類となるものである。よって，どれだけ巨大な企業であっても単体の貸借対照表や損益計算書は，１円単位で貸借を一致させなければならないのである。

しかし，連結財務諸表は，個別財務諸表と異なり，原則として配当や税務計算のための資料として作成するわけではなく，ほとんどの場合，投資家や経営者に報告するために作成する。その投資家や経営者は，主に投資判断や経営判断といった経済的意思決定を行うために連結財務諸表を利用する。連結売上高が数億円から数兆円といった企業の経済的意思決定を行う際に１円単位まで正確な連結財務諸表が必要なのかというと，当然ながら「必要ない」。投資家へ報告する決算資料（決算短信等）は，千円単位もしくは百万円単位で作成されており，１円単位の連結財務諸表の開示は求められていない。経営者に報告する役員会資料等についても同様であろう。

連結財務諸表については，「正確性」も大事であるが，それ以上に大事なことは「**迅速性**」である。ある程度正確性を犠牲にしてでも，タイムリーな連結情報を投資家や経営者に報告すべきである。

P.7でも述べたとおり，決算早期化を実現させるには，連結決算にかける工数は最大で「**５営業日**」を目標にすべきである。逆算して考えると，連結精算表の作成には最大で１～２営業日で終わらせなければならないのである。そのためには，「**子会社の重要性**」(P.81) のみならず，「**勘定科目の重要性**」，「**取引の重要性**」についても考慮し，あまりにも細かい連結仕訳に時間を取られないようにしなければならない。

筆者のクライアントの上場企業では，「**勘定科目の重要性**」，「**取引の重要性**」を考慮し，一定の基準値を下回る内部取引消去や債権債務相殺消去などの連結仕訳を省略したことにより，連結仕訳全体の７割以上を削減させることができた（削減させても連結全体への影響が乏しく，連結財務諸表への影響がないことを監査法人にも確認済み)。これにより，連結決算の工数を半減させることができた。

(c)　連結仕訳を１本１本起こしている

連結仕訳を１本１本起こしているとは，連結グループ間のすべての取引，すべての残高について１つ１つ仕訳を起こしていくことをいう。

簿記の教科書を見ると，連結グループ間のすべての取引，すべての残高について１つ１つ仕訳を起こしていく方法しか説明されていないことから，連結グループ会社間の取引ごとに仕訳を起こしている会社が多い。グループ会社が１社や２社しかないのであれば，このような取引ごとに仕訳を起こす方法でもそれほど手間はかからないが，グループ会社が数十社を超えたあたりから連結仕訳が天文学的な数になるのではないだろうか。

(b)でも述べたとおり，連結決算においては，「正確性」よりも「迅速性」を優先すべきであり，「**子会社の重要性**」，「**勘定科目の重要性**」，「**取引の重要性**」を考慮し，あまりにも細かい連結仕訳に時間を取られないようにしなければならない。連結仕訳を数百行も数千行も起こすことも，“too much”といわざるをえない。

以前，グループ会社が約30社の上場企業の連結監査を行った際に，連結仕訳の明細を閲覧して驚かされたことがある。すべての連結仕訳の明細がＡ４サイズの用紙で10枚以上あり，そこには数百行にわたる連結仕訳が記載されていた。P.74で説明した【図表２－28】のような明細である。担当者は「これをもとに連結精算表を作りました」と言うではないか。この明細を作成するのに約10日かかったと聞いて二度驚かされた。約10日間，ほとんど自宅に帰れなかったようだ。

このような連結仕訳を羅列した連結仕訳帳を作成している会社は少なくないが，このような連結仕訳帳の作成が，連結決算の工数を増加させることになるだけではなく，連結決算の正確性にも疑問が残るということについては，P.73で述べたとおりである。

では，連結仕訳を１本１本起こさずして，連結精算表をどのように作成すればよいのだろうか。

例えば，【図表２－33】のようなグループ間の債権債務残高をマトリックスにした明細を作成する方法も考えられる。このような明細を作成すると，債権債務残高の関係がひと目でわかるようになる。

このマトリックスをもとに，仮に連結仕訳を起こすとすれば，次のとおりとなる。この場合も貸借差額が生じることになるが，この差額に金額的重要性がないのであれば，「その他流動資産」等の項目で調整すればよいであろう（どの勘定科目で調整するのかは，会社の実態も鑑みながら，監査法人と協議して決めていただきたい）。

【図表２－33】 債権債務相殺消去明細の作成例（１）

売掛金		～に対する			
		Ｐ社	Ｓ１社	Ｓ２社	合計
～の	Ｐ社		400,000	30,000	430,000
	Ｓ１社			50,000	50,000
	Ｓ２社				0
	合計	0	400,000	80,000	**480,000**

未収金		～に対する			
		Ｐ社	Ｓ１社	Ｓ２社	合計
～の	Ｐ社			100,000	100,000
	Ｓ１社				0
	Ｓ２社				0
	合計	0	0	100,000	**100,000**

その他流動資産		～に対する			
		Ｐ社	Ｓ１社	Ｓ２社	合計
～の	Ｐ社				0
	Ｓ１社			50,000	50,000
	Ｓ２社				0
	合計	0	0	50,000	**50,000**

買掛金		～に対する			
		Ｐ社	Ｓ１社	Ｓ２社	合計
～の	Ｐ社				0
	Ｓ１社	450,000			450,000
	Ｓ２社				0
	合計	450,000	0	0	**450,000**

未払金		～に対する			
		Ｐ社	Ｓ１社	Ｓ２社	合計
～の	Ｐ社				0
	Ｓ１社				0
	Ｓ２社	110,000			110,000
	合計	110,000	0	0	**110,000**

その他流動負債		～に対する			
		Ｐ社	Ｓ１社	Ｓ２社	合計
～の	Ｐ社				0
	Ｓ１社				0
	Ｓ２社		60,000		60,000
	合計	0	60,000	0	**60,000**

買　掛　金	450,000	／	売　掛　金	480,000
未　払　金	110,000	／	未　収　金	100,000
その他流動負債	60,000	／	その他流動資産	50,000
差　　額 (その他流動資産)	10,000	／		

もちろん，貸借差額が連結会社の規模から鑑みて重要性が乏しいとはいいがたい金額である場合は，個別に差異の調整をしなければならないが，貸借差額がゼロになるまで差異調整をしなければならないわけではない。

なお，【図表２－33】のようなマトリックス型の明細が手間であれば，連結仕訳の一覧のようなもので代替してもよい（子会社数が10社以上ある場合や，相殺消去する勘定科目が多い場合は，マトリックス型の明細の作成は手間がかかる)。しかし，P.73でも述べたとおり，ただ単に単年度の連結仕訳を羅列しただけの明細は，連結仕訳の検証にも使えず，監査資料としても使えない。連結グループ内取引は，同じ関係会社に対して，毎期ほぼ同じ規模の取引をすることが多いと思われるため，債権債務相殺消去も，内部取引消去も，未実現利益消去も，毎期同じ会社に対して，ほぼ同額発生するはずである。そのため，【図表２－34】のように，過年度の連結仕訳と比較できるような様式にすれば，すぐに違和感に気づくことができる。連結仕訳の一覧を作成する場合は最低でもこのレベルのものは作成してほしい。

【図表2－34】 債権債務相殺消去明細の作成例（2）

		20X1/3	20X1/6	20X1/9	20X1/12	20X2/3
売掛金	P社	(400,000)	(380,000)	(425,000)	(430,000)	(400,000)
買掛金	S1社	400,000	384,000	420,000	430,000	450,000
売掛金	P社	(50,000)	(44,500)	(50,000)	(40,000)	(30,000)
未収金	P社	(100,000)	(99,500)	(110,000)	(98,000)	(100,000)
未払金	S2社	155,000	130,000	145,000	120,000	110,000
売掛金	S1社	(52,000)	(48,000)	(55,000)	(50,000)	(50,000)
その他流動資産	S1社	(50,000)	(52,000)	(55,000)	(45,000)	(50,000)
その他流動負債	S2社	103,000	101,000	115,000	100,000	60,000

【仕訳集計】					
売掛金	(502,000)	(472,500)	(530,000)	(520,000)	(480,000)
未収金	(100,000)	(99,500)	(110,000)	(98,000)	(100,000)
その他流動資産	(50,000)	(52,000)	(55,000)	(45,000)	(50,000)
買掛金	400,000	384,000	420,000	430,000	450,000
未払金	155,000	130,000	145,000	120,000	110,000
その他流動負債	103,000	101,000	115,000	100,000	60,000
差額（その他流動資産）	(6,000)	9,000	15,000	13,000	10,000
貸借一致Check	0	0	0	0	0

④　連結システムの問題（連結エクセル化）

連結決算は，単体決算と同様に，会計システムを導入しなければ対応できないと思っている方がいる。また，「システム導入＝手作業の減少＝決算早期化・効率化」と考えている方もいる。

しかし，筆者の経験上，連結子会社数が10社程度であれば，連結決算はエクセルで対応できるし，そのほうが決算早期化を図ることができる場合が多い。

わが国の連結決算システムは非常に性能がよく，高度化，多機能化しているが，連結決算システム導入にはデメリットもあることは押さえておく必要がある。主なメリット・デメリットは次のとおりである（すべての連結決算システムに当てはまるわけではない）。

連結決算システムのメリット

・連結仕訳（の一部）を自動処理してくれる

・連結精算表等をシステム上で作成してくれる

・子会社情報を自動で取り込んでくれる機能もある
・開示基礎資料を作成してくれる機能もある

連結決算システムのデメリット

・使いこなすのに時間を要する（使いこなせないおそれもある）
・連結決算の全工程（※１）のすべてを自動化できるわけではない（※２）
・連結決算システムからの出力帳票が有用性に欠けるものが多い（※３）
・自動処理された連結仕訳がブラックボックス化してしまい，社内の誰もが連結仕訳を理解できなくなるおそれがある
・重要性が乏しいものも自動処理するため，連結仕訳が膨大な数になる（金額的重要性が乏しい仕訳が積み上がる）
・連結仕訳の検証に時間がかかる（検証できないおそれもある）
・連結仕訳の異常点を発見しづらい（発見できないおそれもある）
・連結決算担当者の専門性が求められ，属人化・固定化するおそれがある
・連結決算（連結精算表等作成）と開示業務（開示基礎資料等作成）が分断されるおそれがある
・導入費用，保守費用がかかる

（※１）P.43の連結決算業務フロー図を参照
（※２）連結決算システム上は全工程を自動化できる機能があっても，その機能を使いこなしている会社は少ない
（※３）アウトプット資料の有用性については，P.133を参照

筆者のクライアントでは，連結子会社数が少なく，かつ連結会計システムを使いこなせていない場合，「**連結エクセル化**」を提案することがある。これまで，何社もの上場企業において，連結決算をエクセル対応に戻したが，特段に問題点は生じていない。むしろ，次のようなメリットが得られた。

連結エクセル化のメリット

・連結精算表等をエクセルで作成することによって，連結決算資料・開示

資料・監査資料を一体化させることができ，決算早期化・効率化を図ることができた
・アウトプット資料の有用性が高まり，会計監査の早期化を図ることもできた
・金額的重要性が乏しい連結仕訳を省略・簡略化したことにより，連結仕訳の数を大幅に削減することができた
・連結仕訳の異常点を発見しやすくなった
・連結決算をやったことがない経理部員でも連結決算を理解できるようになり，人材教育にもつながった
・保守費用がなくなった

もちろん，連結子会社が何十社，何百社もあるような会社や，開示するセグメントが多いような会社では，連結決算のエクセル対応には限界がある。先述したような連結エクセル化のメリットをすべての会社が得られるわけではない。

ただし，エクセル対応でも数時間あれば連結精算表を作成できるような会社において，ハイスペックマシンを使いこなせずに時間・コストを無駄にしている会社が少なくない。「連結エクセル化」は，そういう会社における選択肢の１つとして検討していただきたい。

⑤　連結アウトソースの問題

最後に，連結決算を外注している会社は総じて決算が遅延化する場合が多いため，外注する場合の問題点についても述べておく。

上場企業においても，連結決算をコンサルティング会社等の公認会計士へ外注している会社は少なくない。連結決算に加えて開示業務も外注している場合もある。

外部のコンサルティング会社等は，場合によっては積極的に活用すべきであるが，外注していることが決算早期化の実現を阻害している場合もあるため，

注意しなければならない。

例えば，

- 外注先が連結精算表の作成に時間がかかりすぎている場合
  （連結精算表の作成に５営業日以上要しているような場合）
- 外注先から入手する連結精算表の精度が低い場合
  （過去に何度も監査法人から修正の指摘を受けているような場合）

は，外注していること自体が決算早期化の「ボトルネック」となっている可能性が高い。

また，連結決算を外注することによって，連結決算がブラックボックス化し，それが決算早期化の実現の弊害となっている場合もある。

例えば，外注先から納品される資料が連結精算表のみで，連結精算表作成の基礎資料が一切作成されていない場合も見受けられる。納品される連結精算表が，P.66の【図表２－23】のように，これだけではどのような連結仕訳がなされたのかわからない様式である場合もある。また，連結精算表作成の基礎資料が納品されるものの，P.74の【図表２－28】のように連結仕訳を列挙した明細だけというケースもある。

いずれの場合も，会社としてはどのような連結仕訳が入力されて連結財務諸表の数値を導き出したのか理解できない。連結精算表作成のプロセスを会社が理解できていないわけであるから，連結ベースでの十分な財務分析もできないのではないだろうか。連結での注記資料の作成にも時間を要するだろう。連結注記情報を作成・入力するときに，連結パッケージに遡って情報を入手しなければならないといった，非常に非効率な作業を行っているケースもある。また，利害関係者に対して連結決算について詳細を報告することもできないはずである。連結ベースでの予算を策定することも困難なのではないだろうか。

連結決算を外注することによって，連結決算がブラックボックス化している場合，決算早期化の実現は困難であるばかりではなく，経営管理上も問題である。

連結決算を外注する場合，ただ単に連結精算表の正確性や迅速性だけではなく，その成果物の利用可能性・分析可能性等も確かめる必要がある。

次のような場合に該当するものがあれば，注意したほうがよいであろう。

連結決算を外注している場合の要注意ポイント

・連結精算表を見ても，どのような連結仕訳がなされているのか理解できない
・連結仕訳の明細がない（もしくは単なる仕訳の羅列の明細しかない）
・連結仕訳と連結パッケージとの照合ができない
・連結明細と開示資料がリンクしていない
・連結注記の根拠明細がない
・連結財務諸表の過年度変動分析や，非支配株主持分・為替換算調整勘定・のれん等の分析ができない（主な増減要因がわからない）

4　開示業務が遅い会社

2 で単体決算が遅い会社について，3 で連結決算が遅い会社について述べたが，開示業務（決算短信，有価証券報告書等の作成・開示業務）が極端に遅い会社も存在する。

開示業務を２～３日で終わらせる会社もあるが，10営業日以上を要している上場企業も少なくない。第１章で述べたとおり決算早期化を実現させるには，開示業務にかけることができる工数は最大で「**５営業日**」を目標にしてほしい。

開示業務に時間がかかりすぎる理由は，以下の３つのいずれか（もしくは，すべて）ではないだろうか。

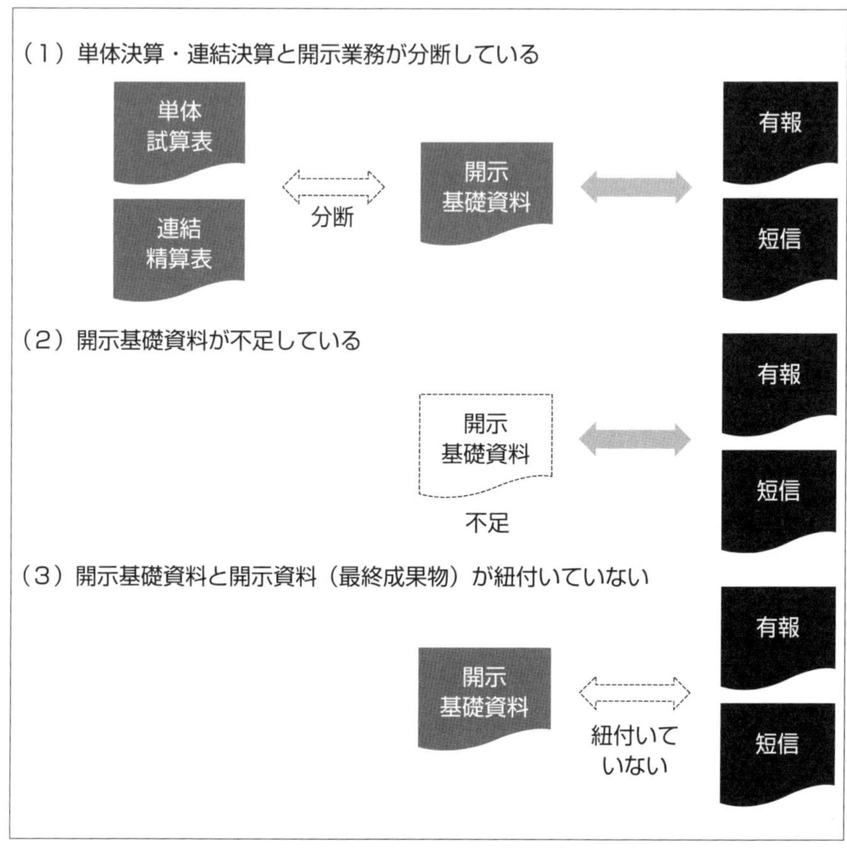

(1) 単体決算・連結決算と開示業務が分断している

【図表１－１】において，決算早期化を実現しているA社の決算スケジュールを載せた。これを見てもらえばわかるように，決算早期化を実現している会社は，単体決算・連結決算をやりながら，開示の準備を行っている。単体決算・連結決算のゴールが，単体試算表作成や連結精算表作成ではなく，決算短信等の最終成果物の作成・開示であるという「**森を見る視点**」を持っているからだ。

他方，決算発表が遅い会社は単体試算表作成や連結精算表作成が完了してから開示の準備を行っている。決算担当者が「**枝を見る視点**」になっているため，経理部内で「縦割り行政」が行われているのだ。

これが，開示業務に時間がかかりすぎる最大の原因である。

単体決算・連結決算をやりながら開示基礎資料を作成すればよいものを，単体決算・連結決算が終わってから別の担当者が開示基礎資料の作成を始めるわけであるから，業務が非効率になり，決算が遅延するのは当然である。業務の「手待ち」「手戻り」「重複」だけでも，のべ数十時間，数百時間の工数になっているはずである。

ただ工数が増えるだけではない。単体決算・連結決算と開示業務が分断している会社には，以下のような特徴（問題点）がある。

① 単体決算・連結決算の決算資料と，開示基礎資料が分断されていることから，**資料数が多い**（エクセルのフォルダ数，ファイル数，シート数も多い）
② 開示から逆算して業務を行わず，「決算短信作成のための開示基礎資料の作成」，「有価証券報告書作成のための開示基礎資料の作成」，「会社法計算書類作成のための開示基礎資料の作成」・・・が行われることから，**開示基礎資料の量が特に多い**
③ 時間的余裕のない中で開示業務を行うため，**開示基礎資料が網羅的に作成されていない**
④ 同じ理由から，**開示基礎資料の精度が低い**
⑤ 同じ理由から，最終成果物の分析が十分に実施されていない（よって**開示資料の不正・誤謬に気が付かない可能性が高い**）

つまり，決算担当者が「森を見る視点」を持っていないため，資料の分量が増え，精度が下がり，開示リスクが高まる。

開示リスクが高まる点については，特に上場企業であれば見逃してはならない。決算早期化を目指すかどうかにかかわらず，経理部内での「縦割り行政」は改めなければならない。その方法は次章以降で詳述する。

(2) 開示基礎資料が不足している

開示業務に時間がかかりすぎている会社は，(1)で述べたとおり，開示基礎資料の量が多いという特徴（問題点）があるのだが，**量が多いにもかかわらず網羅性に欠けている**。

決算の最終ゴールは決算短信や有価証券報告書等の最終成果物の作成・開示であり，会計監査の最終ゴールも最終成果物の表示の妥当性の検証である。開示基礎資料は網羅的に（モレなく）作成しなければならないが，これが作成されていないのである。

そのため，開示担当者は最終成果物の雛形に入力するために必要な数値や情報を，複数の関連資料から寄せ集めたり，数値を足し込んだりしなければならない。例えば，１株当たり情報の注記について，開示基礎資料を作成せず，計算機を叩いて算出し，最終成果物の雛形に直接入力しているだけという会社を見受ける。「組替表」も作成せずに，単体試算表・連結精算表等から外部公表用財務諸表を入力している会社も見受ける。

きちんと開示基礎資料を整備している会社の方からすれば信じられないことだと思うが，決算発表が遅い会社の中にはこのような会社も少なくない。

このような実務をやると，決算の工数が増えるだけでなく，以下のような問題点が生じることはいうまでもない。

① 開示項目の正確性について，**社内でチェックすることが困難**であり，かつ，相当の時間を要する
② 開示項目の正確性について，**監査法人が監査を実施することが困難**であり，かつ，相当の時間を要する
③ 開示資料の**不正・誤謬に気が付かない可能性が高い**
④ 開示資料作成に関して，**社内にノウハウが蓄積されない**

ここでも，開示リスクが高い点については，特に上場企業であれば見逃してはならない。決算早期化を目指すかどうかにかかわらず，開示基礎資料の不足

があるなら，モレなく整備すべきである。整備の方法は次章以降で詳述する。

(3)　開示基礎資料と開示資料（最終成果物）が紐付いていない

開示基礎資料は一応整備されてはいるものの，最終成果物と**「１対１」の対応関係**で紐付いていないという会社は多い。例えば，繰延税金資産および繰延税金負債の明細は一応整備されているものの，税効果の注記項目と対応していない等，**開示基礎資料自体に網羅性，有用性，属人化，出処不明，チェック不能等の点で問題を抱えている**ことをいう。

これも，決算の工数が増えるだけでなく，(2)で述べたのと同様の**４つの問題点**が生じることになるため改善しなければならない。

なお，開示基礎資料と最終成果物と「１対１」の対応関係になっているかどうかは，次の方法によって確かめることができる。まず，最終成果物（有報，短信等）の「数値」の箇所（有報の【経理の状況】以外の箇所も含む）に薄い色のマーカーを引く。次に，作成した開示基礎資料上に，先程マーカーを引いた「数値」と同じ数値があれば，薄い色のマーカーの上から濃い色のマーカーを引き，上書きする。最終成果物の「数値」の箇所がすべて濃い色のマーカーに塗り変わったら合格であるが，塗り変わらない箇所があれば「１対１」の対応関係になっていないということである。

この作業は，筆者が決算早期化コンサルティングを受託した際，すべてのクライアントに対して必ず実施するが，すべての開示項目と開示基礎資料が「１対１」の対応関係になっていたクライアントは１社もなかった。「１対１」の対応率が50％未満という会社もあった。開示業務に時間がかかるのは当然である。

(4)　開示業務が遅い根本的原因と解決策

開示業務に時間がかかりすぎる根本的原因は，経理部員が「森を見る視点」を持っていないことにある。「森を見る視点」を持っていないため，**「開示から**

逆算して考える」という視点で決算資料・監査資料を作成していない。そのため,「上流」の資料（勘定科目明細等）と「下流」の資料（開示基礎資料）が分断している（【図表２－35】)。これが(1)〜(3)で述べた問題が生じる原因である。

【図表２－35】 上流の資料と下流の資料の分断

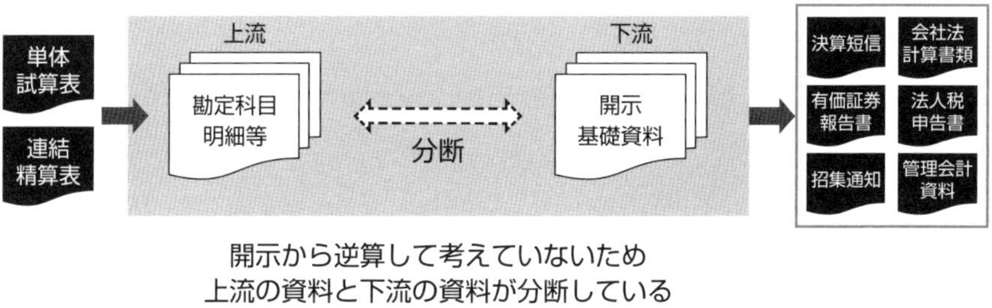

単体試算表
連結精算表
上流
勘定科目明細等
分断
下流
開示基礎資料
決算短信
会社法計算書類
有価証券報告書
法人税申告書
招集通知
管理会計資料

開示から逆算して考えていないため
上流の資料と下流の資料が分断している

経理業務（決算業務）の最終ゴールは最終成果物（有報，短信等）の開示である。そうであれば，経理部員は自社が開示する最終成果物をすべて理解し(P.121【図表３－３】)，開示から逆算して，どのような決算資料・監査資料が必要なのかを考えなければならない（【図表２－36】)。

ただし，開示担当者の中でも，短信担当者，有報担当者，申告書担当者…と業務担当が「縦割り」になっている会社が多い。そのような会社では，各担当者が属人的に好き勝手に資料を作成し，開示業務が属人化していくことになる。そして，共有フォルダの中に，短信フォルダ，有報フォルダ，申告書フォルダ…と成果物ごとにフォルダが作られ，共有フォルダがカオスになっていく。それでは，開示業務の早期化を図ることはできない。

第１章でも述べたとおり，決算早期化を実現させるためには，決算資料を極限までシンプルにし，極限まで分量を減らすことがポイントである。そのためには，開示基礎資料はゴールから逆算して作成するという**「ゴール逆算思考」**が必要である。さらに，開示から逆算して，**「１開示項目１ファイル」**（**１つの**

【図表２－36】 開示から逆算してどのような資料を作成しなければならないか

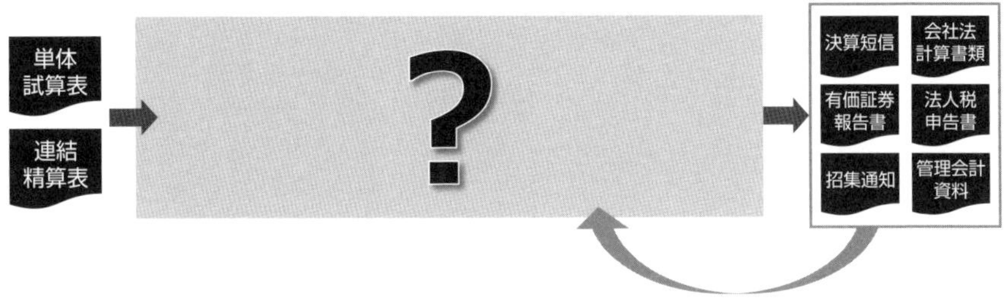

【図表２－37】 開示から逆算して「１開示項目１ファイル」を作成する

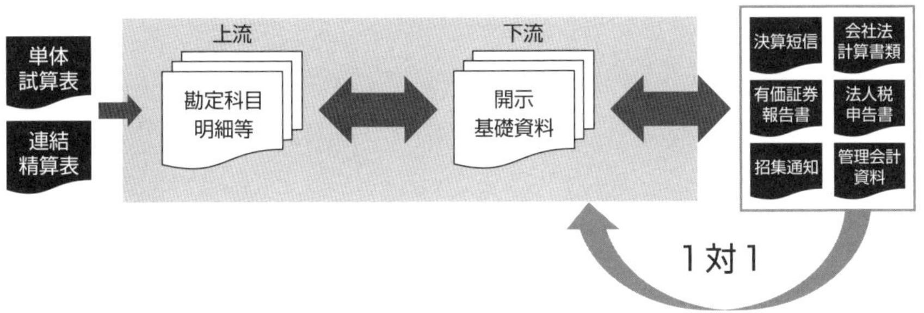

注記に対して，１つの開示基礎資料）を作成していかなければならない（【図表２－37】）。経理部員が最終成果物や開示項目を理解するため，さらに，開示基礎資料の重複を防ぐためには，「開示マッピングシート」（P.205参照）を作成すべきである。詳しくは，第４章（決算早期化を実現するアウトプット事例）で述べる。

5 監査に時間がかかりすぎている会社

多くの方にとって盲点であるが，会計監査が決算早期化を阻害するボトルネックになっているケースがある。会社の決算・開示業務自体は４月30日に終わっているが，会計監査が５月12日まで続いているため，決算発表が遅いという会社がある。

会計監査が終了するまでは，事実上決算発表ができない。決算早期化を実現させるためには，会計監査のボトルネックを解消しなければならない。

会計監査がボトルネックになる理由は，以下のいずれか（もしくは両方）である。

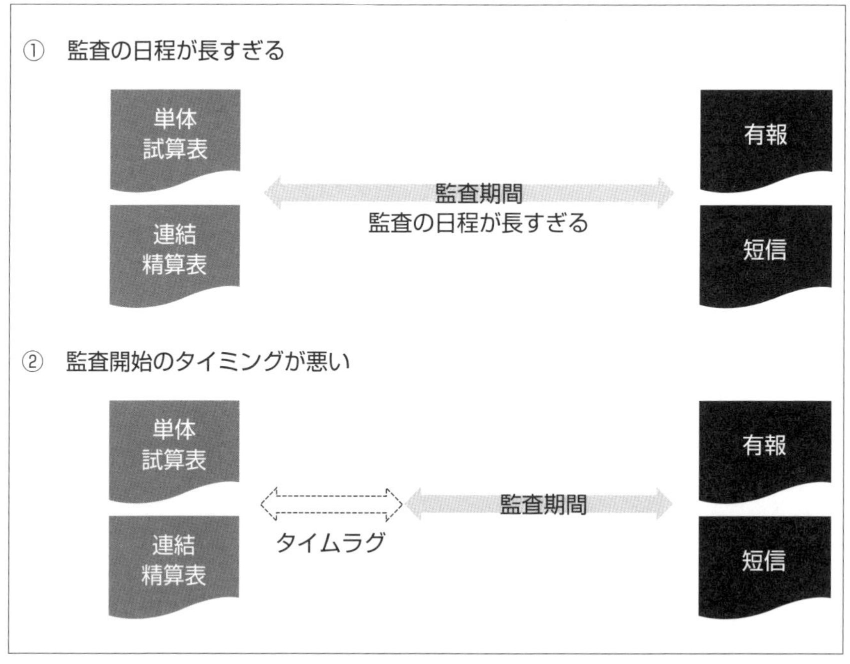

まず１つは，監査の日程が長過ぎるケースである。【図表１－１】で紹介し

た決算早期化を実現しているA社は，連結売上高数千億円ある巨大企業であるが，会計監査（期末監査）は13営業日で終わっている。しかし，A社より規模が小さな会社でも，会計監査（期末監査）に20営業日前後を要している会社もある。

次に，監査開始のタイミングが悪い（遅い）ケースである。一般的に，単体試算表（決算整理後税金計算前試算表）や連結精算表が完成したら，期末監査を開始することができる。決算早期化を実現した会社であれば，単体試算表や連結精算表の完成とほぼ同時に期末監査を開始する。しかし，両社に数日間のタイムラグがあるケースが少なくない。

当然のことながら，これらの会計監査のボトルネックを解消し，決算早期化を実現させるためには，以下の２つをやるしかない。

①　監査の日程を**短縮**させる
②　監査を**前倒し**で実施してもらう

ただし，これらは監査法人側から進んでやってくれることはない。会社側から監査法人に働きかけなければ，監査法人は動かない。といっても，「来年度から期末監査の日程を短縮してください」とか，「監査日程を５日前倒ししてください」とかいっても受け入れてくれるはずがない。監査日程を短縮したり，前倒ししたりして，仮に監査が終わらなかった場合，誰が責任を取るというのか。

監査の日程が長過ぎるのも，監査開始が遅いのも，「監査法人に原因がある」と思うかもしれないが，ほとんどの場合，会社側に何らかの原因がある。あなたの会社は，監査従事者を増やしたら期末監査を13営業日前後で終わらせることができるのだろうか。単体試算表等の完成と同時に期末監査を開始するための準備ができているのだろうか。おそらく，「NO」であろう。

では，監査日程を短縮したり，前倒ししたりするためにはどうしたらいいのか。

以下の２つを実践する必要がある。

> ⑴　**会計監査のことを理解する**
> ⑵　**「監査の受け方」「監査の受け入れ方」を変える**

⑴　会計監査のことを理解する

第１章（P.21）でも述べたとおり，監査を理解し，主体的に監査を受けている会社と，監査を監査法人に「丸投げ」している会社では，監査工数は大きく変わる。監査を受ける側の経理担当者が，監査の目的・手法・手続等を理解していないと，監査の事前準備もできず，監査に必要な資料の提出もできない。それでも監査法人は一定期間内に監査証拠を入手し，監査調書を作成し，監査を終わらせなければならないため，経理担当者へ資料提出依頼や質問をし続けなければならない。当然，監査工数は大幅に増える（よって，監査報酬も増える）。

一会計期間の監査において，資料提出依頼や質問がゼロという会社もある。しかし，何十回・何百回と資料請求依頼や質問しなければ監査を進めることができない会社もある。両社の違いは，会社側が会計監査のことを理解しているかどうかである。会計監査を理解すれば，監査の日程の短縮や，監査の前倒しの実施は可能であるが，会計監査を理解せずして実現させることはできないだろう。

そこで，監査を受ける側である経理担当者でも，最低限これくらいは知っておいてほしいという会計監査の基礎知識について述べる。【図表２－38】を見ながら，会計監査のことを理解してほしい。

（注意）ここからの説明は，会計監査の手法をわかりやすく伝えるための記述であり，監査基準等との記述とは異なる箇所があります。

監査の目的は，財務諸表が「**すべての重要な点において**」適切に表示されているかどうかについて，（監査報告書に）監査意見を表明することである。ポイントは，「すべてにおいて」ではなく，「**すべての重要な点において**」となっている点である。つまり，監査法人は，あなたの会社の財務諸表の「すべてにおいて」適正であるとお墨付きを与えているわけではない。伝票１枚１枚が正確に起票されているかなんて検証していないし，財務諸表上に１円たりとも誤りがないということも保証していない。「財務諸表利用者（投資家等）の経済的意思決定をミスリードするような重要な虚偽の表示がないか」という大きなレベルで監査を行っているということである。

この監査法人が持っているレベル感（これを「**重要性**」という）を，監査を受ける側のあなたの会社も持っていなければならない。これが，会計監査を理解するための２つ目のポイントである。

では，そのレベル（重要性の基準値）はいくらなのか。

監査法人は，法人内のツールやマニュアルによってあなたの会社の重要性の基準値を算出しているが，これはあなたには教えてもらえない（もし教えてしまうと，その基準値を下回る金額の不正を繰り返す会社が出てこないとも限らない）。しかし，「財務諸表利用者の経済的意思決定をミスリードするような重要な虚偽の表示がないか」というレベルであるから，連結売上高数兆円の会社であれば，重要性の基準値は数十億円～数百億円以上であろうと思われるし，連結売上高数千億円の会社であれば，数億円～数十億円以上であろうと思われる。仮に会計不祥事があったとしたら，どのレベルの不祥事であれば財務諸表利用者の経済的意思決定をミスリードするか，という観点から考えればよいであろう。わかりづらいようであれば，どのレベルの不祥事であれば株価に影響を及ぼすか（暴落するか），という観点から考えればよいであろう。重要なことは，精緻な重要性の基準値を算出することではなく，あなたの会社が監査法人の持っているレベル感を知ること（持つこと）である。

さて，財務諸表が正しいかどうかを検証するためには，大きく２つの手法が

【図表２－38】　会計監査の

会計監査の目的　（※監査基準の文言を要約，一部変更している）

監査の目的は，経営者の作成した財務諸表が，**すべての重要な点において**適正に表示しているかどうかについて，意見として表明することにある。

▶ ここでの「重要」とは，財務諸表利用者の経済的意思決定に影響を与えると見込まれるほどの重要性をいう

会計監査とは

何に対して？	何を対象にして？	何を保証する？
~~財務諸表項目~~	~~すべての虚偽表示~~	~~絶対的な保証~~
↓	↓	↓
財務諸表全体	**重要な虚偽表示**	**合理的な保証**
監査は，個々の項目に意見を表明するものではない	監査は，重要でない虚偽表示にまで発見する責任を負うものではない	監査は，絶対的な水準の保証をするものではない

監査の手法

リスク・アプローチ

重要な虚偽の記載のリスクを評価

リスクが高い → **重点的かつ慎重に監査手続を実施**

✓ より強い証拠力を有する監査証拠を得るための監査手続を実施する
✓ 決算日により近い時期に監査手続を実施する
✓ 試査の範囲を拡大する（場合によっては精査をする）

リスクは高くない → **相応の監査手続を実施**

✓ 簡易な監査手続を実施する
✓ 期中監査へ前倒しして実施する
✓ 試査の範囲を縮小する

ポイント

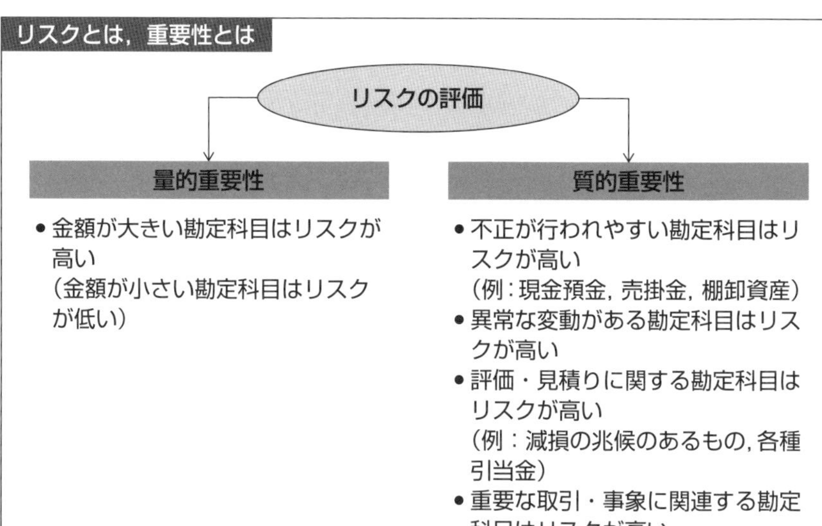

監査手続

手続	内容	手続	内容
分析的手続	データ間の金額・比率等の比較・分析をすることによって，矛盾や異常がないかどうかを検討する手続	観察	企業の現場で，他の者が実施するプロセスや手続を確かめる手続
実査	資産の現物を実際に確かめる手続	閲覧	企業内外の記録や文書を確かめる手続
立会	企業が行う実地棚卸等の現場に立ち会い，実地棚卸状況等を確かめる手続	突合	関連する証拠資料を突き合わせて事実や正否を確かめる手続
確認	取引先等の第三者に対して直接文書による回答を求める手続	勘定分析	特定の勘定科目の借方と貸方を分析し，異常がないかを確かめる手続
質問	経営者や従業員，外部関係者等に対して問い合わせ，回答を求める手続	再実施	企業が内部統制の一環として実施している手続を監査人自らが実施することによって，その手続が正しく運用されているかを確かめる手続

会計監査は，まずは，**分析的手続**を実施する。
さらに必要があれば，他の監査手続を組み合わせて実施し，十分かつ適切な監査証拠を入手する。

考えられる。まず１つは，伝票１枚１枚が正確に起票されているかを検証し，すべての伝票が正しければ，積み上がってできた財務諸表も正しいと判断する方法である。しかし，会計監査はこの方法を採用しない。なぜなら，監査の目的と相容れないし，そもそも時間的な問題で採用できない。

そこで編み出された監査の手法が，もう１つの手法である「**リスク・アプローチ**」というものである。この言葉は覚えておいてほしい。この「リスク・アプローチ」が，会計監査を理解するための３つ目のポイントである。

リスク・アプローチとは，財務諸表に重要な虚偽の表示が生じる可能性が高い事項（リスクが高い項目・勘定科目）については重点的かつ慎重に監査手続を実施し，リスクが低い項目・勘定科目には相応の監査手続を実施するという具合に，**リスクの大きさに応じて監査手続を選択する**ことにより，重要な虚偽の表示を見逃すことなく，監査業務を効率的に実施しようとする手法をいう。

例えば，貸借対照表における「敷金保証金」の残高が，前期末も今期末も同額だったとしよう。通常，事務所などの新築・移動・閉鎖を頻繁に行うことはないため，中堅企業であれば「敷金保証金」の残高が前期末と同額であっても不思議ではない。この場合，今期末の「敷金保証金」の残高の妥当性を検証するために，監査人は会社から契約書などを入手したり，残高確認状を発送したりという監査手続を行うだろうか。もちろん，行わない。なぜなら，前期末の監査において残高の妥当性を検証しており，その後変動がなく，財務諸表に重要な虚偽の表示が生じる可能性がない（＝リスクが低い）のであれば，特にそれ以上の監査手続は実施する必要がないからである。

貸借対照表上の「土地」も，通常，残高の変動が少ない科目である。これも前期末と当期末の残高が同額で，期中に変動がなく，財務諸表に重要な虚偽の表示が生じる可能性がない（＝リスクが低い）のであれば，特に監査手続を実施する必要はない。ただし，「土地」の場合は，その評価が妥当かどうかという点からの監査は重要であり，減損会計を考慮する必要がある場合には，たとえ前期末と残高が同額であったとしてもリスクが高い項目と評価されることとなる。その場合には，リスク・アプローチの観点から重点的かつ慎重に監査を行う科目として扱うこととなる。

リスクの評価は，量的（定量的）な重要性のみならず，質的（定性的）な重要性も勘案して判断する。質的に重要な項目とは，一般的に不正や粉飾に利用されやすい勘定科目（現金預金，売掛金，棚卸資産等）や，経営者の見積りや判断が必要なもの（棚卸資産，有価証券，固定資産等の評価，減損，各種引当金の計上，繰延税金資産の回収可能性の検討等）が該当する。これらの項目は，金額的重要性は低くても，質的な重要性は高いと判断し，重点的かつ慎重に監査を実施する。

このように，監査法人は，あなたの会社のすべての勘定科目について，「高」「中」「低」といった具合にリスクの評価を行い，リスクの大きさに応じて監査手続を使い分けているということを知っておいてほしい。

では，どのような監査手続を行っているのか。

監査手続には，「実査」（現金等，現物を直接カウントすること），「立会」（棚卸資産等，実地棚卸の立会を行うこと），「確認」（預金や売掛金等，確認状の発送・回収により残高の確認を行うこと）といった手続のほか，あなたの会社に説明・回答を求める「質問」や，複数の文書（証憑，帳簿等）を照らし合わせる「突合」といった手続もある。

例えば，現金預金，売掛金といった勘定科目は，上述のとおり一般的に不正や粉飾で利用されることが多く，リスクが高い勘定科目であるため，預金通帳や得意先との契約書などを勘定科目残高明細表と「突合」するだけではなく，確認状の発送・回収といった「確認」の手続を行う。これは，「内部証拠」より「外部証拠」のほうがより証拠力の高い「監査証拠」となるため，確認状を発送して外部から回答を求めるのである。棚卸資産についても同様に，リスクが高い項目であるため，監査人自らが「立会」を行い，在庫を確かめる。その他，評価・見積りに関する勘定科目も一般的にリスクが高い勘定科目であるため，重点的かつ慎重に監査手続を実施することになる。

このようにさまざまな監査手続があり，リスク評価に応じて監査法人が取捨選択していくのであるが，これらの監査手続の中で最も重要であり，中心的な手続が「**分析的手続**」といわれるものである。「分析的手続」とは，簡単にいえば，**財務分析の実施**である。この「分析的手続」が中心的な手続であるという点が，会計監査を理解するための４つ目のポイントである。

会計監査の目的は，「財務諸表がすべての重要な点において適正に表示している」ということを大局的に確かめ，監査意見を表明することであるから，その監査手続も，**大局的に重大な矛盾や異常な変動がないことを確かめる「分析的手続」を多用する**ことになる。「分析的手続」を実施した結果，異常な変動があれば，さらに変動原因を検証するために他の監査手続（担当者への「質問」や関連証憑との「突合」など）を選択して実施する。

このようにみると，会計監査も「**森を見る視点**」で監査を実施していることがわかるであろう。まず「森」（財務諸表全体）を見てリスクの評価を行い，そして，リスク評価に応じてどのような監査手続を実施するかの選択をする。財務諸表レベルでの財務分析を行い（分析的手続），それをブレイクダウンした勘定科目レベルでの財務分析も徹底して実施し（分析的手続），必要あれば，さらにブレイクダウンして手続を進めていく（分析的手続以外の監査手続を選択することもある）。そうやって，**「全体」から「部分」へ，「森」から「枝」へと深掘りしていくアプローチ**を採り，最終的に「森」（財務諸表全体）に戻って，財務諸表が「すべての重要な点において」適切に表示されていると合理的にいえるのであれば（「絶対的」ではない），一応の監査手続は終了である。つまり，**会計監査は，「財務分析に始まり，財務分析に終わる」**ともいえる。後は「合理的」と判断した理由を，入手した監査証拠（証憑等）とともに監査調書に残す。ざっくりいえば，会計監査は，財務分析を徹底して行う作業であり，違和感を徹底して潰していく作業であり，合理的と判断した証跡を残していく作業である。

【図表２－39】 監査は「森」から「枝」へ深掘りしていくアプローチ

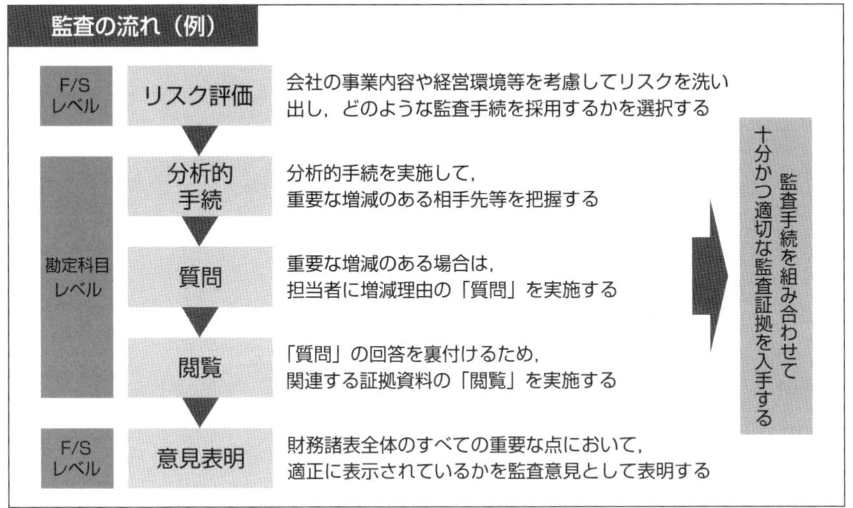

ここまでを読めば，監査法人は会議室で何をしているか，大体わかってきたのではないだろうか。監査法人は，以下の３つを重点的に実施し，実施結果を監査調書にまとめている，ということができる。

① 財務分析を徹底して実施する。
② 異常な変動がある勘定科目は重点的かつ慎重に監査を実施する。
③ 評価・見積りに関する勘定科目は重点的かつ慎重に監査を実施する。
↓
④ それらを監査調書にまとめる。

⑵ 「監査の受け方」「監査の受け入れ方」を変える

会計監査を理解すれば，会社側からどうやって会計監査を効率化させることができるかが見えてくるはずだ。

結論からいえば，以下の３つを実施すればよい。毎期この３つを実施すれば，監査法人からの資料提出依頼や質問はなくなるはずである。

①　会社側で全勘定科目の財務分析を実施し，分析結果をドキュメントしておく
②　異常な変動がある事項，評価・見積りに関する事項，重要な取引・事象等を事前に監査人（監査法人）へ伝えておく
③　第三者（監査法人）が見てわかる資料・エビデンスを事前に用意しておく

①　会社側で全勘定科目の財務分析を実施し，分析結果をドキュメントしておく

上場企業であっても，財務分析をまったく実施していない会社が非常に多い。実施していたとしても，試算表レベルでの分析のみで終わっており，勘定科目レベルでの分析まで実施できていない会社が大半である。先述のとおり，会計監査は「財務分析に始まり，財務分析に終わる」ともいえる。会社側で財務分析をしていなければ，監査法人がやらざるをえない。「監査の初日に会議室にこもって出てこないのはなぜだ？」と聞かれることがあるが，（本来は会社側でやるべき）財務分析をやっているのである。

財務分析はきちんとやっていても，分析結果がドキュメントされていないことも多い。分析結果が経理部長の頭の中にあるのだ。ドキュメントされていなければ，監査法人は，変動理由を質問しにいくことになる。監査の２日目から「質問攻め」にあう会社は少なくないと思われるが，それは分析結果をドキュメントしていないからだ。

実際に，あなたの会社が監査法人からどんな質問をされたか，思い出してみてほしい。「この勘定科目の残高が大きく増加していますが，原因は何ですか？」「その証拠となる資料を閲覧させてもらえますか？」といったものが大

半ではないだろうか。

監査の効率化を目指すのであれば，財務分析をきちんと実施し，分析結果はドキュメントしておく必要がある。財務分析は，試算表レベルでの分析のみならず，勘定科目レベルでの分析（全勘定科目の分析）を行わなければならない。しかも，前期と当期の2期比較ではなく，長期の推移を分析しなければならない。形式的に変動理由をドキュメントするだけではなく，「セルフ監査」するつもりでやらなければ意味がない（「セルフ監査」についてはP.20参照）。会社側で「セルフ監査」を行い，変動理由が合理的と判断できるレベルまで分析し，その証跡をドキュメントする。そして，ドキュメントしたものについては，事前にエビデンスのコピーも用意しておき，財務分析資料と一緒にファイリングしておく。すると，「セルフ監査調書」ができあがる。「セルフ監査調書」を監査法人にチェックしてもらう。ここまでやれば，監査法人からの質問はなくなるはずだ。筆者のクライアントでは「セルフ監査調書」の作成まで指導した後に，監査法人からの質問や資料依頼がゼロになった会社もある（当然，監査の工数も激減した）。

②　重要な事項を事前に監査人（監査法人）へ伝えておく

監査手続を実施するにあたり，多くの工数を要するのはリスクの高い項目の監査である。リスクが高い項目は，先述のとおり，異常な変動がある勘定科目や，評価・見積りに関する勘定科目である。

こういった重要な事項を，期末監査の途中で伝えられると，場合によっては監査が止まることがある。監査の効率化を目指すのであれば，期末監査前の監査法人との事前ミーティングにおいて，重要な事項はすべて伝えておくべきである。いいことも悪いことも伝えておかなければならない。

③　第三者（監査法人）が見てわかる資料・エビデンスを事前に用意しておく

監査法人の立場からいえば，会計監査がやりやすい会社と，やりにくい会社は，はっきり分かれる。

会計監査がやりやすい会社

・監査初日に必要な資料がすべて揃っている（手待ちがない）
・資料がわかりやすい（見てすぐわかる）
・資料の体裁が統一されている
・そのまま監査調書にバインドできる

会計監査がやりにくい会社

・資料がなかなか出てこない（手待ちになる）
・資料がわかりづらい（担当者に聞かなければ理解できない）
・資料の体裁が担当者によってバラバラである
・資料が参考程度にしかならず，監査調書をイチから作成しなければならない

監査の日程が長すぎるという会社は，上記の「会計監査がやりにくい会社」に該当しているはずである。また，監査開始のタイミングが悪いという会社は，監査初日に必要な資料がすべて揃っていない会社であるはずである。手待ちになることがわかっていたら訪問するはずがない。

筆者の経験上，決算早期化を実現している会社は，上記の「会計監査がやりやすい会社」に該当する。監査に無駄がないし，会社側も監査に協力的である。他方，決算発表が遅い会社は，上記の「会計監査がやりにくい会社」に該当する。手待ち時間，資料解読時間，質問件数，調書作成時間，いずれも「会計監査がやりやすい会社」の何倍にもなる（当然，監査報酬に反映され，あなたの会社に請求されることになる）。

あなたは，監査法人に提出した決算資料の何割が監査調書にバインドされているか知っているだろうか。セミナーで受講者にこのような質問をすると，「７割くらい」とか，「全部」といった回答があるが，実際はほとんどバインドされていない。大半は捨てられている（もちろんあなたの会社のゴミ箱には捨

てない)。９割以上を捨てているケースもある。あなたが決算中に最も工数を要するのは決算資料の作成時間であり，監査法人が監査中に最も工数を要するのは監査調書の作成時間である。双方で膨大な時間を費やして資料を作成しているのである。もし，あなたが作成した決算資料が，そのまま監査調書にバインドされたら，どれだけ監査を効率化させることができるだろうか。

監査の効率化を目指すのであれば，【図表２－40】を参考に第三者が見てわかる資料を作成すべきである。「自分だけわかればいい」と言わんばかりの属人的，自己中心的な決算資料はなくすべきである。

また，第三者が見てわかる資料を作成するということは，「センスがある資料」であることが求められる。経理部で作成する資料にセンスが必要なのかと

【図表２－40】　第三者が見てわかりづらい決算資料，第三者が見てわかる決算資料

第三者が見てわかりづらい決算資料	第三者が見てわかる決算資料
作成者しかわからない資料 (例) ・資料の作成の意図，目的が不明 ・具体的な内容，算定方法等がわからない ・作成者しかわからない計算式，関数を多用 ・１つのセルに複数の計算式，複雑な計算式を入れる ・エクセルシートにマクロを組む ・記載されている数値の根拠やリファレンスが不明 ・最終成果物と「１対１」で紐付いていない	誰が見てもわかる資料 (例) ・資料の作成の意図，目的が明確 ・誰が見てもわかる内容 ・計算式・関数の使用は最小限 ・１つのセルに１つの計算式 ・マクロは使用しない ・記載されている数値の根拠やリファレンスが明確 ・最終成果物と「１対１」で紐付いている
センスのない資料 (例) ・フォント，文字の大きさ，罫線の使い方，背景色の使い方，ヘッダー・フッターの使い方が作成者ごとにバラバラ	センスがある資料 (例) ・フォント，文字の大きさ，罫線の使い方，背景色の使い方，ヘッダー・フッターの使い方が社内で統一

［出処］武田雄治著『「経理」の本分』（中央経済社）より。一部表現を変更している。

思われるかもしれないが，第三者が見る資料にセンスが求められるのは当然である。「見やすさ」「わかりやすさ」「伝わりやすさ」は，資料作成者のセンスと技術が必要であり，ディスクロージャーを本分とする経理部員はそういったセンスや技術は磨くべきである。少なくとも，決算資料や開示基礎資料は経理部内で「標準テンプレート」（標準雛形）を用意するとともに，フォント，文字の大きさ，罫線の使い方，背景色の使い方等の「社内ルール」は作っておくべきである。

ここで述べた，第三者（監査法人）が見てわかる資料の作り方や，財務分析の方法は次章以降で詳述する。

決算早期化を実現する経理の仕組み

第３章の全体像

前章では，決算早期化を達成できない原因とその解決策について説明してきた。決算発表が大きく遅延している会社であれば，これらの原因のほとんどが該当したのではないだろうか。その原因を１つひとつ順番に改善していったのでは，決算早期化を実現するのに数年の期間を要することになる。

では，短期間（１年以内）で決算早期化を実現させることはできないのだろうか。筆者はこれまで40社を超える上場企業の決算早期化プロジェクトに携わってきた。そのほとんどの企業が，**「経理のあり方」**を考え直し（意識改革），**「経理の仕組み」**を再構築する（仕組み作り）ことによって，決算早期化を実現してきた。つまり，単体決算を早期化させるために業務フローを見直したり，連結決算を早期化させるために連結システムを入れ替えたり，開示業務を早期化させるために経験者を採用したり……，といった多くの企業が採りがちな手法ではなく，**「経理部そのものを見直す」**という手法で決算早期化を実現させてきた。このような手法を採ることにより，通常は数年を要するプロジェクトが，短期間（１年以内）で大きな成果を出すことが可能となる。

1　経理部とは何をする部署なのか

筆者が決算早期化コンサルタントとして独立し，**「経理部そのものを見直す」**という手法で経理改革のサービスを提供するようになったキッカケは，上場企業の経理部門に在籍していた時の経験にある。

筆者が在籍していた経理部は，連日深夜残業（朝帰り）が続くほどの「激務」であったが，決算発表は遅かった。一部の社員に決算・開示の負荷がかかり過ぎ，決算業務が属人化し，監査対応が後手に回り，「決算日後45日間で決算短信以外の何も生み出していない」という状況であった。会社自体は成長し，事業もグループ企業も増えていく中で，「これは何とかしなければ開示できないというリスク（開示リスク）を負う」と思い，社内で決算早期化プロジェクトを遂行することになった。

とはいえ，単体決算，連結決算，開示業務，監査対応と，すべてにおいて問題を抱えており，それらの問題点を１つひとつ改善していったのでは，先述のとおり，決算早期化の実現に数年の期間を要することになる。短期間（１年以内）で決算早期化を実現させるためにはどうすればいいか，真剣に考えたのだ。

その際に，「そもそも経理部とは何をする部署なのか」という存在意義から考え直すことにした。経理部は，金庫番でも仕訳屋でも決算屋でもない。もしそうであれば，経理部の仕事はすべてアウトソースすればよい。また，経理部は決算短信だけを作成すればよいわけではない。経営者を含む各利害関係者に対して，求められている情報をタイムリーに提供・報告しなければならない。しかし，「決算日後45日間で決算短信以外の何も生み出していない」ということは，経理部の本来の役割を何も果たしていないといえる。

そこで，**経理部を再定義**し，**経理部の本来の役割**を考え直し，その役割を果たすために情報をタイムリーに提供・報告する**「経理の仕組み」**（ベルトコンベア）を構築することにしたのだ。

(1) 経理部の定義

そもそも，「経理部」とは，何をする部署なのだろうか。

筆者は，「経理部」を次のように定義している。

> 「経理部とは，社内外から入手した情報を**「加工」**し，各利害関係者の求めに応じて，情報を**提供・報告**する部署である。」

経理部という部署には，社内外から多くの情報が集約される。社外からは見積書・請求書・契約書・納品書等が届くであろうし，社内からも稟議書・発注書（控）・注文書（控）・注文請書・契約書等が届くであろう。このように経営に関するあらゆる情報が入手される部署が経理部である。あらゆる情報が経理部に回ってくるが，経理部はそれらを（倉庫業のように）ストックすることが仕事ではない。また，それらをもとに仕訳を入力することが仕事でもない。それらの情報を「数字」に置き換え，価値ある情報に加工・変換し，その付加価値がある情報を社内外の利害関係者に提供・報告することが経理部の本来の仕事であり，本来の役割である。これは，一般的な製造工場がモノを仕入れ，加工・製造し，付加価値をつけて出荷することと何ら変わりがない。つまり，**経理部は「情報製造業」である**といえる。

(2)　経理部は「情報製造業」である

通常，企業は，ヒト（人的資本），モノ（製造資本），カネ（財務資本），情報（知的資本），利害関係者（社会・関係資本），環境（自然資本）といった資本（経営資源）をインプットし，事業活動を通して，新たな資本を生み出し，それを顧客に提供したり，新たな事業活動に投入したりして，永続企業として営んでいる。つまり，インプット（資本投入）→スループット（事業活動）→アウトプット（価値創出・価値提供）のプロセスを繰り返し，事業価値や企業価値を高めていく。

経理部の業務も同様である。ある事象（取引）が発生したら，インプット（情報の入手）→スループット（情報の加工・変換）→アウトプット（情報の

【図表3－1】　事業部門と経理部門の価値創造・価値提供プロセス

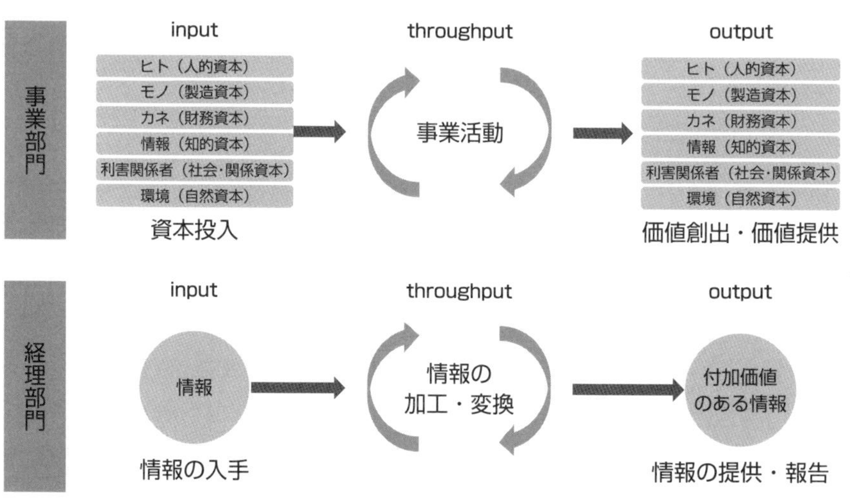

提供・報告）のプロセスを繰り返して，この活動を通じて価値創造・価値提供をし，企業価値を高めていく。経理部が「情報倉庫業」でとどまっていると，経理部の仕事はインプット（情報の入手）で終わっているが，本来はスループット（情報の加工・変換），アウトプット（情報の提供・報告）に時間や人員を割かなければならない。

企業には，あらゆる利害関係者が取り巻いており，それぞれの利害関係者が求める情報は異なる（【図表３－２】参照）。つまり，経理部が発信する情報は画一化されたもの（雛形に当てはめたもの）ではなく，それぞれの利害関係者が求めているものでなければならない。また，その発信する情報は，決算日から何か月も経った陳腐化された情報では意味がないため，できるだけタイムリーに発信しなければならない。

経営者等の利害関係者は，経理部が発信する情報をもとに重大な意思決定を行う。その情報が不十分であったり，虚偽であったり，陳腐化していたりと価値のないものであれば，誤った意思決定を行う可能性もある。それが社外の利害関係者（投資家等）の場合は，株価に影響を及ぼすかもしれないし，上場廃止になることもある。そのため，正しい情報を提供・報告しなければならない。

つまり，経理部からの情報の提供・報告は**適法・適正・適時**の３要件を満たさなければならない。決算早期化が求められる理由はここにある。

【図表３－２】 利害関係者が経理部に求める情報（例）

利害関係者	求める情報	求める資料等
経営者	自社の業績等	月次決算，予実分析，趨勢分析，資金繰り表等
自社の他部門	自社・自部門の業績等	販売実績，部門成績等
親会社	子会社等の業績等	連結情報等
投資家	投資意思決定情報，投下資本の運用状況等	有価証券報告書，決算短信，アニュアルレポート，統合報告書等
債権者	債権の回収可能性等	会社法計算書類，事業報告等
税務当局	課税所得等	納税申告書等

なお，近年，上場企業が公表する最終成果物は，社会の要請や利害関係者の関心の拡大に伴い，「財務情報」から「非財務情報」へ，「法令・規則等により作成・開示が求められるもの」から「任意で作成・開示するもの」へと増加・拡大している。また，有価証券報告書等においても，サステナビリティ情報に関する開示や人的資本に関する開示等の非財務情報の開示の拡充が求められるようになった。今後，あらゆる公表物において，経済的価値の情報のみならず社会的価値の情報（CO_2排出量・削減量や人権への取組み等）の開示も求められるようになるだろう。企業価値は経済的価値の総和ではないため，経済的価値の情報以外の情報の開示の重要性が増してきたのだ。開示の範囲の拡大の動きは今後も加速するであろう。

【図表３－３】　経理部が作成する最終成果物（例）

	法律・規則等により作成・開示が求められるもの	任意で作成・開示するもの
財務情報	・有価証券報告書（金融商品取引法） ・決算短信（取引所規則） ・計算書類・事業報告・附属明細書（会社法） ・納税申告書（税法）	・管理会計資料 ・取締役会資料 ・決算説明会資料 ・アニュアルレポート ・統合報告書
非財務情報	・内部統制報告書（金融商品取引法） ・コーポレート・ガバナンス報告書（取引所規則）	・CSR報告書 ・サステナビリティ報告書 ・環境報告書 ・情報セキュリティ報告書

（※）任意で作成する成果物の名称は企業により異なる。

このように，経理部の役割は拡大している。「決算日後45日間で決算短信以外の何も生み出していない」という会社は，決算発表が遅いという問題以前に，本来の経理部の役割を果たしていないといえる。

では，「情報製造業」である経理部が，あらゆる利害関係者が求める情報を，タイムリーに提供・報告するためにはどうすればよいのだろうか。通常の工場が，インプット（資本投入）→スループット（事業活動）→アウトプット（価値創出・価値提供）のプロセスをオートメーション化しているように，経理部のそれらのプロセスもオートメーション化できないだろうか。

2 決算早期化を実現する経理の仕組みとは

何度も書いてきたように，経理部では，インプット（情報の入手）→スループット（情報の加工・変換）→アウトプット（情報の提供・報告）というプロセスが繰り返され，価値創造・価値提供をしている。

では，「情報の加工・変換」とは，具体的にどのような業務なのか。入手した方法を，どのように価値ある情報に「加工・変換」していくのか。それを図解したものが【図表３－４】である。経理部の主たる業務とは，ここに図解し

【図表３－４】 経理部の主たる６つの業務

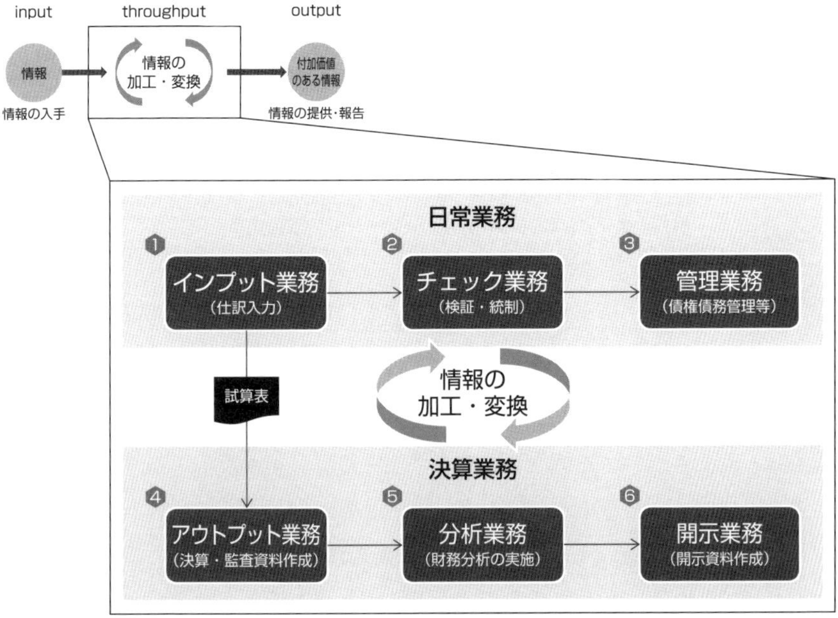

input
情報
情報の入手
throughput
情報の
加工・変換
output
付加価値
のある情報
情報の提供・報告

日常業務
❶ インプット業務（仕訳入力）
❷ チェック業務（検証・統制）
❸ 管理業務（債権債務管理等）
試算表
情報の
加工・変換
決算業務
❹ アウトプット業務（決算・監査資料作成）
❺ 分析業務（財務分析の実施）
❻ 開示業務（開示資料作成）

た６つの業務である。

⑴　経理部の６つの業務

経理部の業務は，大きく**「日常業務」**（主に日常的に実施すべき業務）と**「決算業務」**（主に決算時に実施すべき業務）と２つに分けられる。

「日常業務」では，まず，事象（取引）が発生した都度に入手した情報（エビデンス）をもとに，仕訳入力をする業務を実施する（**①インプット業務**）。仕訳を入力したら，その仕訳の適正性・妥当性等を第三者が検証し，統制する（**②チェック業務**）。何のためにチェックを実施するかといえば，会社の資産・負債・損益等を管理するためである（**③管理業務**）。つまり，経理部はこれらの日常業務を通して**「財産保全」**を行っているのである。

「決算業務」では，試算表が完成した後に，決算や監査で必要となる資料を網羅的にエクセルシートで作成する（**④アウトプット業務**）。何のためにエクセルシートで資料を作成するかといえば，財務分析を実施するためである（**⑤分析業務**）。では，なぜ財務分析をするのかといえば，各利害関係者の求めに応じて，情報を提供・報告するためである。そのための開示資料も作成しなければならない（**⑥開示業務**）。つまり，経理部はこれらの決算業務を通して**「ディスクロージャー」**を行っているのである。

【図表３－４】を見てのとおり，筆者は，振込業務，入金消込業務，給与計算，経費精算等を日常業務に入れていないし，試算表作成を決算業務に入れていない。これらの業務は，経理部の「主たる業務」とは思っていないからである。試算表というのは，仕訳入力（インプット業務）の積み上げの結果であり，決算業務のゴールではない。決算業務のゴールは，最終成果物（有報，短信等）の提供・報告である。**決算業務は，試算表完成後から本格化するものである。**

ここで述べた経理部の主たる６つの業務（特に決算業務の３つの業務）について，製造工場のようにベルトコンベアが敷かれ，各業務がサラサラの血液のように流れていけば，決算早期化は実現できるのではないだろうか。

(2) 未上場企業の経理部の業務

まず，未上場企業の場合，経理部の6つの業務のうち，①「インプット業務」しか行われていないケースが大半である。つまり，仕訳入力までは自社で何とかやっているものの，②「チェック業務」や③「管理業務」はまったくできていないという会社が非常に多い。決算業務（④，⑤，⑥）の3つの業務となると，顧問税理士に丸投げしており，社内では一切の業務ができていない会社も多い。顧問税理士に丸投げはせず，自社内で決算業務を行っている会社であっても，④「アウトプット業務」や⑤「分析業務」は実施されておらず，⑥「開示業務」も税務申告書を作成するだけで，社内の利害関係者たる経営者に対してすら情報提供が十分に行われていないという会社が多い。

一般的に，未上場企業の場合は，あるべき「経理の仕組み」が構築されていないのが現状である。

(3) 上場企業の経理部の業務

では，上場企業の場合は，経理の6つの業務がすべてできているのだろうか。「当然できている」といいたいところであるが，答えは「**NO**」である。

さすがに，厳しい上場審査をパスした上場企業であるため，経理の日常業務である①「インプット業務」，②「チェック業務」，③「管理業務」は多くの会社で問題なく行われている。ただし，中には，②「チェック業務」，③「管理業務」ができていない上場企業も存在する。特に，単体決算が極端に遅い会社は，これらができていないことが多い。

問題は，決算業務である。実は，上場企業の中でも，④「アウトプット業務」と⑤「分析業務」がきちんと行われている企業は少ない。さまざまな上場企業を見てきた筆者の感覚でいうと，決算早期化を実現している上場企業（全体の約1割）しか行われていないと思われる。

つまり，換言すれば，

決算発表の遅い会社は，④「アウトプット業務」と⑤「分析業務」が十

分，網羅的に行われていない

といえる。

多くの上場企業では，【図表３－５】のように，⑥の「開示業務」を行う際に，④「アウトプット業務」と⑤「分析業務」を十分，網羅的に行わずに，①の「インプット業務」，もしくは，④の「アウトプット業務」へ遡るというイレギュラーなフローが生じているのである。

【図表３－５】 経理部の６つの業務（上場企業でよく見るフロー）

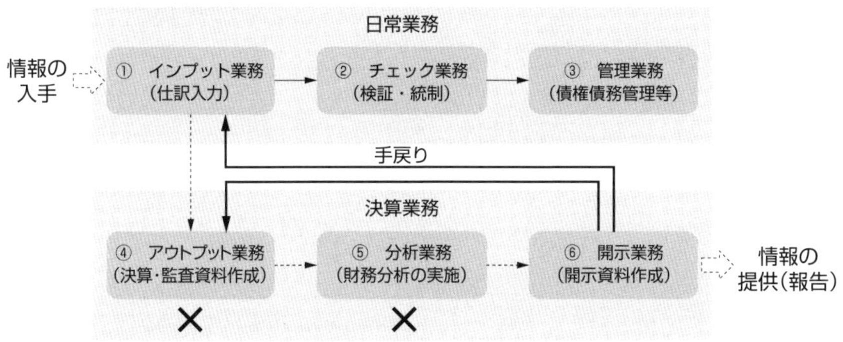

例えば，決算短信や有価証券報告書を作成するときに，会計システムや固定資産管理システムまで遡って数値を拾いにいくという実務を行っている会社がある。また，決算短信や有価証券報告書を作成するという段階になって，単体決算や連結決算で作成したアウトプット資料に遡って，開示基礎資料を作成し始める会社もある。

いずれの場合も，ベルトコンベアを逆流しているのである。ここに，決算が遅れる大きな原因がある。

(4) 決算が遅延する根本的な原因

本章の冒頭でも述べたとおり，決算早期化を実現できない原因は多岐にわたるため，それらの原因を１つひとつ解決していこうとすると，決算早期化を実現するのに数年の期間を要することになる。

これを短期間で解決しようと思うのであれば，多くの問題の中から，根本的な「たった１つの原因」を突き止めなければならない。

情報製造業たる経理部のあるべき姿を考えると，その「たった１つの原因」はもうおわかりいただけるだろう。

決算早期化が実現できない根本的な問題は，この④「アウトプット業務」や⑤「分析業務」を十分網羅的に行わずして，各利害関係者の求めに応じた情報提供を行おうとするところにある。

決算発表が遅い会社の多くは「森を見る視点」を持っていないため，単体試算表の作成が完成した段階で単体決算が終了してしまっていることが多い。そして，連結精算表が完成した段階で連結決算が終了してしまっていることが多い。単体試算表や連結精算表が完成した後にしなければならない「アウトプット業務」「分析業務」が行われていないため，開示業務を行う際にベルトコンベアを逆流し，「アウトプット業務」「分析業務」に「手戻り」しなければならない。当然，ここには「手待ち」も生ずるし，「重複」も生ずる。

一方で，決算早期化を実現している会社では，「森を見る視点」を持っており，決算の最終ゴールは単体試算表や連結精算表の作成ではなく，決算短信や有価証券報告書等の作成・開示と考えているため，単体試算表等が作成できたら，ただちに「アウトプット業務」「分析業務」に取りかかり，「開示業務」まで一気にやってしまう。早い会社であれば，この「アウトプット業務」「分析業務」「開示業務」までを単体試算表等の作成後１～２日でやっている。さらに，この間に開示基礎資料を網羅的に作成しているため，決算短信等を作成する段階では入力してチェックするだけということになり，早い会社であれば決算短信等作成も１～２日でやっている。ベルトコンベアの流れに逆らうことがないため，作業の「手戻り」「手待ち」「重複」が一切ない。とてもスムーズにベルトコンベアが流れている。

なお，会社の決算に「手戻り」「手持ち」「重複」があると，監査法人の監査も「手戻り」「手待ち」「重複」が生じることになる。会社によって，監査工数が大きく異なるのは，こういうところにも原因があるのだ。

【図表３－６】　決算早期化を実現している会社と決算発表が遅延している会社の対比

決算早期化を実現させている会社

決算発表が遅延している会社

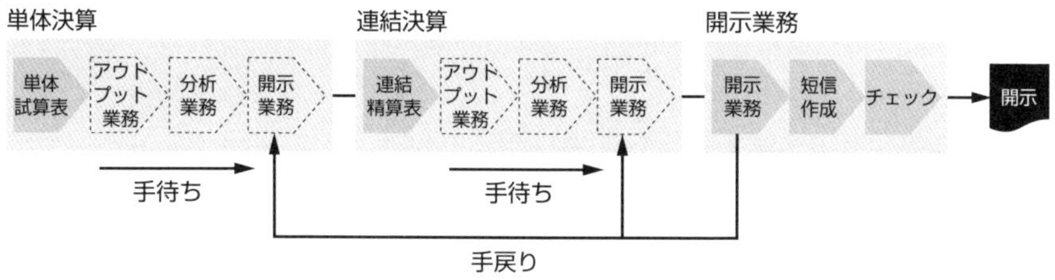

では，話を元に戻し，決算早期化を実現する「経理の仕組み」はどのように構築すればよいのだろうか。難しく考えなくてもよい。単体試算表や連結精算表が完成したら，「アウトプット業務」「分析業務」「開示業務」をただちに実施できるようにすればよいのである。具体的には，**最終成果物である決算短信や有価証券報告書から逆算し，「アウトプット業務」「分析業務」を同時に実施できるような標準テンプレートを準備すればよい**のである（P.99【図表２－36】）。すると，単体試算表等が完成した後，ベルトコンベアの流れに逆らうことなく，「開示業務」まで業務がスムーズに流れていく。

決算早期化を実現する経理の仕組みとは，標準化されたアウトプット資料（標準テンプレート）を使い，最終成果物に至るまで一気通貫した情報のベルトコンベアを敷くことである。

3 アウトプット資料の問題点

このようなことを述べると，決算発表が遅延している会社の決算担当者から「そうはいっても，ウチの会社はアウトプット資料もきちんと作成しているし，分析業務も行っているぞ」と反論されることがある。

確かに，先述のとおり，アウトプット業務が決算業務から完全に抜け落ちている会社，つまり決算資料が会計システムから出力された証票類しかないという会社は極端な例であり，ほとんどの会社は一応アウトプット業務を行っている。

では，あなたの会社は，「アウトプット業務」が十分かつ網羅的に行われているといえるだろうか。「分析業務」（財務分析）は，完璧に行われているだろうか。投資家に何を問われても，すぐに回答できるだろうか。経営者にタイムリーに分析結果を報告できているだろうか。決算発表が遅延している会社で「YES」と答えることができる会社を筆者は見たことがない。ほとんどの会社で「アウトプット業務」は行われているものの，アウトプット資料には次のような問題点を抱えている。これが，ベルトコンベアで情報がスムーズに流れない原因である。

(1) **アウトプット資料が第三者から見てわかりづらい**
(2) **アウトプット資料の網羅性に問題がある**
(3) **アウトプット資料の有用性に問題がある**
(4) **アウトプット資料が体系的に保管されていない**

以下，それぞれの問題点について説明していく。

(1)　アウトプット資料が第三者から見てわかりづらい

アウトプット業務を実施するためには，第三者（上司，同僚，部下，監査法人等）が見てわかるアウトプット資料を作成することが大原則である。「何の目的で作成しているのかわからない」「数値がどこから来て（traced from），どこにいくのか（traced to）がわからない」「計算式が複雑すぎて理解できない」「資料の意味を理解するのに時間がかかる」といった資料は，第三者が見てわかる資料とはいえない。しかし，実態は，第三者が見てわかるアウトプット資料を作成している企業は極めて少ない。多くの資料は，第三者が見てもわからず属人化している。だから決算も会計監査も時間がかかる。

そもそも，われわれがアウトプット資料を作成する「目的」は何だろうか。大きく目的は２つある。

１つは，後工程で「分析業務」「開示業務」を実施するためである。そのため，作成するアウトプット資料は，後工程の「分析業務」「開示業務」に役立つものでなければならない。言い換えれば，**「分析業務」にも「開示業務」にも役に立たない資料は作成する意味はない**。

もう１つの目的は，記録として残すためである。記録されたものは第三者が必ず閲覧する。ということは，作成者しかわからないアウトプット資料は絶対に作成してはならない。**第三者が「ひと目で」見てわからない資料は作成する意味はない**。

第三者が見てわかる資料を作成するということは，「センスがある資料」であることが求められる，ということは，第２章（P.113）でも述べたとおりである。

(2)　アウトプット資料の網羅性に問題がある

「アウトプット資料の網羅性に問題がある」とは，以下の３つの場合をいう。

① アウトプット資料にモレがある
② アウトプット資料にダブりがある

③　アウトプット資料に無駄がある

①　アウトプット資料にモレがある

決算発表が遅い会社は，必ずといっていいほどアウトプット資料にモレがある。

まず，会計システムから出力された試算表と勘定科目明細表ぐらいしか決算資料を用意できていないケースがある。会計システムから出力された明細等以外に，自社においてアウトプット資料を作成しているという会社であっても，例えば，単体決算に関するアウトプット資料は網羅的に作成していても，連結精算表やキャッシュ・フロー計算書作成用の基礎資料になるとモレが目立つというケースもある。また，連結精算表は作成しているものの，連結仕訳の根拠資料を作成していなかったり，連結キャッシュ・フロー精算表は作成しているものの，勘定科目別の増減明細を作成していなかったり，というケースもある。

開示基礎資料にモレがあるというケースも多い。注記資料が一切ない，もしくは不足している場合，決算や監査が終わり有価証券報告書等の作成業務（開示業務）を行う際に，注記に必要な情報をベルトコンベアに逆らって拾いにいくといった非効率な作業を行わざるをえなくなる。

このように，アウトプット資料にモレがあれば，確実に決算の工数は増え，決算業務の質も低下する。決算業務の質を向上させ，決算早期化を図るためには，アウトプット資料の網羅的な作成は必須である。

必要な決算資料が網羅的に作成されていない原因は，最終成果物（決算短信や有価証券報告書等）から逆算して，どのような明細を残さなければならないのか，どのような開示基礎資料を作成しなければならないのか，という「開示の視点」が欠落していることに原因があるといえる。「開示の視点」からアウトプット資料が作成されているかどうかは，P.97で述べたとおり，開示基礎資料と最終成果物が「１対１」の対応関係になっているかどうかを確かめればすぐわかる。

②　アウトプット資料にダブりがある

決算発表が遅い会社は，アウトプット資料もモレだけでなく，ダブりも必ずある。

アウトプット資料にダブりがあるかどうかは，有形固定資産関連のアウトプット資料を見ると特によくわかる。例えば，固定資産管理システムから出力した「固定資産台帳」のデータがあり，会計システムから出力した「固定資産残高明細」があり，キャッシュ・フロー計算書作成用の「固定資産増減明細」があり，附属明細表作成用の「固定資産増減明細」があり……と，データソースや内容は同じであるにもかかわらず，各担当者が重複して類似の決算資料を作成しているケースが多い。

このようなことが起こる原因は，①と同様に「開示の視点」が欠落し，上流工程からの積上げで作業を行っていることに原因がある。そのため，このような会社はアウトプット資料の量が多く，かつ，属人化しているという傾向が強い。

③　アウトプット資料に無駄がある

アウトプット資料に「無駄がある」とは，作成・保存する必要のない資料を作成・保存していることをいう。

アウトプット資料をモレなく，ダブりなく作成しているとしても，作成しているアウトプット資料に無駄があるケースも多い。

作成者以外の第三者のみならず，作成者自身もアウトプット資料の意図，目的がわからずに「とりあえず」作成しているケースもある。前期の決算担当者が作成していたから，今期も作成しなければならないというわけではない。前期の監査人が資料提示を求めたから，今期も会計監査で必要というわけではない。

これらを含め，アウトプット資料の無駄は，【図表３－７】のようなものである。このような資料は，作成も，保存もしてはならない。根絶すべきである。

【図表３－７】 無駄なアウトプット資料

アウトプット資料作成の無駄	□作成の意図・目的，作成方法・作成過程がわからない資料の作成 □数値の根拠・出所がわからない資料の作成 □内容の理解・解釈に時間を要する資料の作成 □単年度の残高・損益しかわからない資料の作成（※） （「分析業務」に使えない） □最終成果物と「１対１」で紐付かない資料の作成（※） （「開示業務」に使えない） □第三者が見てわからない資料の作成（※） （「会計監査」などに使えない）
アウトプット資料保存の無駄	□上記６つのアウトプット資料の保存 □誰が作成したかもわからない資料の保存 □どの会計期間のものかもわからない資料の保存 □会計システムから出力されただけの帳票類の保存 □決算・開示に直接的に役に立たない元資料の保存 □作成途中，未完成の資料の保存 □部内で共有すべきではない属人化した資料の保存

（※）これらについては(3)でも詳述する。

筆者が上場企業に決算早期化コンサルティングを実施する場合，まずクライアントが決算中に作成する単体決算，連結決算，開示業務の資料，その作成元資料，システム出力帳票等，これらすべての資料を提出してもらう。多い会社では本決算１回で数千枚，少ない会社でも数百枚になる。上場企業は決算中に膨大な資料を作成しているのである。それら１枚１枚を閲覧し，クライアントが作成する膨大な資料に，①モレがないか，②ダブりがないか，③無駄がないか，を分析している。すると，これまでの経験上，**決算発表が遅い会社は，すべての会社においてアウトプット資料の網羅性に大きな問題を抱えている**。つまり，①モレがある，もしくは，②ダブりがある，もしくは，③無駄がある，という資料が極めて多い。作成している資料の50％以上が網羅性に問題がある。仮に決算中にエクセルで200シートに資料を作成し，１シートの作成に平均10分を要しているとすると，資料作成に2,000時間かかっていることになる。このうち50％以上が網羅性に問題があるとすれば，単純に1,000時間もの資料作成時間が無駄であるといえる。

つまり，「開示の視点」を持ってアウトプット業務を行っていないことにより，1,000時間もの時間を無駄にしている可能性があるのだ。決算早期化を図るために業務フローを見直したり，ITシステムを導入・改良したりすることも一定の効果はあると思われるが，**アウトプット資料の網羅性を見直したほうが効果ははるかに大きいのである。**

(3)　アウトプット資料の有用性に問題がある

アウトプット業務の３つ目の問題点としては，アウトプット資料の有用性に問題があることが挙げられる。有用性とは，要は，「使える資料か」ということである。

その資料を誰が作ったのかわからない，その資料が何の明細なのかわからない，その資料が何の目的で作成されたのかがわからない，その資料をどのように作ったのかがわからない，その資料の出所がわからない，その資料がどの会計期間のものかがわからない……といった作成者に依存したアウトプット資料を作成し，作成者以外の第三者（経営者や監査人等）が検証することができない資料を作成しているケースは多い。また，資料の体裁が統一されておらず，すべての資料の体裁がバラバラであるケースも多い。

これらの問題は，資料自体の作成方法について，全社的に統一されたルールがなく，各担当者が属人的に資料を作成していることに原因がある。

アウトプット資料の有用性に問題がある場合では，一般的に次のような問題点も抱えることになる。

①　監査有用性に問題がある（会計監査に使えない）
②　分析有用性に問題がある（財務分析に使えない）
③　開示有用性に問題がある（開示基礎資料に使えない）

①　監査有用性に問題がある（会計監査に使えない）

会計監査の際，会計システムから出力された残高明細表が提出されることが多い。しかし，このような資料の多くは，伝票日付順もしくは取引先コード番号順に単年度の残高・損益が羅列されているだけである。このような明細は残高・損益を確認するという目的以外の有用性が低く，「分析業務」には何ら役に立たない。同時に，「分析業務」には何ら役に立たないということは財務分析（分析的手続，P.108参照）を中心に監査手続を実施する会計監査においても有用性が低い。このような資料は会計監査にあたり参考にすることはあっても，監査調書に収められることはない。

また，会計監査の際に，会社から提出されたアウトプット資料を閲覧しても，その作成過程がまったくわからないというケースも多い。例えば，貸倒引当金の明細を閲覧しても，引当の対象となる債権の金額をどのようにして計算したのか，どのようにして貸倒実績率の計算を行ったのか，どのようにして貸倒引当金の繰入額の計算を行ったのか，その過程がわからないというケースがある。当然，監査法人にこのような資料を提出した場合，監査人はその見積根拠や計算過程について理解できるまで担当者へ質問しにくるだろう。質問に対応している間は他の決算業務が止まるわけであるから，質問事項があまりにも多ければ，決算の進捗にも影響がある。

さらに，会計監査を行っていて困るケースとして，その資料の作成過程がわからないケースだけでなく，その会社独特の会計処理方法を採用していたり，その会社独特の勘定科目を使用していたり，アウトプット資料にその会社の専門用語が並んでいる場合がある。

例えば，その業界の慣習等から収益や費用の認識方法が通常の業界とは異なるものであったり，引当金等の見積方法が特殊なものであったりという場合は珍しくない。また，外部公表用の決算書には通常の勘定科目名を使用しているものの，試算表上はその会社独特の勘定科目名を使用しているケースも珍しくない。補助科目を使用せず，勘定科目名を細分化し，「売掛金Ａ」「売掛金Ｂ」「売掛金Ｃ」…といった勘定科目名を使用しているケースもあれば，「広告宣伝費１」「広告宣伝費２」「広告宣伝費３」…といった勘定科目名を使用しているケースもある。さらに，資料中に記載されている商品名，市場名，取引先名，関連会社名等が略語で記載されていたり，イニシャルで記載されていたりというケースもある。これらの場合も，当然，監査人は質問しにくるはずである。このような，監査人が質問にくるであろうと思われる事項は，あらかじめ決算資料に説明を盛り込んでおくべきである。

このようなことを述べると，「前期以前から監査に来ているわけだから，会社に質問する前に，監査法人内できちんと引継ぎをするべきだ」と思われる方も多いはずだ。実際に監査の現場で「毎年毎年同じ質問に来るんじゃないよ！」とお叱りを受けることもある。これは確かにおっしゃるとおりで，監査法人内部でもきちんと引継ぎをしなければならない。しかし，会計監査は非常に限られた時間の中で実施しており，その会社の特殊性をすべて監査調書に残すことには限界があるのも確かであり，監査の独立性確保の観点等から頻繁に担当の監査人がローテーションする（入れ替わる）中で十分な引継ぎを行うことにも限度があることはご理解いただきたい。

決算早期化の観点から，決算資料を作成する者は監査法人が見てわかる資料を作成しなければならない。

②　分析有用性に問題がある（財務分析に使えない）

アウトプット資料の有用性に問題がある場合，そのほとんどが「分析業務」に役立たない資料である。先述のとおり，単年度の残高・損益が羅列されただけの資料が多い。おそらくその会社は十分な財務分析を行っていない。アウトプット資料を作成する際は，すべての資料を過年度のデータと比較・分析できるものにしなければならない。

分析有用性に問題のあるアウトプット資料しか残っていない会社は，「森を見る視点」を持っておらず，決算のゴールが単体試算表や連結精算表を作成することになっており，財務分析を行い，分析結果をドキュメント化し，それをもとに利害関係者の求めに応じ情報を提供するという，本来の経理部の役割

（本章1参照）を果たしていない。

財務分析を行っているとしても，その分析結果をドキュメント化していないケースも多い。P.110でも述べたとおり，分析結果をドキュメント化すれば監査を効率化することもできる。

③ 開示有用性に問題がある（開示基礎資料として使えない）

会社がアウトプット資料を作成している場合であっても，それが決算短信や有価証券報告書等の開示資料と「１対１」の対応関係になっていないということが多い。

このような場合，P.97でも述べたとおり，決算の工数は増大するし，開示資料の不正・誤謬に気が付かない可能性が高くなるなど，多くの問題がある。

開示基礎資料を作成する場合，開示基礎資料から最終成果物をコピペで作成でき，開示基礎資料が最終成果物の「証跡」となるようにすべきである。

(4) アウトプット資料が体系的に保管されていない

決算作業にかかわらず，日常業務においても「モノを探す」という時間を計測すると恐ろしい時間になるといわれている。決算作業中に「モノを探す」という時間をゼロにするだけでも，おそらく決算を１日短縮させることができるくらいの効果があるのではないだろうか。

アウトプット資料は，必ず第三者に検索される。よって，作成するアウトプット資料は，第三者に検索されることを前提に，紙で保存する場合も，データで保存する場合も，保存方法について全社的なルールを作り，体系的に保管すべきである。

以前，ある会社の共有フォルダ内を閲覧させてもらった際に，「売上」というフォルダと「売上高」というフォルダがあり，「原価」というフォルダと「売上原価」というフォルダがあった。フォルダ作成者以外は両者の違いがわからないため，例えば売上のあるデータを検索したい場合は，両方のフォルダを開かないといけなくなる。「有報１」「有報２」というフォルダを作成している会社もあったし，「A社」(子会社名）というフォルダと「A社資料」というフォルダを作成している会社もあった。共有フォルダの中に決算担当者の個人名が書かれたフォルダを置いている会社もあった。いずれも，フォルダ名のルールがないため，フォルダ作成者が好き勝手にフォルダ名を付けているようであるが，このような保管をしていると，特定の資料（ファイル）を検索するのに膨大な時間を要してしまう。フォルダ名だけでなく，ファイル名についても同様である。ファイル名のルールがないため，ファイル作成者が好き勝手にファイル名を付けている会社が多い。似たような名前が付いたファイルが多数混在し，ファイル名を見ただけでは中身がわからず，また，どれが最終データかもわからないというケースが多い。そのような会社は，確実に決算発表が遅い。

決算作業中の「モノを探す」時間をゼロにするためには，「リファレンスナンバー」を導入すべきである。これについては，第４章（P.142以下）で詳述する。

(5) アウトプット資料作成・保管の最低要件

短期間（１年以内）に決算早期化を実現させるためには，「**経理の仕組み**」を見直す必要がある。その「経理の仕組み」とは，単体試算表や連結精算表が完成したら，「アウトプット業務」「分析業務」「開示業務」をただちに実施できるようにすることである。

そのためには，第三者が見てわかり，「網羅性」「有用性」のあるアウトプット資料（標準テンプレート）を作成し，「体系的に保管」するルールを決める必要がある。

この最低要件を兼ね備えたアウトプット資料（標準テンプレート）を作成するということは，アウトプット資料を極限までシンプルにするということでもある。アウトプット資料を極限までシンプルにできれば，決算業務のあらゆる無駄を排除することができ，決算業務をシンプルにすることができる。決算業務をシンプルにすることができれば，決算は確実に早期化できる。

筆者は，独立してから約20年の間に上場企業40社以上の決算早期化を支援してきたが，その大半はアウトプット資料の全面的な見直し（標準テンプレートの作成）だけで一定の成果を上げている。

決算早期化が実現できない根本的な問題が「アウトプット業務」「分析業務」の不備にある（P.126）。そうであるならば，**決算早期化に向けての抜本的な解決策はアウトプット資料の見直しということになる**。次章では，具体的に，アウトプット資料の見直しの方法について詳述していく。

【図表３－８】 アウトプット資料作成・保管の最低要件

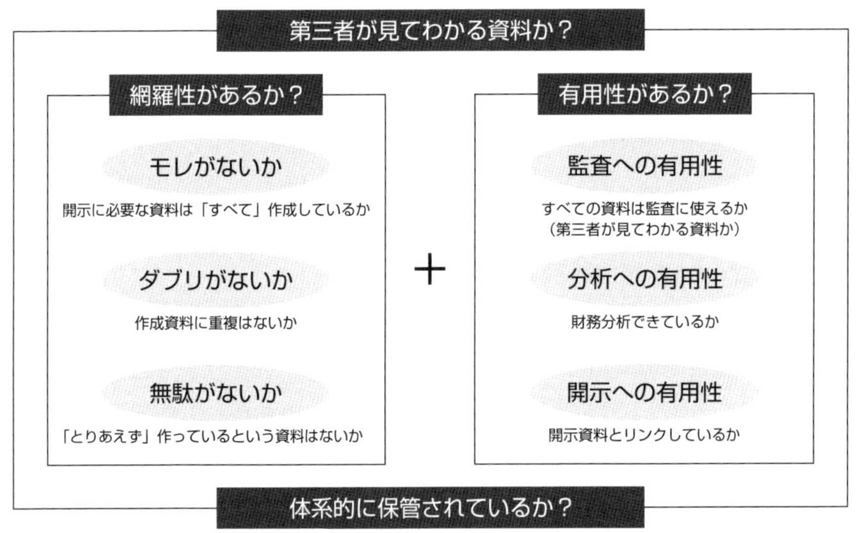

第4章

決算早期化を実現するアウトプット事例

第４章の全体像

1　アウトプット資料の見直しの効果

第３章では，決算早期化が実現できない根本的な問題が「アウトプット業務」「分析業務」の不備にあると述べた。そして，決算早期化に向けての抜本的な解決策は，アウトプット資料の見直しであり，具体的には第三者が見てわかる「網羅性」「有用性」の最低要件を兼ね備えたアウトプット資料（標準テンプレート）を作成し，「体系的に保管」することであると述べた。

【図表４－１】 アウトプット資料作成・保管の最低要件（再掲）

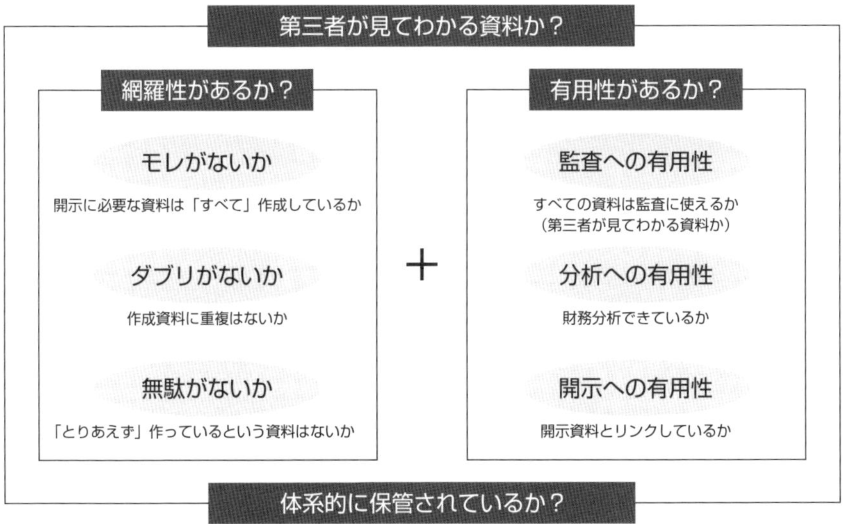

では，このような要件を兼ね備えたアウトプット資料（標準テンプレート）はどのように作成したらよいのだろうか。

そのために必要なツールは，たったの２つである。

その２つとは，

> ① 「リファレンスナンバー」の導入
> ② 「リードシート」の導入

である。

この2つのツールを活用するだけでアウトプット資料の問題点は解決できる。それぞれについて，次節で詳しく説明していこう。

【図表4－2】 アウトプット資料の問題点の解決策

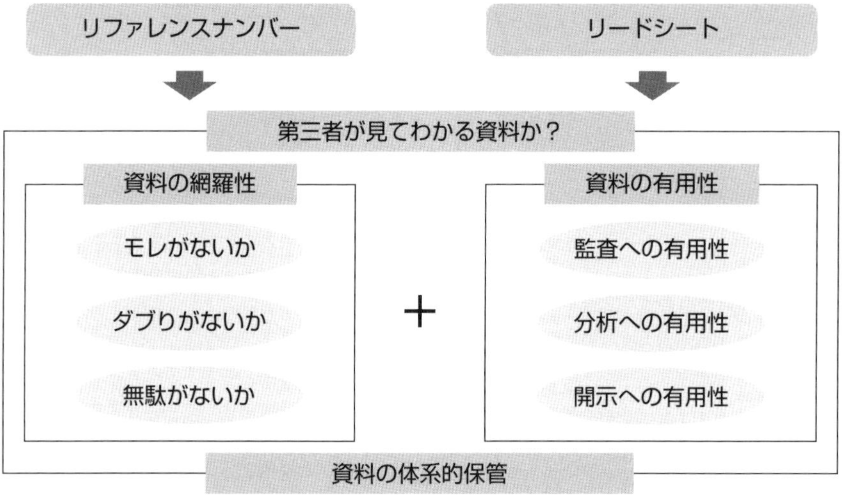

2 「リファレンスナンバー」と「リードシート」

(1) 「リファレンスナンバー」とは

「リファレンスナンバー」とは，その名のとおり，すべての資料に参照番号を付すことをいう。

すべてのアウトプット資料を番号管理することにより，アウトプット資料を

「モレなく」「ダブりなく」「無駄なく」作成することができ，各人が好き勝手に属人的な資料を作成することもなくなる。また，すべての資料を体系的に保管することができ，資料の検索時間を限りなくゼロにできるという効果がある。

リファレンスナンバーを付与する際は，以下の6つのルールを守らなければならない。

ルール①　すべてのアウトプット資料に付与する。
ルール②　①の後に「リファレンスナンバー表」（一覧表）を整備する。
ルール③　すべてのアウトプット資料を番号管理する。
ルール④　リファレンスナンバーは原則として永久に変えない。
ルール⑤　リファレンスナンバーは決算前にあらかじめ付与し，リファレンスナンバーが付与されていない資料を決算中に作成しない（させない）。
ルール⑥　エクセルファイル・エクセルシートもリファレンスナンバーで名称を付けて保存する。

どのようなナンバーを付与するかは，特に決まりはないため自由に付与してもらってもよい。

筆者の場合，すべてのクライアントに対して，次のような「アルファベット1桁」と「数字3桁」の合計4桁のリファレンスナンバーを付与することを推奨している（資料の数が多い場合は「数字4桁」を推奨する）。

E120

アルファベットA～Zは，「Aシリーズ」「Bシリーズ」「C～Zシリーズ」の3つのグループに区分し，「Aシリーズ」は決算短信や有価証券報告書，会社法計算書類，法人税等申告書等の各利害関係者へ公表する資料（開示資料，最終成果物）のグループ，「Bシリーズ」は組替表やB/S・P/Lの変動分析資料等のAシリーズのサポート資料のグループ，「C～Zシリーズ」は単体・連結決算のアウトプット資料に付与するグループとしている（【図表4－3】参照)。

「C～Zシリーズ」のうち，「C～W」は単体決算における各勘定科目へ振り分け，「X」は連結精算表関連，「Y」は連結キャッシュ・フロー計算書関連，「Z」は連結子会社等の資料（連結パッケージ等）を振り分けている。「C～W」の内訳は，自社の勘定科目体系に合った形で臨機応変に振り分ければよいであろう。例えば，退職給付引当金以外に，賞与引当金や工事補償引当金，債務保証損失引当金，損害保証損失引当金，修繕引当金等，金額的に重要性の高い引当金が存在する場合であれば，それらを独立したシリーズに昇格させるか，それらをまとめて「引当金」というシリーズを作成してもよいだろう。また，「その他固定負債」が退職給付引当金や繰延税金負債以外に存在しないのであれば，特に独立したシリーズにする必要もないため，「その他流動負債」と一体化させ，「その他の負債」という独立シリーズを設ければよい。

下３桁の数字については，【図表4－5】のように，アウトプット資料を「大分類」（リードシート）→「中分類」（勘定科目明細）→「小分類」（さらに詳細な明細）と３区分したうえで，「大分類」は下２桁「00」，「中分類」は下２桁「10」「20」「30」…，「小分類」は下２桁「11」「12」「13」…という具合に，ピラミッド構造になるように付与していく（「リードシート」については，⑵で説明する)。「小分類」（さらに詳細な明細）は必要があれば整備するが，不要な場合が多い。

このようにして，決算時に必要となるアウトプット資料を明確にしておき，そのアウトプット資料のテンプレートを作成し，そのすべてのアウトプット資料に対してリファレンスナンバーを付与するということをしておくことにより，**アウトプット資料の「モレ」「ダブり」「無駄」をなくすことができる**。各決算担当者が，独自に属人的な資料を作成することも防ぐことができる。

一度付与したリファレンスナンバーは原則として翌期以降も固定番号とし変更しないことから，リファレンスナンバー順に資料を保管することにより，今後アウトプット資料を検索する時間はゼロになるはずである。これまでの経験上，おそらく１度決算を行えば，リファレンスナンバーの体系は自然と記憶さ

【図表４－３】 リファレンスナンバーの付与例①

開示	Ａシリーズ	開示資料，最終成果物
	Ｂシリーズ	開示サポート資料（組替表，変動分析資料等）
単体	Ｃシリーズ	現金預金
	Ｄシリーズ	営業債権（受取手形，売掛金，貸倒引当金等）
	Ｅシリーズ	棚卸資産
	Ｆシリーズ	その他流動資産
	Ｇシリーズ	有形固定資産
	Ｈシリーズ	無形固定資産
	Ｉシリーズ	リース取引
	Ｊシリーズ	有価証券（関係会社株式，出資金を含む）
	Ｋシリーズ	貸付金
	Ｌシリーズ	投資その他の資産
	Ｍシリーズ	営業債務（支払手形，買掛金等）
	Ｎシリーズ	借入金
	Ｏシリーズ	その他流動負債
	Ｐシリーズ	退職給付引当金
	Ｑシリーズ	その他固定負債
	Ｒシリーズ	税金・税効果
	Ｓシリーズ	純資産
	Ｔシリーズ	損益関連
	Ｕシリーズ	原価計算
	Ｖシリーズ	その他注記資料等
	Ｗシリーズ	後発事象，偶発債務
連結	Ｘシリーズ	連結財務諸表（連結精算表，連結注記資料）
	Ｙシリーズ	連結キャッシュ・フロー計算書
	Ｚシリーズ	連結パッケージ

【図表4－4】 リファレンスナンバーの付与例②

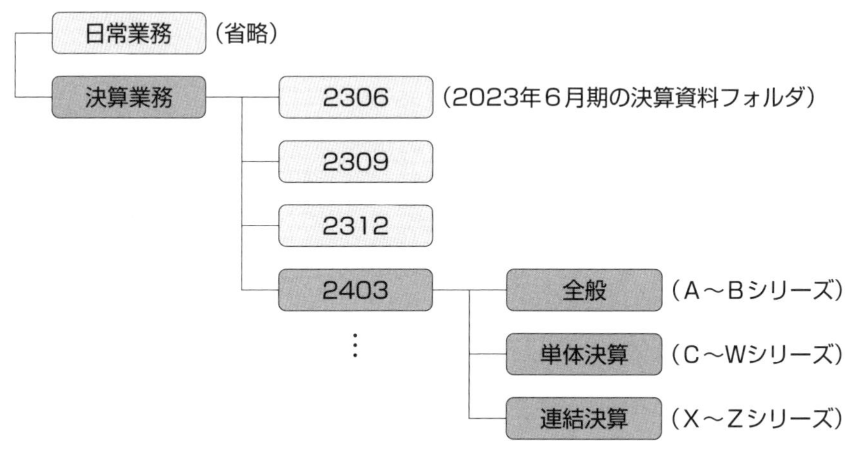

【図表4－5】 リファレンスナンバーの付与例③

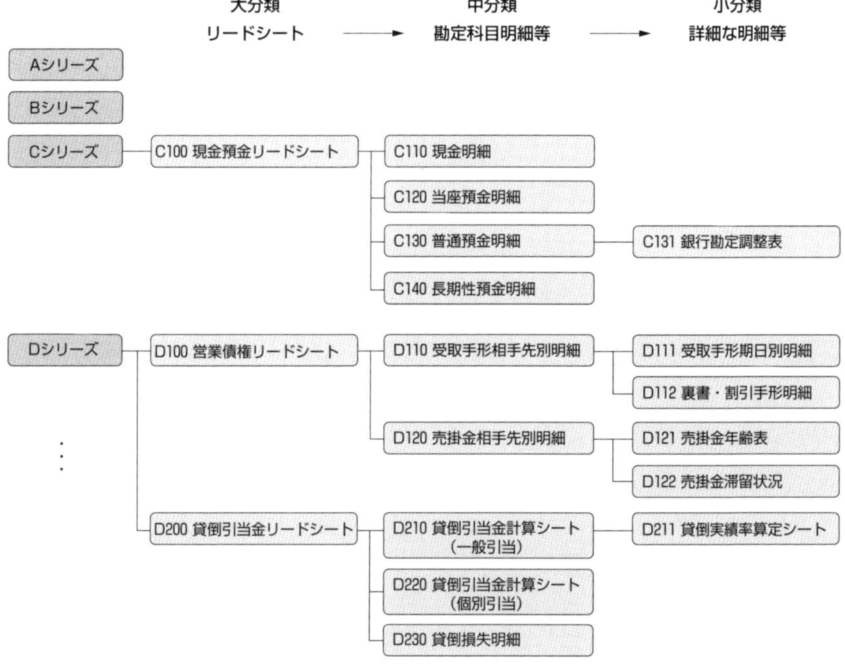

れる。

そして，すべての資料にリファレンスナンバーを付与することができたら，「リファレンスナンバー表」を作成する。【図表4－6】は，連結売上高数千億円の上場企業が作成した「リファレンスナンバー表」である（一部表記は編集している）。「リファレンスナンバー表」を作成する際に，リファレンスナンバーと資料名だけを記載するのではなく，資料ごとに，「作成者名」「作成締切日」「チェック担当者名」「チェック日」等も記載できる欄を設けておくことにより，「リファレンスナンバー表」を決算時における「業務分掌表」もしくは「To Do List」としても活用することが可能となるし，決算業務の証跡ともなる。内部統制監査用の資料としても活用している会社もある。

【図表4－6】　リファレンスナンバー表

	タイトル		No.	分析資料	作成資料（※は確認業務等）	更新時期	担当者（主）	担当者（副）	締切日	作成日	チェック担当者	チェック日
A	目次		A000		決算業務分担表（リファレンスナンバー表）	四半期ごと						
			A001		決算スケジュール表	四半期ごと						
	開示資料	金商法等	A100		決算短信	四半期ごと						
			A110		有価証券報告書	四半期ごと						
			A111		確認書	四半期ごと						
			A112		内部統制報告書	期末のみ						
		会社法	A200		単体決算書	四半期ごと						
			A210		単体計算書類	期末のみ						
			A220		単体注記表	期末のみ						
			A230		附属明細書（計算書類）	期末のみ						
			A240		連結計算書類	期末のみ						
			A250		連結注記表	期末のみ						
			A260		事業報告	期末のみ						
			A270		附属明細書（事業報告）	期末のみ						
			A280		株主総会招集通知	期末のみ						
	その他提出資料		A300		取締役会提出資料（月次決算資料）	毎月						
B	開示基礎資料（単体決算）		B100		組替表（単体）-BS	四半期ごと						
			B101		組替表（単体）-PL	四半期ごと						
			B102		決算整理仕訳	四半期ごと						
			B110	■	単体試算表 変動分析シート	四半期ごと						
			B120	■	開示用財務指標データ（単体）	四半期ごと						
			B121		単体指標の計算	四半期ごと						
			B122		株式数	四半期ごと						
			B123		自己株式数	四半期ごと						
			B124		自己株台帳	四半期ごと						
			B125		株価推移	四半期ごと						
			B126		期末予測	四半期ごと						
			B127		期末株式数予測	随時						
	財務分析資料（単体決算）		B200	■	貸借対照表増減（単体）	四半期ごと						
			B201	■	損益計算書増減（単体）	四半期ごと						
			B202	■	製造原価報告書増減（単体）	四半期ごと						
			B203	■	販売費増減（単体）	四半期ごと						

			B204	■	一般管理費増減（単体）	四半期ごと						
			B210	■	貸借対照表増減（単体・月次）	毎月						
			B211	■	損益計算書増減（単体・月次）	毎月						
			B212	■	製造原価報告書増減（単体・月次）	毎月						
			B213	■	四半期決算推移表	四半期ごと						
	監査関連資料	法定	B400		経営者確認書（金商法）	四半期ごと						
			B410		経営者確認書（会社法）	期末のみ						
		任意	B500		事前協議記録	四半期ごと						
			B510		監査時事前質問・提出資料	四半期ごと						
			B520		監査時質疑応答記録	四半期ごと						
	その他資料		B800		人員表	四半期ごと						
			B810		組織図	随時						
C	現金預金		C100	■	現金預金リードシート	四半期ごと						
			−		残高証明書	期末のみ						
			−		残高確認書発送，照合，差異報告書作成	期末のみ						
D	営業債権（受取手形，売掛金）		D110	■	営業債権リードシート	四半期ごと						
			D110	■	受取手形明細	四半期ごと						
			D111		受取手形　伝票番号順・満期日順明細	四半期ごと						
			D120	■	売掛金　得意先別明細（分析用）	四半期ごと						
			D121		売掛金　得意先別明細（全件）	四半期ごと						
			D130		売掛金　年齢調表	四半期ごと						
			D140		売掛金　未収明細	四半期ごと						
			D141		売掛金　発生及び回収並びに滞留状況表	期末のみ						
			D142		長期滞留売掛金	半期ごと						
			D143		売掛金　入金金額確認データ	期末のみ						
			D144		売掛金　ロールフォワード	期末のみ						
			D145		売掛金データ	期末のみ						
				※	残高確認書発送，照合，差異報告書作成	期末のみ						
	貸倒引当金		D200	■	貸倒引当金リードシート	四半期ごと						
			D210		貸倒引当金　一括繰入額の算定	四半期ごと						
			D220		貸倒損失一覧	四半期ごと						
E	棚卸資産		E100	■	棚卸資産リードシート	四半期ごと						
			E110	■	製品別在庫明細	四半期ごと						
			E111	■	製品明細（分析用）	四半期ごと						
			E120		製品明細（全件）	四半期ごと						
			E121		滞留在庫評価損明細	四半期ごと						
			E122		賞味期限切れ在庫明細	四半期ごと						
			E123	■	製品在庫前期比較（数量）	四半期ごと						
			E124	■	製品在庫前期比較（金額）	四半期ごと						
			E125	■	製品在庫前期比較（単価）	四半期ごと						
			E126		出荷報告マッチアンマッチリスト	四半期ごと						
			E127		出荷止め製品一覧表	四半期ごと						
			E128		棚卸資産ロールフォワード	期末のみ						
			E129	■	棚卸資産評価損	四半期ごと						
			E130	■	原料・包装材料明細	四半期ごと						
			E140		原材料明細（全件）	四半期ごと						
			E141		原液明細（全件）	四半期ごと						
			E142		預け品在庫明細（全件）	四半期ごと						
			E143		材料明細（全件）	四半期ごと						
			E150		原材料他勘定明細	四半期ごと						
			E151		製品他勘定明細	四半期ごと						
				※	在庫証明との照合	期末のみ						
				※	残高確認書発送，照合，差異報告書作成	期末のみ						
F	その他流動資産		F100	■	その他流動資産リードシート	四半期ごと						
			F110	■	前払費用明細	四半期ごと						
			F120	■	未収収益明細	四半期ごと						
			F130	■	未収入金明細	四半期ごと						
			F140	■	仮払金明細	四半期ごと						
			F150	■	立替金明細	四半期ごと						

G	有形固定資産	G100	■	有形固定資産リードシート	四半期ごと						
		G110	■	有形固定資産　増減明細　(累計ベース)	期末のみ						
		G111	■	有形固定資産　増減明細　(四半期ベース)	四半期ごと						
		G120		有形固定資産　増加明細	四半期ごと						
		G130		有形固定資産　売却明細	四半期ごと						
		G131		有形固定資産　除却明細	四半期ごと						
		G140		有形固定資産　減価償却費明細	四半期ごと						
		G150		土地明細	四半期ごと						
		G151		建設仮勘定明細	四半期ごと						
		G160		減損の判定　チェックシート	四半期ごと						
		G161		減損の判定　グルーピングの考え方	四半期ごと						
		G162		減損の判定　営業所別損益	四半期ごと						
		G163		減損の判定　確認シート	四半期ごと						
		G164		関係会社株式の減損確認	四半期ごと						
H	無形固定資産	H100	■	無形固定資産リードシート	四半期ごと						
		H110	■	無形固定資産　増減明細　(累計ベース)	期末のみ						
		H111	■	無形固定資産　増減明細　(四半期ベース)	四半期ごと						
		H120		無形固定資産　増加明細	四半期ごと						
		H130		無形固定資産　除却明細	四半期ごと						
		H140		無形固定資産　減価償却費明細	四半期ごと						
		H150		電話加入権明細	四半期ごと						
		H160		ソフトウェア勘定明細	四半期ごと						
		H170		ソフトウェア仮勘定明細	四半期ごと						
I	リース取引	I100	■	リース取引リードシート	四半期ごと						
		I101		リース資産一覧表	四半期ごと						
		I102		リースデータ集計（リース会社集計）	四半期ごと						
J	有価証券	J100	■	有価証券リードシート	四半期ごと						
		J110	■	有価証券　増減明細　(累計ベース)	期末のみ						
		J111	■	有価証券　増減明細　(四半期ベース)	四半期ごと						
		J120		有価証券　銘柄別明細	四半期ごと						
		J130		非上場株式の時価	四半期ごと						
		J140	■	出資金明細	四半期ごと						
		J150		預り有価証券明細	四半期ごと						
		J160		公表相場	四半期ごと						
			※	残高証明との照合	期末のみ						
			※	残高確認書発送，照合，差異報告書作成	期末のみ						
K	貸付金	K100	■	貸付金リードシート	四半期ごと						
		K110		貸付金　増減明細　(累計ベース)	期末のみ						
		K120		貸付金　増減明細　(四半期ベース)	四半期ごと						
L	その他投資	L110	■	長期前払費用　明細	四半期ごと						
		L111	■	長期前払費用　増減明細　(累計ベース)	期末のみ						
		L112	■	長期前払費用　増減明細　(四半期ベース)	四半期ごと						
		L120	■	差入敷金　明細	四半期ごと						
		L121	■	差入敷金　増減明細　(累計ベース)	期末のみ						
		L122	■	差入敷金　増減明細　(四半期ベース)	四半期ごと						
		L123		差入敷金　明細（全件）	四半期ごと						
		L124		資産除去債務明細	四半期ごと						
		L130	■	差入保証金　明細	四半期ごと						
		L131	■	差入保証金　増減明細　(累計ベース)	期末のみ						
		L132	■	差入保証金　増減明細　(四半期ベース)	四半期ごと						
			※	残高確認書発送，照合，差異報告書作成	期末のみ						
		L140	■	長期未収入金明細	四半期ごと						
		L150	■	会員権　明細	四半期ごと						
		L151		会員権　評価	四半期ごと						
M	営業債務	M100	■	営業債務明細	四半期ごと						
		M110	■	支払手形明細	四半期ごと						
		M111	■	支払手形　決済日別明細	四半期ごと						
		M112	■	支払手形　科目別明細	四半期ごと						
		M113	■	支払手形　番号順明細	四半期ごと						
		M120	■	買掛金明細	四半期ごと						

			M121		買掛金ロールフォワード	期末のみ						
				※	残高確認書発送，照合，差異報告書作成	期末のみ						
N	借入金		N100	■	借入金リードシート	四半期ごと						
			N110	■	借入金　増減明細　(累計ベース)	期末のみ						
			N120	■	借入金　増減明細　(四半期ベース)	四半期ごと						
O	その他流動負債		O100	■	その他流動負債リードシート	四半期ごと						
			O110	■	未払金明細（分析用）	四半期ごと						
			O111		未払金相手先別明細（全件）	四半期ごと						
			O120	■	未払費用明細	四半期ごと						
			O130	■	前受収益明細	四半期ごと						
			O140	■	前受金明細	四半期ごと						
			O150	■	預り金明細	四半期ごと						
			O160	■	販売促進引当金明細	四半期ごと						
			O161		販売促進引当金算定シート	四半期ごと						
			O170	■	賞与引当金明細	四半期ごと						
			O171		賞与引当金算定シート	四半期ごと						
P	退職給付引当金		P100	■	退職給付引当金リードシート	四半期ごと						
			P110		退職給付引当金　増減明細	四半期ごと						
			P120		数理差異償却	四半期ごと						
Q	その他固定負債		Q110	■	その他固定負債リードシート	四半期ごと						
			Q110	■	長期未払金明細	四半期ごと						
			Q120	■	預り保証金明細	四半期ごと						
			Q120	■	預り保証金明細	四半期ごと						
R	税金・税効果		R110	■	税金関連リードシート	期末のみ						
			R120		繰延税金資産明細	期末のみ						
			R130		税率調整	期末のみ						
			R140		繰延税金資産スケジューリング	四半期ごと						
			R150		見積実効税率	1～3Qのみ						
			R200		消費税明細	四半期ごと						
		申告書	R300		法人税申告書・別表	期末のみ						
			R310		別表５（1）内訳	期末のみ						
			R320		別表８（11）内訳	期末のみ						
			R330		所得税額控除	期末のみ						
			R340		研究開発費（税務上）	期末のみ						
			R400		消費税申告書	期末のみ						
S	純資産		S100	■	純資産の部リードシート	四半期ごと						
			S110	■	株主資本等変動計算書	四半期ごと						
			S120	■	資本金・資本準備金　増減明細	四半期ごと						
			S130	■	自己株式・自己株式処分差益明細	四半期ごと						
T	損益関連項目	売上・原価	T100	■	売上高・売上原価リードシート	四半期ごと						
			T110	■	相手先別売上高明細（分析用）	四半期ごと						
			T111		相手先別売上高明細（全件）	四半期ごと						
			T120	■	事業別売上高明細	四半期ごと						
			T130		原材料仕入	四半期ごと						
			T140		商品仕入	四半期ごと						
		販管費	T200	■	販管費リードシート	四半期ごと						
			T210	■	支払手数料明細	四半期ごと						
			T220	■	広告宣伝費明細	四半期ごと						
			T230	■	寄付金明細	四半期ごと						
			T240	■	研究開発費明細	四半期ごと						
			T250	■	報酬明細（役員報酬・監査報酬）	四半期ごと						
		営業外	T300	■	営業外損益リードシート	四半期ごと						
			T310	■	受取利息明細	四半期ごと						
			T320	■	受取配当金明細	四半期ごと						
			T330	■	有価証券利息明細	四半期ごと						
			T340	■	その他営業外収益明細	四半期ごと						
			T350	■	その他営業外費用明細	四半期ごと						
			T360	■	雑収入・雑損失明細	四半期ごと						

		特別	T400	■	特別損益リードシート	四半期ごと						
			T410	■	特別利益明細	四半期ごと						
			T420	■	特別損失明細	四半期ごと						
V	その他注記資料等		V100		保証債務	四半期ごと						
			V110		関係会社との債権債務一覧	期末のみ						
			V120		関係会社との内部取引一覧	期末のみ						
			V130		研究開発費（有報）	四半期ごと						
X	開示基礎資料（連結決算）		X100	■	組替表（連結）-BS	四半期ごと						
			X110	■	組替表（連結）-PL	四半期ごと						
			X120	■	開示用財務指標データ（連結）	四半期ごと						
			X130	■	連結経営指標の期間比較	四半期ごと						
			X131	■	連結経営指標の計算シート	四半期ごと						
			X140		連結グループ一覧	四半期ごと						
			X150		連結従業員数	四半期ごと						
	財務分析資料（連結決算）		X200	■	連結貸借対照表増減	四半期ごと						
			X201	■	連結損益計算書増減	四半期ごと						
			X202	■	連結包括利益計算書増減	四半期ごと						
			X203	■	連単倍率分析　B/S	四半期ごと						
			X204	■	連単倍率分析　P/L	四半期ごと						
	連結精算表		X300		連結精算表	四半期ごと						
			X301		単純合算	四半期ごと						
			X310	■	連結仕訳帳	四半期ごと						
			X320	■	連結前修正	四半期ごと						
			X330	■	投資資本相殺消去	四半期ごと						
			X340	■	債権債務消去	四半期ごと						
			X350	■	内部取引消去	四半期ごと						
			X351	■	内部取引元資料	四半期ごと						
			X360	■	原価振替	四半期ごと						
			X370	■	未実現利益消去	四半期ごと						
			X380	■	持分法	四半期ごと						
			X390	■	税効果	四半期ごと						
			X400	■	その他連結仕訳	四半期ごと						
	注記資料	セグメント	X500	■	セグメント情報リードシート	四半期ごと						
			X510	■	セグメント情報-セグメント損益	四半期ごと						
			X511	■	セグメント情報-セグメント損益（会社別）	四半期ごと						
			X512	■	セグメント情報-内部取引	四半期ごと						
			X520	■	セグメント情報-資産（期間比較）	期末のみ						
			X521	■	セグメント情報-資産（会社別）	期末のみ						
		BS	X600	■	連結注記情報-BS注記	四半期ごと						
			X601	■	連結注記情報（担保資産）	期末のみ						
			X602	■	連結注記情報（担保明細）	期末のみ						
			X603	■	連結注記情報（保証債務）	四半期ごと						
			X604	■	連結注記情報（その他のBS注記）	期末のみ						
		PL	X610	■	連結注記情報-PL注記	期末のみ						
			X611	■	研究開発費（有価証券報告書）	四半期ごと						
			X612	■	固定資産売却損益	期末のみ						
			X613	■	固定資産明細	期末のみ						
		SS	X620	■	連結注記情報-包括利益計算書	期末のみ						
		リース	X630	■	連結注記情報-リース（期間比較）	期末のみ						
			X631		連結注記情報-リース（単純合算）	期末のみ						
			X632		リース会社別内訳	期末のみ						
			X633		オペレーティングリース	期末のみ						
		金融商品	X640	■	連結注記情報-金融商品（期間比較）	期末のみ						
			X641		連結注記情報-金融商品（定性情報）	期末のみ						
		有価証券	X650	■	連結注記情報-有価証券（期間比較）	期末のみ						
			X651		連結注記情報-有価証券（銘柄別比較）	期末のみ						
			X652		連結注記情報-有価証券（特定投資株式）	期末のみ						
		退職給付	X670	■	連結注記情報-退職給付（期間比較）	期末のみ						
			X671		連結注記情報-退職給付（単純合算）	期末のみ						
			X642		連結注記情報-退職給付（開示用）	期末のみ						

		税効果	X680	■	連結注記情報-税効果会計（期間比較）	期末のみ						
			X681		連結注記情報-税効果会計(繰延税金資産明細)	期末のみ						
			X682		連結注記情報-税効果会計（税率調整）	期末のみ						
		関連当事者	X690	■	連結注記情報-関連当事者取引	期末のみ						
			X691		連結注記情報-関連当事者取引（金商法）	期末のみ						
			X692		連結注記情報-関連当事者取引（会社法）	期末のみ						
	連結附属明細表		X700	■	連結附属明細表-借入金等明細表	期末のみ						
			X701		連結附属明細表-借入金等明細表(返済スケジュール)	期末のみ						
	その他開示基礎資料		X800	■	従業員の状況	期末のみ						
			X810	■	生産，受注及び販売の状況	期末のみ						
			X820	■	設備の状況	期末のみ						
			X830	■	株式等の状況-所有者別状況	期末のみ						
			X831	■	株式等の状況-大株主の状況	期末のみ						
			X832	■	株式等の状況-議決権の状況	期末のみ						
			X833	■	株式等の状況-役員の状況	期末のみ						
			X900	■	連結　海外売上高	期末のみ						
Y	連結CF計算書		Y100	■	連結CFリードシート	四半期ごと						
			Y110		CF組替表	四半期ごと						
			Y200		CF精算表	四半期ごと						
			Y201		連結CF作成のための組替表	四半期ごと						
	CF作成基礎資料		Y300		連結CF増減明細　（現金預金）	四半期ごと						
			Y301		連結CF増減明細　（固定資産）	四半期ごと						
			Y302		連結CF増減明細　（有価証券）	四半期ごと						
			Y303		連結CF増減明細　（その他投資）	四半期ごと						
			Y304		連結CF増減明細　（借入金）	四半期ごと						
			Y305		連結CF増減明細　（貸付金）	四半期ごと						
			Y306		連結CF増減明細　（未払金）	四半期ごと						
			Y307		連結CF増減明細　（未払法人税等）	四半期ごと						
			Y400		連結CF為替換算差額	四半期ごと						
Z	連結パッケージ		Z100		連結パッケージ（A社）	四半期ごと						
			Z101		連結パッケージ（B社）	四半期ごと						
			Z102		連結パッケージ（C社）	四半期ごと						
			Z103		連結パッケージ（D社）	四半期ごと						
			Z104		連結パッケージ（E社）	四半期ごと						
			Z105		連結パッケージ（F社）	四半期ごと						
			Z106		連結パッケージ（G社）	期末のみ						

(2) リードシートとは

リードシートとは，財務分析を可能とするため数期間の財務データを時系列に並べた資料であり，各勘定科目明細等の上に「頭紙（Lead Sheet)」として位置付けられるものである。試算表ベース変動分析シートをブレイクダウンしたものがリードシートであり，リードシートをブレイクダウンしたものが各勘定科目明細となるという位置付けである（【図表４－７】)。

どこの会社においても，決算時において（それが会計システムから出力されたものにすぎないとしても）勘定科目明細は準備しているはずである。例えば，現金預金に関する残高明細表であれば，【図表４－８】のような明細が準備されているだろう。しかし，このような残高だけが載っている明細表では財務分

【図表4－7】 リードシートの位置付け

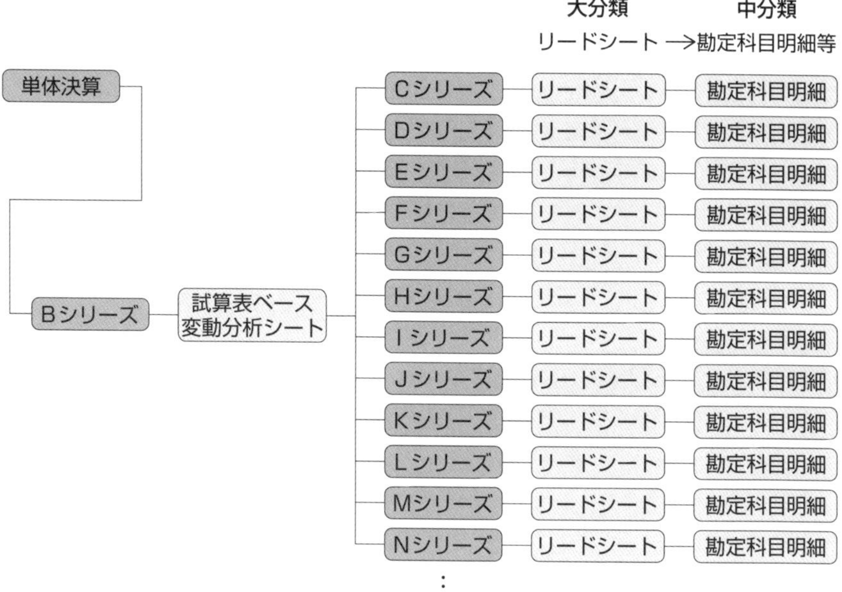

※ 「Bシリーズ」「Cシリーズ」…はリファレンスナンバー（【図表4－3】参照）。各シリーズで1枚のリードシートを作成する。

析はできない。

決算早期化を目指すかどうかにかかわらず，「情報製造業」たる経理部のあるべきフローを構築するためには，「アウトプット業務」→「分析業務」→「開示業務」という一連の決算業務をベルトコンベアでつながなければならない（P.122【図表3－4】参照）。**アウトプット資料をもとに財務分析を行い，分析結果をドキュメントし，それを利害関係者に対して開示（ディスクロージャー）していく必要がある**。しかし，決算が遅延する会社の多くは，「アウトプット業務」と「分析業務」がベルトコンベアでつながっていない。それは，作成したアウトプット資料が財務分析の役に立たない，もしくは，財務分析に役立つアウトプット資料を作成していないためである。

【図表4－8】 一般的な勘定科目残高明細表

現金明細
20X2年3月31日

取引先（コード）	取引先（名称）	期末残高
001	本社	550,834
002	関西支店	320,748
003	九州支店	258,517
	合計	1,130,099

当座預金明細
20X2年3月31日

取引先（コード）	取引先（名称）	期末残高
100	A銀行/本店	50,155,000
101	B銀行/本店	23,476,494
102	C銀行/本店	6,462,335
	合計	80,093,829

普通預金明細
20X2年3月31日

取引先（コード）	取引先（名称）	期末残高
200	A銀行/本店	139,005,930
201	A銀行/品川支店	307,374
202	A銀行/大阪支店	5,338,140
205	A銀行/渋谷支店	2,609,942
206	A銀行/札幌支店	8,970,047
207	A銀行/博多支店	67,704,943
210	B銀行/丸の内支店	69,426,087
211	B銀行/新宿支店	7,870,992
213	B銀行/神保町支店	99,307,907
215	B銀行/表参道支店	41,633,847
220	C銀行/本店	2,016,539
230	D銀行/六本木支店	39,112,966
240	E銀行/銀座支店	3,992,405
242	E銀行/新橋支店	446,472
243	郵便局/ぱるる	1,785
	合計	487,745,376

そのため，財務分析を可能とするような残高明細表等を作成しなければならない。具体的には，【図表４－９】のようなリードシートを作成する必要がある。

リードシートとは，このように財務データを数期間分，並べただけのものである。単年度の残高や損益だけが掲載された【図表４－８】のような明細では，**分析への有用性**も，**監査への有用性**も乏しかった資料が，財務データを数期間分並べただけで残高や損益の推移がひと目でわかるようになり，財務分析が可能になり，資料の有用性が高まる。

リードシートに掲載する財務データは，基本的に単体試算表や連結精算表の数値であり，それらのデータからコピペするだけである。事前にテンプレートを作成していれば，１枚のリードシート作成に５分もかからない。よって，リードシート導入によって作業工数が増えることはない（リードシート作成後に実施する財務分析の時間まで含めると，作業工数が増えると思われるかもしれないが，財務分析をすれば決算は早期化できる。これについては，P.222で詳述する）。

【図表４－９】の例であれば，20X2年３月期の現金預金期末残高は568百万円（百万円未満切り捨て。以下同様）であり，前事業年度の20X1年３月期の残高380百万円と比較すると188百万円も残高が増加していることがわかる。では，現金預金期末残高が188百万円も増加した原因は何なのだろうかと，今度は勘定科目ごとに増減を見ていくと，現金残高は１百万円減少しているが，当座預金は15百万円増加しており，普通預金は174百万円増加していることがわかる。すると，現金預金が大きく増加した原因は，現金残高でもなく当座預金残高でもなく，普通預金残高が大きく増加したことによる，ということがこのシートだけからもわかる。

では，普通預金残高が大きく増加した原因は何なのか…，とさらにその原因を追究していくことが分析業務である。

このように，【図表４－８】のような残高明細だけでは不可能であった分析業務を，【図表４－９】のような形式のアウトプット資料（リードシート）を作成することによって，分析業務を容易に実施することができるのである。

【図表４－９】 リードシートの例

株式会社ABC　　C100

現金預金 Lead Sheet

（単位：円）

	20X1/03	20X1/06	20X1/09	20X1/12	20X2/03
1000 現金	2,226,796	1,351,373	2,141,273	2,186,596	1,130,099
1100 当座預金	64,837,627	89,174,336	72,629,773	69,408,764	80,093,829
1200 普通預金	313,687,484	369,606,405	410,615,517	460,705,528	487,745,376
現金預金　合計	380,751,907	460,132,114	485,386,563	532,300,888	568,969,304

＜注記情報：現金及び現金同等物の期末残高＞

現金及び預金	380,751,907	460,132,114	485,386,563	532,300,888	568,969,304
有価証券	0	0	0	0	0
計	380,751,907	460,132,114	485,386,563	532,300,888	568,969,304
預入期間3か月超の定期預金	0	0	0	0	0
現金及び現金同等物	380,751,907	460,132,114	485,386,563	532,300,888	568,969,304

＜変動分析＞

20X1/03
（略）

20X1/06
（略）

20X1/09
20X1/9にA銀行へ短期借入金500,000,000円返済したが，同時期にA銀行より同額借り入れたため，これによる変動はない。
20X1/7に新製品Xを投入したことにより，今Qの売上高が128億円と，前Q売上高110億円と比べて大きく増加し，全体として普通預金残高が増加した。

20X1/12
20X1/12に関係会社××への貸付金のうち30,000,000円の返済を受けたことにより，普通預金残高が増加した。

20X2/03
異常な変動はない。

X203_C100_現金預金_takeda_X20405　　20X2/4/5 16：55

なお，リードシートを作成する際は，以下の６つのルールを守らなければならない。

ルール①	試算表と同じ勘定科目体系にする（勘定科目の集約・分解はせず，コピペで作成できるようにする）
ルール②	すべての勘定科目をいずれかのリードシートに収納する
ルール③	必ず円単位で作成する（千円単位，百万円単位で作成しない）
ルール④	四半期ごとに作成する（月次で作成する場合はシートを２枚に分ける）
ルール⑤	最低でも８～12四半期のデータを並べる（２期比較はNG）
ルール⑥	変動分析を行い，分析結果をドキュメントする（異常な変動がない場合は「異常な変動なし」とドキュメントする）

リードシートを導入し，財務分析を行っている企業でも，リードシートに前期と当期の２期分の数値しか記載せず，２期比較分析しか行っていないケースが多い。おそらく，有報や短信が２期比較形式で開示するため，リードシートも２期比較形式で作成しているのだろう。

しかし，開示資料が２期比較だからといって，リードシートを２期比較に揃える必要はない。２期比較分析だと「異常値に対する正常値」「正常値に対する異常値」がわかりづらい。財務分析をする場合は，できるだけ長期のトレンドを追わなければならない。そのため，四半期ごとに作成するリードシートであれば，最低でも８～12四半期のデータを並べてほしい。年次ベースで作成する場合は，最低でも３～５年のデータを並べてほしい。その程度のデータであれば，A4サイズ（横向き）で出力しても１枚で収まる。

具体的に財務分析をどのように行うかは5で詳しく述べる。

以上，リードシートについて簡単に説明してきたが，このリードシートを作成することにより**分析を徹底して行うことができる**だけではなく，このリードシートそのものが**会計監査の際の監査資料として利用することが可能となる**のである。つまり，会社が作成したリードシートをそのまま監査法人の監査調書として利用できる可能性が高いのである。

実は，今まで述べてきた「リファレンスナンバー」も「リードシート」も，会計監査の監査手法の中から生み出されたものなのである（会計監査の監査手法についてはP.102以下を参照）。

会計監査を実施する際，監査人は必ずクライアントの試算表を入手してリードシートを作成する（監査法人によっては，これを「リードスケジュール」という）。そして財務分析を徹底して行う。監査はここから開始するといってもよい。このリードシート作成の業務と財務分析を会社側でやってしまうことにより，多くの企業において十分に行われていないと思われる「アウトプット業務」と「分析業務」を決算の仕組みの中に落とし込むことができ，決算の質が大幅に上がるだけではなく，監査の効率化を図ることもできるのである。場合によっては，会計監査の工数をも短縮化できる可能性もあるだろう。

実際に，筆者がリードシート導入の支援を行った上場企業において，監査法人から「監査工数を削減できました」と大変喜んでいただけたこともあったし，クライアントからも「監査法人からの質問が本当になくなりました」として喜んでもらえたこともあった。リードシートの導入は，決算早期化への大きな効果があると断言できる。

(3) アウトプット資料の体系的保管方法

最後に，アウトプット資料を体系的に保管する方法について述べておく。

アウトプット資料を体系的に保管する目的は，「検索時間をゼロにする」ことである。決算早期化を実現させるためには，決算中に「モノを探す」という時間を限りなくゼロにしなければならない。そのためには，すべてのアウトプット資料にリファレンスナンバーを体系的に付与し，そのアウトプット資料の保管方法に関するルールを決めておく必要がある。

①　アウトプット資料をデータで保管する場合

アウトプット資料をデータで保管する場合は，ファイル名の付け方にルールを決めてほしい。

筆者の場合，すべてのデータは，以下のようなファイル名の付け方に統一している。

2503_C_a現金預金_takeda_250405　（_は半角アンダーバー）
(a)　(b)　(c)　(d)　(e)

(a)　…決算期を4桁で記載する
(b)　…リファレンスナンバーを記載する
(c)　…資料名を記載する
(d)　…作成者名を記載する
(e)　…最終更新日を記載する

(a)　決算期

データ名の冒頭に，いつの決算期のアウトプット資料かがわかるように，決算期を4桁で記載する。例えば，2025年3月期であれば「2503」，2025年3月期第1四半期であれば「2406」という具合に記載する。

(b)　リファレンスナンバー

次に，リファレンスナンバーを記載する。一般的に，1つのファイルに複数のシートを収納して保存すると思われるが，「Cシリーズ」で1つのファイル，「Dシリーズ」で1つのファイルという具合に，リファレンスナンバー体系を崩さないような保存方法を考えていただきたい。

このように，データ名の冒頭に，決算期とリファレンスナンバーを付与しておけば，フォルダの中でソートした場合に，決算期とリファレンスナンバーの順にデータが並ぶため，検索時間をゼロにすることができる。

(c) 資料名

データ名にリファレンスナンバーを付ければ，あえて資料名を書かなくても内容はわかるようになるが，アウトプット資料を体系的に保管する理由は，資料利用者全員の「検索時間をゼロにする」ことであるため，ファイル名に資料名も記載しておく。

(d) 作成者名

ファイル名には，そのデータの作成者名も記載しておく。ローマ字でも漢字でもかまわない。その資料作成の責任の所在を明確にしておくためである。

(e) 最終更新日

最後に，ファイル名に最終更新日を6桁で記載する。例えば，2025年4月5日であれば，「250405」と記載する。同一決算において，同一資料を何回も更新することがあると思うが，その際に最新のアウトプット資料がどれなのかを明確にするためである。

なお，古いデータも一定期間（少なくとも次の決算まで）は別のフォルダを作成して保存しておくべきである（筆者の場合「JUNK」という名称のフォルダを作成して，古いデータを一時保存している)。「実は修正前のデータが正しかった」という経験は，誰しも少なからずあるだろう。

② アウトプット資料を紙で保管する場合

アウトプット資料を紙で出力して保管する場合は，すべての資料の「ヘッダー」と「フッター」の記載方法のルールを決めてほしい。

筆者の場合，すべてのアウトプット資料に以下のようなヘッダーとフッターを記載することとしている。

(a)　ヘッダー（左側）　…会社名を記載する
(b)　ヘッダー（中央）　…資料の名称を記載する
(c)　ヘッダー（右側）　…リファレンスナンバーを記載する
(d)　フッター（左側）　…ファイル名，シート名，もしくはファイルパスを記載する
(e)　フッター（右側）　…出力日付・時刻を記載する

具体的には，以下のようにヘッダーとフッターを記載することとしている。

【図表４－10】　ヘッダー，フッターの記載例

株式会社ABC　　Q110　→ ヘッダー
○○○明細

（単位：円）

	20X1/03	20X1/06	20X1/09	20X1/12	20X2/03
勘定科目Ａ	×××	×××	×××	×××	×××
勘定科目Ｂ	×××	×××	×××	×××	×××
勘定科目Ｃ	×××	×××	×××	×××	×××
○○○　合計	×××	×××	×××	×××	×××

<変動分析>
20X1/03
×××
20X1/06
×××
20X1/09
×××
20X1/12
×××
20X2/03
×××

X203_Q110_○○○明細_takeda_X20410　　20X2/4/10 15：30　→ フッター

⒜　ヘッダー（左側）

ヘッダー（左側）に会社名を入れるのは，子会社を有する会社において，親会社の資料と，子会社から提出される資料を混同することがないようにするためである。支店・営業所・事業部・工場等において独立した経理部門を持っている会社においては，独立した経理部門ごとに支店名等を記載することも検討したほうがよいであろう。

⒝　ヘッダー（中央）

ヘッダー（中央）には，その資料の名称を入れる。これは，比較的大きい文字で，下線を入れるなど目立つように記載したほうがよいであろう。紙ファイルで保存していても，すぐに検索できるようにするためである。

⒞　ヘッダー（右側）

ヘッダー（右側）には，リファレンスナンバーを記載する。

⒟　フッター（左側）

フッター（左側）には，ファイル名，シート名，もしくはファイルパスを記載する（そのようなページ設定を行う）。これは，同じデータがどのような名称で，どこに保存されているのかがひと目でわかるようにするためである。

⒠　フッター（右側）

フッター（右側）には，出力時の「日付」「時刻」を記載する。これは，最新のアウトプット資料がどれなのかを明確にするためである。同一決算において，同一資料を３回，５回，10回と出力することがあると思うが，その際にファイリングしている資料のどれが最新なのかがわからず，データを確認したり，他の資料と突き合わせて確認したりということをしてしまうケースもある。フッターの出力日付・時刻を記載しておけば，古い資料は捨て，ファイルには最新の資料のみをバインドすることが可能となる。

③　アウトプット資料の体系的保管の例

すべてのアウトプット資料にリファレンスナンバーを付与し，ファイル名の付け方にルールを決めたら，共有フォルダ内は自然と体系的に保管することができる。【図表４－11】は，前掲【図表４－６】の「リファレンスナンバー表」を作成した上場企業の共有フォルダ内の写真を貼り付けたものである。連結売上高が数千億円規模の企業でも，決算・開示に必要なファイル数はこの程度に収めることが可能である。ファイル数・シート数を減らすと，当然に，決算・開示・監査に要する工数も減る。網羅性もなく，有用性もないアウトプット資料を膨大に作成し，無秩序に共有フォルダに保存している会社は，リードシートとリファレンスナンバーを導入し，アウトプット資料の作成・保管のルール

【図表4－11】　ある上場企業の共有フォルダ内

＜単体決算フォルダ内＞

2503_B100_単体組換表_takeda_250415
2503_B110_単体試算表_takeda_250415
2503_B120_単体財務指標_takeda_250415
2503_B200_単体変動分析_takeda_250415
2503_B800_単体組織図・人員表_takeda_250416
2503_C_現金預金_takeda_250404
2503_D_営業債権_takeda_250413
2503_E_棚卸資産_takeda_250412
2503_F_その他流動資産_takeda_250408
2503_G_有形固定資産_takeda_250408
2503_H_無形固定資産_takeda_250407
2503_I_リース取引_takeda_250408
2503_J_有価証券_takeda_250405
2503_K_貸付金_takeda_250405
2503_L_投資その他の資産_takeda_250407
2503_M_営業債務_takeda_250411
2503_N_借入金_takeda_250404
2503_O_その他流動負債_takeda_250409
2503_P_退職給付引当金_takeda_250413
2503_Q_その他固定負債_takeda_250408
2503_R_税金・税効果_takeda_250415
2503_S_純資産_takeda_250412
2503_T_損益関連_takeda_250413
2503_V_その他注記資料等_takeda_250415

（※ファイル名は編集している）

<連結決算フォルダ内>

2503_X100_連結組換表_takeda_250418
2503_X120_連結財務指標_takeda_250418
2503_X200_連結変動分析_takeda_250418
2503_X300_連結精算表_takeda_250418
2503_X500_連結注記資料_セグメント_takeda_250419
2503_X600_連結注記資料_BS注記_takeda_250419
2503_X610_連結注記資料_PL注記_takeda_250419
2503_X620_連結注記資料_SS注記_takeda_250419
2503_X630_連結注記資料_リース注記_takeda_250419
2503_X640_連結注記資料_金融商品_takeda_250419
2503_X650_連結注記資料_有価証券_takeda_250419
2503_X670_連結注記資料_退職給付_takeda_250419
2503_X680_連結注記資料_関連当事者_takeda_250419
2503_X680_連結注記資料_税効果_takeda_250419
2503_X700_連結注記資料_附属明細表_takeda_250419
2503_X800_連結注記資料_その他_takeda_250419
2503_Y100_連結CF_takeda_250419
2503_Y300_連結CF_増減明細_takeda_250419
2503_Z_連結PKG_A社_250413入手
2503_Z_連結PKG_B社_250414入手
2503_Z_連結PKG_C社_250415入手
2503_Z_連結PKG_D社_250413入手
2503_Z_連結PKG_E社_250414入手
2503_Z_連結PKG_F社_250413入手

（※ファイル名は編集している）

を決めるべきである。アウトプット資料と共有フォルダをシンプルにするだけで決算早期化を実現することもできる。

3 リードシートを活用したアウトプット資料の作成例

リードシートの作成例はP.156の【図表4－9】のとおりであるが，財務分析はリードシートレベル上だけで実施するのではなく，試算表，勘定科目明細，開示基礎資料といったすべての資料で実施しなければならない。そのため，すべての資料において，リードシート作成例のように過年度との比較ができるような体裁により資料を作成することが望まれる。

なお，作成する資料の体裁は，なるべく統一させておくべきである。体裁を統一させておかなければ，作成者ごとに属人的な資料を作成することとなるため，資料の統一感がなくなり，第三者が閲覧する際に検証不能となるおそれがある。また，翌期以降に別の担当者へ引継ぎが必要となる場合もある。

逆に，すべてのアウトプット資料の体裁を毎期統一させておけば，作成者ごとの個性は排除できるため資料の統一感が出るし，そうなると第三者が閲覧する際にもすぐに理解できるであろう。また，翌期以降，別の勘定科目を担当することになっても，資料の体裁が同じであれば特に引継作業がなくてもアウトプット資料の作成に取り掛かることができるはずだ。このように，アウトプット資料の体裁を統一させるだけで，決算の効率化が可能となる。

以下，それぞれのアウトプット資料の作成例をご紹介しておく。

(1)　試算表レベルのアウトプット資料

試算表レベルの財務分析用アウトプット資料は，試算表データをもとに，少なくとも四半期ごとに作成する。月次で作成してもよいが，その場合は，管理会計用（月次ごと）と財務会計用・監査用（四半期ごと）と２種類作成したほうがよい。四半期ごとに作成する場合は，最低でも８～12四半期分のデータを並べてほしい（なお，【図表４－12】以下の作成例は，紙面の幅の関係で５四半期分を掲載している。以下同様）。

この資料では，試算表のデータをそのままコピペで入力し，組替えは行わない（表示組替えは別途組替表を用意する）。

変動分析は，当四半期と前四半期・前年同期との比較分析を中心に行うことがポイントである。分析結果は当該資料の末尾もしくは右端へ必ずドキュメントしておく（箇条書きでよい）。

試算表レベルの財務分析用アウトプット資料は，最低でも，単体B/S，単体P/L，単体C/F，連結B/S，連結P/L，連結C/Fの６種類を作成する。

(2)　リードシートレベルのアウトプット資料

リードシートの基本的な雛形はP.156の【図表４－９】のとおりである。

【図表4－12】 単体B/S四半期変動分析

株式会社ABC　　B200

単体B/S 四半期変動分析

（単位：円）

	勘定科目明細	20X1/03	20X1/06	20X1/09	20X1/12	20X2/03
現金	<Cシリーズ>	2,226,796	1,351,373	2,141,273	2,186,596	1,130,099
当座預金	<Cシリーズ>	64,837,627	89,174,336	72,629,773	69,408,764	80,093,829
普通預金	<Cシリーズ>	313,687,484	369,606,405	410,615,517	460,705,528	487,745,376
受取手形	<Dシリーズ>	3,900,000	6,000,000	8,000,000	4,500,000	5,360,000
売掛金	<Dシリーズ>	7,890,910,203	8,201,002,033	6,998,711,245	7,833,234,578	8,098,473,847
商品	<Eシリーズ>	100,190,290	76,292,178	68,399,997	68,582,788	60,993,939
貯蔵品	<Eシリーズ>	1,092,801	1,074,820	1,055,910	1,957,892	2,004,500
未収入金	<Eシリーズ>	59,098,102	30,000,092	31,279,966	32,378,867	41,627,780
前渡金	<Eシリーズ>	0	283,974	154,133	482,030	112,199
前払費用	<Eシリーズ>	7,438,622	5,517,642	8,397,513	4,498,792	5,738,990
仮払金	<Eシリーズ>	890,910	599,910	0	0	35,000
立替金	<Eシリーズ>	39,090,104	19,991,904	27,831,009	36,749,929	45,878,291
預け金	<Eシリーズ>	1,900,000	400,000	9,305,000	9,305,000	2,390,000
	流動資産合計	8,485,262,939	8,801,294,667	7,638,521,336	8,523,990,764	8,831,583,850
建物	<Gシリーズ>	533,323,242	503,490,910	448,476,722	424,244,602	406,019,240
構築物	<Gシリーズ>	197,529,089	192,286,428	187,043,988	128,521,857	125,387,857
機械装置	<Gシリーズ>	38,962,811	24,172,888	19,788,335	19,976,205	19,179,376
車両運搬具	<Gシリーズ>	6,091,016	5,839,826	5,589,825	5,346,696	6,921,847
工具器具備品	<Gシリーズ>	55,653,281	33,627,281	70,563,495	65,673,375	81,794,254
土地	<Gシリーズ>	563,000,000	563,000,000	563,000,000	563,000,000	563,000,000
建設仮勘定	<Gシリーズ>	0	0	0	0	450,000
	有形固定資産合計	1,394,559,439	1,322,417,333	1,294,462,365	1,206,762,735	1,202,752,574
特許権	<Iシリーズ>	10,586,363	10,208,283	9,830,203	9,452,123	9,074,043
ソフトウェア	<Iシリーズ>	125,308,924	166,133,148	145,968,472	151,137,129	113,305,786
商標権	<Iシリーズ>	7,528,831	7,242,019	6,955,207	6,668,395	6,381,583
著作権	<Iシリーズ>	4,689,020	4,689,020	4,689,020	4,689,020	4,689,020
電話加入権	<Iシリーズ>	32,800	32,800	32,800	32,800	32,800
	無形固定資産合計	148,145,938	188,305,270	167,475,702	171,979,467	133,483,232
長期前払費用	<Lシリーズ>	48,590,000	46,140,000	43,690,000	41,240,000	38,790,000
敷金	<Lシリーズ>	186,700,000	186,700,000	186,700,000	186,700,000	186,700,000
差入保証金	<Lシリーズ>	143,500,000	143,500,000	143,500,000	143,500,000	143,500,000
保険積立金	<Lシリーズ>	20,000,000	20,000,000	20,000,000	20,000,000	20,000,000
破産更生債権	<Lシリーズ>	8,252,991	8,112,991	4,590,991	5,252,992	5,252,992
	その他投資合計	407,042,991	404,452,991	398,480,991	396,692,992	394,242,992
	固定資産合計	1,949,748,368	1,915,175,594	1,860,419,058	1,775,435,194	1,730,478,798

<変動分析>
20X1/03
（省略）
20X1/06
（省略）
20X1/09
（省略）
20X1/09
（省略）
20X2/03
（省略）

X203_B200_単体B/S 四半期変動分析_takeda_X20404　　20X2/4/4 20：00

【図表４－13】 借入金リードシート（補助科目を記載した作成例）

株式会社ABC　　N100

借入金 Lead Sheet

（単位：円）

	20X1/03	20X1/06	20X1/09	20X1/12	20X2/03
短期借入金					
A銀行	500,000,000	500,000,000	0	0	0
B銀行	207,083,333	207,083,333	207,083,333	0	0
短期借入金　小計	707,083,333	707,083,333	207,083,333	0	0
一年以内返済予定長期借入金					
A銀行	144,000,000	144,000,000	144,000,000	144,000,000	244,000,000
B銀行	60,000,000	60,000,000	60,000,000	60,000,000	60,000,000
一年以内返済予定長期借入金　小計	204,000,000	204,000,000	204,000,000	204,000,000	304,000,000
長期借入金					
A銀行	240,000,000	204,000,000	668,000,000	632,000,000	471,000,000
B銀行	90,000,000	75,000,000	60,000,000	45,000,000	30,000,000
長期借入金　小計	330,000,000	279,000,000	728,000,000	677,000,000	501,000,000
一年以内＋長期　合計	534,000,000	483,000,000	932,000,000	881,000,000	805,000,000
借入金　合計	1,241,083,333	1,190,083,333	1,139,083,333	881,000,000	805,000,000

＜変動分析＞

20X1/03

異常な変動はない

20X1/06

異常な変動はない

20X1/09

20X1/9/29に，Ａ銀行からの短期借入金500,000,000円を満期到来により全額返済した。これによりＡ銀行からの短期借入金残高はゼロとなった。

20X1/9/30に，Ａ銀行より営業資金として新規に500,000,000円を借り入れた。期限５年，変動利率（当初2.175％）。

20X1/12

20X1/12/25に，B銀行からの短期借入金207,083,333円を満期到来により全額返済した。これによりB銀行からの短期借入金残高はゼロになった。

20X2/03

期末において，長期借入金のうち一年以内返済予定の204,000,000円を短期に振り替えた。また，社債のうち一年以内返済予定の1,100,000,000円を短期に振り替えた。

X203_N100_借入金 Lead Sheet_takeda_X20405　　20X2/4/5 17：45

【図表４－14】 販売費及び

株式会社ABC

販売費及び一般管理費

（単位：円）

	20X1/03 累計	1Q 発生	20X1/06 累計	2Q 発生
役員報酬	97,000,000	25,000,000	25,000,000	25,000,000
給料手当	8,738,299,230	2,100,876,178	2,100,876,178	2,218,989,100
雑給	230,919,829	62,781,982	62,781,982	64,281,990
法定福利費	22,198,908	5,973,829	5,973,829	5,987,283
福利厚生費	5,543,678	1,325,670	1,325,670	1,656,890
採用教育費	6,300,980	1,662,098	1,662,098	1,600,210
外注費	113,928,019	28,787,890	28,787,890	27,890,912
販売促進費	81,290,181	20,110,992	20,110,992	20,091,918
荷造運賃	14,738,293	3,778,982	3,778,982	3,945,612
広告宣伝費	132,890,780	31,098,090	31,098,090	35,671,280
見本費	33,890,230	8,907,210	8,907,210	9,289,790
保管費	140,989,090	37,680,920	37,680,920	38,798,090
旅費交通費	48,798,023	12,879,098	12,879,098	13,325,879
通信費	46,780,230	11,897,980	11,897,980	13,246,580
水道光熱費	98,034,214	27,651,908	27,651,908	26,536,879
事務消耗品費	149,809,820	40,007,651	40,007,651	41,258,987
支払手数料	30,981,249	7,981,231	7,981,231	8,218,980
接待交際費	890,987	219,089	219,089	338,799
寄付金	1,109,800	250,980	250,980	300,000
地代家賃	387,659,090	98,000,000	98,000,000	98,000,320
減価償却費	240,932,466	45,063,960	45,063,960	43,172,923
租税公課	1,290,989	3,276,909	3,276,909	1,290,989
保険料	27,980,234	7,614,850	7,614,850	7,614,850
業務委託費	120,982,350	27,653,098	27,653,098	29,812,321
新聞図書費	4,902,312	1,250,909	1,250,909	1,244,532
研修費	104,390,910	25,439,091	25,439,091	25,567,809
会議費	18,721,231	4,890,912	4,890,912	5,009,812
諸会費	11,235,700	3,133,090	3,133,090	3,092,000
雑費	6,512,324	1,761,980	1,761,980	1,689,802
販売費及び一般管理費　合計	10,919,001,147	2,646,956,577	2,646,956,577	2,772,924,537
売上高	47,982,134,506	13,009,880,654	13,009,880,654	11,039,820,938
売上高販管費　比率	22.76%	20.35%	20.35%	25.12%
人件費	9,100,262,625	2,197,619,757	2,197,619,757	2,317,515,473
売上高人件費　比率	18.97%	16.89%	16.89%	20.99%

＜変動分析＞

20X1/03

（省略）

20X1/06

（省略）

20X1/09

（省略）

20X1/09

（省略）

20X2/03

（省略）

X203_T100_損益計算書 Lead Sheet_takeda_X20405

一般管理費リードシート（損益項目の作成例）

T200

Lead Sheet

20X1/09 累計	3Q 発生	20X1/12 累計	4Q 発生	20X2/03 累計
50,000,000	25,000,000	75,000,000	25,039,000	100,039,000
4,319,865,278	2,123,918,292	6,443,783,570	2,459,722,702	8,903,506,272
127,063,972	62,839,283	189,903,255	60,312,350	250,215,605
11,961,112	5,879,829	17,840,941	6,062,236	23,903,177
2,982,560	1,544,390	4,526,950	1,162,412	5,689,362
3,262,308	1,670,980	4,933,288	1,729,836	6,663,124
56,678,802	29,871,230	86,550,032	28,033,138	114,583,170
40,202,910	22,654,730	62,857,640	17,828,921	80,686,561
7,724,594	3,889,814	11,614,408	3,941,253	15,555,661
66,769,370	32,709,890	99,479,260	36,390,415	135,869,675
18,197,000	9,428,970	27,625,970	9,800,991	37,426,961
76,479,010	39,043,123	115,522,133	40,320,917	155,843,050
26,204,977	13,678,720	39,883,697	11,103,303	50,987,000
25,144,560	12,432,156	37,576,716	11,818,432	49,395,148
54,188,787	27,687,900	81,876,687	24,040,019	105,916,706
81,266,638	40,980,213	122,246,851	39,644,043	161,890,894
16,200,211	8,098,612	24,298,823	7,848,827	32,147,650
557,888	189,766	747,654	427,974	1,175,628
550,980	289,220	840,200	369,952	1,210,152
196,000,320	98,000,000	294,000,320	96,434,170	390,434,490
88,236,883	44,097,765	132,334,648	33,876,107	166,210,754
4,567,898	3,278,889	7,846,787	1,025,453	8,872,240
15,229,700	7,614,850	22,844,550	7,614,850	30,459,400
57,465,419	28,090,002	85,555,421	30,044,788	115,600,209
2,495,441	1,266,210	3,761,651	1,241,145	5,002,796
51,006,900	24,561,908	75,568,808	29,835,126	105,403,934
9,900,724	5,109,834	15,010,558	4,990,364	20,000,922
6,225,090	3,289,800	9,514,890	3,025,110	12,540,000
3,451,782	2,009,870	5,461,652	2,092,498	7,554,150
5,419,881,114	2,679,126,246	8,099,007,360	2,995,776,332	11,094,783,691
24,049,701,592	12,899,882,912	36,949,584,504	13,058,472,209	50,008,056,713
22.54%	20.77%	21.92%	22.94%	22.19%
4,515,135,230	2,220,852,774	6,735,988,004	2,554,028,536	9,290,016,540
18.77%	17.22%	18.23%	19.56%	18.58%

20X2/4/6 11：00

【図表４－15】 営業債権リードシート（回転率・回転期間を記載した作成例）

株式会社ABC　　　　　　　　　　　　　　　　　　　　　　D100

営業債権 Lead Sheet

勘定科目名	リファレンス	20X1/03	20X1/06	20X1/09	20X1/12	20X2/03
1500　受取手形	<D110>	3,900,000	6,000,000	8,000,000	4,500,000	5,360,000
1600　売掛金	<D120>	7,890,910,203	8,201,002,033	6,998,711,245	7,833,234,578	8,098,473,847
	合計	7,894,810,203	8,207,002,033	7,006,711,245	7,837,734,578	8,103,833,847
総売上高（四半期発生ベース）		12,982,134,506	13,009,880,654	11,039,820,938	12,899,882,912	13,058,472,209
売掛金回転率（回/年）		6.58	6.35	6.31	6.59	6.45
売掛金回転期間（ヶ月）		1.82	1.89	1.90	1.82	1.86

＊貸倒引当金については，<D200>を参照

<変動分析>　金額の大きな変動があったものについては，その理由を記載すること。

20X1/06
（省略）
20X1/09
（省略）
20X1/12
（省略）
20X2/03
（省略）

X203_D100_営業債権 Lead Sheet_takeda_X20405　　　　20X2/4/5 19：30

【図表4－16】 連結リードシート（営業債権，棚卸資産のリードシート作成例）

株式会社ABC　　X211

営業債権 Lead Sheet

（単位：円）

	20X1/03	20X1/06	20X1/09	20X1/12	20X2/03
親会社	7,890,910,203	8,201,002,033	6,998,711,245	7,833,234,578	8,098,473,847
子会社A	992,034,845	1,012,719,801	892,657,383	868,343,758	834,945,921
子会社B	153,904,852	184,109,082	195,860,726	188,327,621	200,348,533
子会社C	155,701,187	149,712,680	143,954,500	153,143,085	170,348,259
子会社D	75,222,595	80,024,037	85,131,955	95,653,882	93,048,523
子会社E	170,678,773	150,444,049	144,657,739	140,717,645	124,034,945
子会社F	158,133,606	168,227,241	178,965,150	190,388,457	150,284,950
子会社G	120,093,884	95,011,779	92,423,909	103,847,089	82,758,123
子会社H	139,854,404	123,274,045	119,916,386	116,650,181	124,095,937
子会社I	99,203,884	102,399,020	89,672,581	95,396,362	84,086,701
子会社J	45,923,345	85,201,556	75,100,534	66,197,033	64,394,001
単純合算	10,001,661,578	10,352,125,322	9,017,052,107	9,851,899,691	10,026,819,740
連結修正仕訳	(20,324,268)	(22,836,257)	(24,293,890)	(23,632,189)	(20,830,488)
連結精算表	9,981,337,310	10,329,289,065	8,992,758,217	9,828,267,502	10,005,989,252

株式会社ABC　　X212

棚卸資産 Lead Sheet

（単位：円）

	20X1/03	20X1/06	20X1/09	20X1/12	20X2/03
親会社	101,283,091	77,366,998	69,455,907	70,540,680	62,998,439
子会社A	35,339,900	31,038,940	30,494,921	24,906,048	23,948,123
子会社B	10,815,464	10,399,485	9,394,859	8,787,543	9,348,450
子会社C	39,683,120	42,216,086	40,592,390	2,698,253	3,001,394
子会社D	0	0	0	0	0
子会社E	1,386,269	1,348,511	1,500,012	1,702,012	1,500,231
子会社F	365,088	321,805	313,040	301,000	301,000
子会社G	0	0	0	3,040	6,032
子会社H	0	0	0	0	0
子会社I	0	0	0	0	200,600
子会社J	0	0	0	0	0
単純合算	188,872,933	162,691,825	151,751,129	108,938,576	101,304,269
連結修正仕訳	(3,589,525)	(3,451,466)	(3,318,717)	(3,691,565)	(3,549,582)
連結精算表	185,283,408	159,240,359	148,432,412	105,247,011	97,754,687

リードシートも，(1)と同様に，四半期ごとに作成し，最低でも8～12四半期分のデータを並べてほしい。分析結果は，(1)や(3)のシートに記載している分析結果と同じであっても詳細に記載しておく。上席者や監査法人がリードシートだけを見れば，他のアウトプット資料を見なくとも，分析結果がわかるようにしておくことが望ましい。

リードシートに記載する勘定科目体系は，試算表の勘定科目体系に揃えておく。試算表レベルの財務分析用アウトプット資料（【図表4－12】）と数値をリンクさせておかなければ，リードシートの数値の正確性の検証の工数が増えるためである。リードシートを作成する際は，試算表のデータ，もしくは，試算表レベルの財務分析用アウトプット資料（【図表4－12】）をそのままコピペで入力すればよい。

なお，リードシートに補助科目等を記載することを否定するものではない。勘定科目を細分化すればするほど分析の精度は高まるため，補助科目等の分量が少ないのであればリードシート上に記載することはむしろ望ましいといえる。ただし，この場合も，補助科目等の合計欄を設け，試算表の勘定科目の金額と数値をリンクさせておく必要がある（【図表4－13】参照）。

損益項目（P/L項目）のリードシートについては，試算表等のデータをコピペで入力すると，通常期首からの累計の数値が記載されている。期首からの「累計値」の比較では正確な変動分析ができないため，当四半期の「累計値」と前四半期の「累計値」との差額で当四半期の「発生値」を求め，各四半期の「発生値」を比較分析することが望まれる（【図表4－14】参照）。勘定科目ごとの損益の変動分析だけでなく，販売費及び一般管理費に対する売上高比率の変動分析や，人件費に対する売上高比率の変動分析，広告宣伝費に対する売上高比率の変動分析を行うことにより分析の精度は高まる。

営業債権や営業債務のように，ある勘定科目の増減により残高が変動するものがあれば，回転率や回転期間の変動分析を行う方法もある（【図表4－15】参照）。残高が大幅に変動していても，回転率や回転期間の変動が一定のレンジに収まっていれば，合理的な変動であると判断することができる。

⑶　勘定科目明細レベルのアウトプット資料

勘定科目明細についても，⑵のリードシートと同様に，四半期ごとに作成し，最低でも８～12四半期分のデータを並べてほしい（【図表４－17】参照）。

リードシート上には分析結果を詳細に記載していたとしても，各勘定科目明細においても分析結果を記載しておくことが望ましい。

各勘定科目明細は，相手先別・品目別・銘柄別等により内訳がわかるように作成する。預金明細については口座別の内訳明細を作成する必要があるが，決算時において残高確認状との突合を行うことから，残高の金額的重要性が乏しい場合であっても，省略せずにすべての口座とその残高を明細に列挙する（【図表４－18】参照）。預金口座以外の残高や損益については，金額的重要性が乏しい相手先については「その他」の項目に集約してもかまわない（【図表４－19】参照）。勘定科目明細は，毎決算期ごとに，【図表４－19】の作成例のように，直近決算期の残高が大きな相手先別・品目別等に並べ替えることが望ましい。これは，金額的重要性の高い相手先・品目等をひと目でわかるようにするためである。当作成例においても，金額的重要性の高い相手先の上位数社の売掛金残高合計が，全体の売掛金残高合計の半分以上を占めており，このような金額的重要性の高い相手先の変動分析を重点的に行うことが非常に重要となる。

なお，固定資産・固定負債の勘定科目明細は，残高明細とは別に，増減明細を作成しておくことが望まれる。なぜなら，キャッシュ・フロー計算書を作成する際に，固定資産・固定負債項目の増減の多くは「投資活動によるキャッシュ・フロー」「財務活動によるキャッシュ・フロー」に区分されることとなるため，あらかじめ増減明細を作成しておくことによりキャッシュ・フロー計算書の作成時における作業を軽減させることができるためである。また，償却資産に関しては，附属明細表等で「当期増加額」「当期減少額」「当期償却額」等も開示しなければならないため，あらかじめ増減明細を作成しておくことにより開示業務の作業も軽減することができる。増減明細を四半期ベースで作成する場合は，分析用に「発生ベース」のものと，キャッシュ・フロー計算書の

【図表4－17】 現金明細

株式会社ABC　　　　　　　　　　　　　　　　　　　　　　　　　C110

現金明細

（単位：円）

■東京本社

		20X1/03		20X1/06		20X1/09		20X1/12		20X2/03	
		枚数	金額計	枚数	金額計	枚数	金額計	枚数	金額計	枚数	金額計
紙幣	¥10,000	55	¥550,000	60	¥600,000	70	¥700,000	62	¥620,000	22	¥220,000
	¥5,000	32	¥160,000	4	¥20,000	12	¥60,000	39	¥195,000	29	¥145,000
	¥2,000	0	¥0	0	¥0	0	¥0	0	¥0	2	¥4,000
	¥1,000	121	¥121,000	41	¥41,000	52	¥52,000	94	¥94,000	121	¥121,000
硬貨	¥500	58	¥29,000	33	¥16,500	28	¥14,000	40	¥20,000	23	¥11,500
	¥100	130	¥13,000	40	¥4,000	109	¥10,900	38	¥3,800	39	¥3,900
	¥50	20	¥1,000	55	¥2,750	82	¥4,100	62	¥3,100	23	¥1,150
	¥10	19	¥190	48	¥480	35	¥350	91	¥910	11	¥110
	¥5	92	¥460	60	¥300	48	¥240	12	¥60	23	¥115
	¥1	68	¥68	26	¥26	50	¥50	34	¥34	12	¥12
	残高合計		¥874,718		¥685,056		¥841,640		¥936,904		¥506,787

■関西支社

		20X1/03		20X1/06		20X1/09		20X1/12		20X2/03	
		枚数	金額計	枚数	金額計	枚数	金額計	枚数	金額計	枚数	金額計
紙幣	¥10,000	20	¥200,000	23	¥230,000	64	¥640,000	43	¥430,000	21	¥210,000
	¥5,000	13	¥65,000	15	¥75,000	23	¥115,000	32	¥160,000	16	¥80,000
	¥2,000	0	¥0	0	¥0	0	¥0	0	¥0	0	¥0
	¥1,000	49	¥49,000	44	¥44,000	32	¥32,000	48	¥48,000	81	¥81,000
硬貨	¥500	20	¥10,000	30	¥15,000	17	¥8,500	123	¥61,500	18	¥9,000
	¥100	105	¥10,500	80	¥8,000	47	¥4,700	45	¥4,500	20	¥2,000
	¥50	108	¥5,400	65	¥3,250	82	¥4,100	22	¥1,100	15	¥750
	¥10	23	¥230	45	¥450	35	¥350	29	¥290	31	¥310
	¥5	92	¥460	34	¥170	91	¥455	48	¥240	12	¥60
	¥1	70	¥70	57	¥57	36	¥36	30	¥30	9	¥9
	残高合計		¥340,660		¥375,927		¥805,141		¥705,660		¥383,129

■神戸支社

		20X1/03		20X1/06		20X1/09		20X1/12		20X2/03	
		枚数	金額計	枚数	金額計	枚数	金額計	枚数	金額計	枚数	金額計
紙幣	¥10,000	65	¥650,000	20	¥200,000	35	¥350,000	28	¥280,000	13	¥130,000
	¥5,000	43	¥215,000	4	¥20,000	18	¥90,000	39	¥195,000	14	¥70,000
	¥2,000	0	¥0	0	¥0	0	¥0	0	¥0	0	¥0
	¥1,000	120	¥120,000	44	¥44,000	35	¥35,000	56	¥56,000	30	¥30,000
硬貨	¥500	20	¥10,000	33	¥16,500	20	¥10,000	12	¥6,000	18	¥9,000
	¥100	101	¥10,100	65	¥6,500	45	¥4,500	49	¥4,900	9	¥900
	¥50	108	¥5,400	56	¥2,800	82	¥4,100	28	¥1,400	3	¥150
	¥10	39	¥390	30	¥300	37	¥370	44	¥440	10	¥100
	¥5	92	¥460	54	¥270	91	¥455	56	¥280	3	¥15
	¥1	68	¥68	20	¥20	67	¥67	12	¥12	18	¥18
	残高合計		¥1,011,418		¥290,390		¥494,492		¥544,032		¥240,183
	総合計		¥2,226,796		¥1,351,373		¥2,141,273		¥2,186,596		¥1,130,099
			＜C100＞		＜C100＞		＜C100＞		＜C100＞		＜C100＞

＜変動分析＞

20X1/03
　異常な変動はない

20X1/06
　異常な変動はない

20X1/09
　異常な変動はない

20X1/12
　異常な変動はない

20X2/03
　異常な変動はない

X203_C100_現金預金_takeda_X20405　　　　　　　　　　　　　20X2/4/5 17：13

【図表４－18】 預金明細

株式会社ABC　　C120

預金明細

（単位：円）

■当座預金

コード	銀行名	支店名	口座番号	20X1/03	20X1/06	20X1/09	20X1/12	20X2/03
1	A銀行	○○支店	××××××	42,903,989	58,387,290	28,928,730	28,928,209	50,029,912
2	B銀行	××支店	××××××	21,933,638	30,787,046	43,701,043	40,480,555	30,063,917
			当座預金　合計	64,837,627	89,174,336	72,629,773	69,408,764	80,093,829

■普通預金

コード	銀行名	支店名	口座番号	20X1/03	20X1/06	20X1/09	20X1/12	20X2/03
1	A銀行	○○営業部	××××××	151,196,622	160,281,152	179,287,312	169,029,830	180,981,902
2	A銀行	○○支店	××××××	75,317,286	91,317,215	73,536,520	61,978,995	56,680,314
3	A銀行	××△支店	××××××	47,982	48,015	36,782	783,112	980,392
4	A銀行	×○支店	××××××	897,381	7,361,934	4,001,767	4,748,392	3,988,293
5	A銀行	○○△支店	××××××	22,819,830	16,345,768	28,981,701	39,892,831	25,280,020
6	A銀行	○△支店	××××××	40,150	40,150	40,150	40,150	40,150
7	A銀行	△○○支店	××××××	36,317,286	31,317,215	34,909,810	41,098,239	41,980,022
8	A銀行	◇×○支店	××××××	47,982	48,015	47,893	73,892	149,100
9	B銀行	○○営業部	××××××	897,381	361,934	678,622	562,621	385,020
10	B銀行	○○支店	××××××	14,174	0	98,211	98,023	85,832
11	B銀行	×○支店	××××××	2,762,289	2,345,768	3,982,938	4,891,872	6,939,901
12	B銀行	××◇支店	××××××	40,130	40,130	40,130	40,130	40,130
13	B銀行	○△支店	××××××	48,317,286	41,317,215	45,787,610	120,182,342	119,402,001
14	C銀行	×○◇支店	××××××	287,983	48,015	478,321	78,932	4,805
15	D銀行	×△○支店	××××××	392,084	361,934	789,321	678,974	1,010,002
16	D銀行	△○○支店	××××××	12,790	0	0	0	0
17	D銀行	◇×○支店	××××××	3,872	1,194	3,781	278,947	92,011
18	D銀行	○○支店	××××××	280,893	32,345	78,924	289,729	302,012
19	E銀行	××△支店	××××××	23,847	82,817	67,832	74,829	493,020
20	F銀行	××◇支店	××××××	332,029	3,120	3,120	3,120	3,933,240
21	G銀行	○○支店	××××××	18,759,283	13,457,682	30,981,091	27,987,294	40,918,292
22	H銀行	○○支店	××××××	4,878,924	4,794,787	6,783,681	7,893,274	4,058,917
			普通預金　合計	363,687,484	369,606,405	410,615,517	480,705,528	487,745,376

＜変動分析＞

20X1/03

　異常な変動はない

20X1/06

　D銀行△○○支店の口座は，今後使用の見込みがないことから20X1/4に閉鎖した。

　その他，異常な変動はない

20X1/09

　20X1/9にA銀行○○営業部より短期借入金500,000,000円返済したが，同時期に同口座より同額借り入れたため，これによる変動はない。

　今Qの売上高が128億円と，前Q売上高110億円と比べて大きく増加したことにより，全体として預金残高が増加した。

20X1/09

　20X8/12に関係会社××リゾートへの貸付金のうち80,000,000円の返済を受けたことにより，預金残高が増加した。

20X2/03

　異常な変動はない

X203_C100_現金預金_takeda_X20405　　20X2/4/5 17：40

【図表４－19】 売掛金明細（金額的重要性が乏しい相手先を「その他」に集約した作成例）

株式会社ABC　　　D120

売掛金明細

（単位：円）

コード	相手先	20X1/03	20X1/06	20X1/09	20X1/12	20X2/03
1	株式会社Ａ	1,283,092,178	1,503,186,070	1,697,070,647	2,435,939,724	2,468,399,280
2	株式会社Ｂ	287,398,472	1,170,378,476	1,579,499,420	1,998,788,729	2,008,992,990
3	株式会社Ｃ	2,987,198,798	2,796,277,894	1,574,968,084	1,603,146,278	1,443,556,270
4	株式会社Ｄ	948,723	89,737,852	677,658,770	707,497,771	1,009,987,650
5	株式会社Ｅ	129,083,901	114,192,979	315,176,883	234,978,593	276,893,883
6	株式会社Ｆ	48,792,837	46,801,855	227,730,789	235,908,981	220,101,002
7	株式会社Ｇ	18,798,712	22,695,996	104,424,736	133,223,528	176,362,880
8	株式会社Ｈ	48,987,982	38,498,610	58,326,554	78,154,535	165,763,930
9	株式会社Ｉ	849,872	5,577,793	44,376,011	64,104,902	79,238,831
10	株式会社Ｊ	38,908,211	27,925,300	67,135,124	57,044,124	70,030,030
11	株式会社Ｋ	8,479,023	86,776,916	48,747,026	76,640,305	53,887,324
12	株式会社Ｌ	983,982	30,822,993	68,951,791	50,653,680	44,019,200
13	株式会社Ｍ	1,428,093,801	1,334,165,610	264,776,321	63,873,420	28,899,330
14	株式会社Ｎ	1,239,809,811	236,900,710	35,981,790	15,981,399	4,738,293
15	株式会社Ｏ	23,898,173	16,005,294	5,084,364	5,413,156	4,003,131
16	株式会社Ｐ	89,872,898	94,064,196	43,871,302	2,960,392	3,908,832
17	株式会社Ｑ	0	378,927	4,271,017	4,353,999	2,003,160
18	株式会社Ｒ	0	37,891,789	18,861,944	16,951,143	1,988,532
19	株式会社Ｓ	489,028	329,468,908	64,449,628	14,429,807	0
20	株式会社Ｔ	67,657,711	70,047,540	49,154,739	19,034,630	0
21	株式会社Ｕ	127,763,261	117,583,369	36,662,439	7,642,627	0
	その他	59,802,829	31,622,956	11,531,866	6,512,855	35,699,299
	売掛金合計	7,890,910,203	8,201,002,033	6,998,711,245	7,833,234,578	8,098,473,847

＜変動分析＞

20X1/03

（省略）

20X8/06

株式会社Ｂ…前期末より取引を開始したことにより前期末残高は287百万円と僅少であった。
今Ｑでは，前Ｑより4.5倍の売上をあげたことから，売掛金残高が大幅に増加した。
株式会社Ｎ…今期より取引を縮小することとなったため，残高が減少した。
株式会社Ｑ…今期より新規取引を開始した。
株式会社Ｒ…今期より新規取引を開始した。

20X1/09

株式会社Ｃ…今期より取引を縮小することとなったため，残高が減少した。
株式会社Ｄ…今期より××事業に関する取引を新規に開始したことにより，残高が増加した。
株式会社Ｍ…今期より××事業の取引を縮小することとなったため，残高が減少した。

20X1/09

株式会社Ａ…今期より××事業に関する取引を新規に開始したことにより，残高が増加した。
株式会社Ｂ…新規取引開始以来継続的に取引高が増加傾向にあり，残高が増加した。

20X2/03

株式会社Ｄ…20X8/9期より××事業に関する取引を開始して以降，取引高が増加傾向にあり，残高が増加した。
株式会社Ｓ，Ｔ，Ｕ…20X9/1の××事業の撤退に伴い，取引がなくなり，残高がゼロとなった。

X203_D100_営業債権 Lead Sheet_takeda_X20405　　　20X2/4/5 20：45

作成用および開示業務用に「累計ベース」のものと２種類を用意しておくことが望ましい。どちらか一方を作成すれば，もう一方が自動的に作成できるようにエクセルシートに計算式を入れておけばよい。残高明細には，B/S情報（残高・増減）だけでなく，P/L情報（減価償却費の内訳，除売却損益の額，減損損失の額）や，C/F情報（売却収入）等の情報を１枚に集約させることにより，B/S，P/L，C/F間の整合性を確かめることができ，明細の精度は向上する（【図表４－20】【図表４－21】参照）。

有価証券の勘定科目明細に関しては，帳簿価額だけではなく，取得原価や時価評価・評価損の欄も設ける。B/S情報として取得原価，帳簿価額だけでなく，実効税率，繰延税金資産（負債），有価証券評価差額金等の情報を１枚に集約させることが望まれる。なお，「有価証券」や「営業投資有価証券」のように流動資産に計上する有価証券を保有している場合でも，固定資産に計上する「投資有価証券」等と同じ１枚の明細に集約しても問題ない。流動・固定の分類は開示上の分類であり，分析するうえでは流動・固定分類に関係なく，同じ内容のものは同一シートにまとめておくことが望ましい（【図表４－22】参照）。

【図表４－20】 有形固定資産

株式会社ABC

有形固定資産

（単位：円）

	20X1/03	増加	減少	償却・減損	20X1/06	増加	減少	償却・減損
取得価額								
建物	799,000,000	0	0		799,000,000	0	(70,000,000)	
構築物	350,933,780	0	0		350,933,780	0	0	
機械装置	66,477,452	0	(20,000,000)		46,477,452	0	(30,988,100)	
車両運搬具	21,321,890	0	0		21,321,890	0	0	
工具器具備品	111,251,210	0	(25,000,000)		86,251,210	52,098,100	(55,124,120)	
土地	563,000,000	0			563,000,000	0	0	
建設仮勘定	0	0	0		0	5,298,100	(5,298,100)	
	1,911,984,332	0	(45,000,000)	0	1,866,984,332	57,396,200	(161,410,320)	0
減価償却累計額								
建物	(265,676,758)		0	(29,832,332)	(295,509,090)		42,879,099	(57,725,619)
構築物	(153,404,691)		0	(5,242,661)	(158,647,352)		0	(10,485,101)
機械装置	(27,514,641)		6,538,980	(1,328,903)	(22,304,564)		14,420,847	(2,607,223)
車両運搬具	(15,230,874)		0	(251,190)	(15,482,064)		0	(501,191)
工具器具備品	(55,597,929)		6,263,019	(3,289,019)	(52,623,929)		24,614,273	(6,678,039)
	(517,424,893)	0	12,801,999	(39,944,105)	(544,566,999)	0	81,914,219	(77,997,173)
減損損失累計額								
建物	0			0	0			0
構築物	0			0	0			0
機械装置	0			0	0			0
車両運搬具	0			0	0			0
工具器具備品	0			0	0			0
	0	0	0	0	0	0	0	0
帳簿価額								
建物	533,323,242	0	0	(29,832,332)	503,490,910	0	(27,120,901)	(57,725,619)
構築物	197,529,089	0	0	(5,242,661)	192,286,428	0	0	(10,485,101)
機械装置	38,962,811	0	(13,461,020)	(1,328,903)	24,172,888	0	(16,567,253)	(2,607,223)
車両運搬具	6,091,016	0	0	(251,190)	5,839,826	0	0	(501,191)
工具器具備品	55,653,281	0	(18,736,981)	(3,289,019)	33,627,281	52,098,100	(30,509,847)	(6,678,039)
土地	563,000,000	0	0	0	563,000,000	0	0	0
建設仮勘定	0	0	0	0	0	5,298,100	(5,298,100)	0
	1,394,559,439	0	(32,198,001)	(39,944,105)	1,322,417,333	57,396,200	(79,496,101)	(77,997,173)
<P/L整合性分析>								
売却収入（X）			0				43,435,000	
A：除却損			32,198,001				43,970,867	
B：売却損			0				551,233	
C：売却益（△）			0				(13,759,099)	
除売却損益（Y）：A＋B＋C			32,198,001				30,763,001	
資産振替による減少（Z）			0				5,298,100	
減少額（X＋Y＋Z）			32,198,001				79,496,101	
			OK				OK	
減価償却費								
売上原価				0				0
販売管理費				39,944,105				77,997,173
				39,944,105				77,997,173
				OK				OK
減損損失				0				0
				OK				OK
<C/F情報>								
取得による支出（投資CF）		0				(57,396,200)		
売却による収入（投資CF）			0				43,435,000	
減価償却費（営業CF）				39,944,105				77,997,173
固定資産除却損（営業CF）			32,198,001				43,970,867	
固定資産売却損益（営業CF）			0				(13,207,866)	
減損損失（営業CF）				0				0
資産振替高							5,298,100	
		0	32,198,001	39,944,105		(57,396,200)	79,496,101	77,997,173
		OK	OK	OK		OK	OK	OK

<変動分析>

20X1/03

（省略）

20X1/06

（省略）

20X1/09

（省略）

20X1/09

（省略）

20X2/03

（省略）

X203_G100_有形固定資産 Lead Sheet_takeda_X20406

リードシート（累計ベース）

G110

増減明細（累計ベース）

20X1/09	増加	減少	償却・減損	20X1/12	増加	減少	償却・減損	20X2/03
729,000,000	0	(70,000,000)		729,000,000	0	(220,000,000)		579,000,000
350,933,780	0	(120,000,000)		230,933,780	695,120	(120,000,000)		231,628,900
35,489,352	988,100	(30,988,100)		36,477,452	988,100	(30,988,100)		36,477,452
21,321,890	0	0		21,321,890	1,841,000	0		23,162,890
108,225,190	52,098,100	(55,124,120)		108,225,190	72,965,240	(55,124,120)		129,092,330
563,000,000	0	0		563,000,000	0	0		563,000,000
0	6,286,200	(6,286,200)		0	30,139,460	(29,689,460)		450,000
1,807,970,212	59,372,400	(282,398,420)	0	1,688,958,312	106,628,920	(455,801,680)	0	1,562,811,572
(280,523,278)		42,879,099	(81,957,739)	(304,755,398)		189,971,930	(97,275,932)	(172,980,760)
(163,889,792)		66,490,180	(15,497,412)	(102,411,923)		66,490,180	(19,326,532)	(106,241,043)
(15,701,017)		14,420,847	(3,407,453)	(16,501,247)		14,420,847	(4,204,282)	(17,298,076)
(15,732,065)		0	(744,320)	(15,975,194)		0	(1,010,169)	(16,241,043)
(37,661,695)		24,614,273	(11,568,159)	(42,551,815)		24,614,273	(16,314,420)	(47,298,076)
(513,507,847)	0	148,404,399	(113,175,083)	(482,195,577)	0	295,497,230	(138,131,335)	(360,058,998)
0			0	0			0	0
0			0	0			0	0
0			0	0			0	0
0			0	0			0	0
0			0	0			0	0
0	0	0	0	0	0	0	0	0
448,476,722	0	(27,120,901)	(81,957,739)	424,244,602	0	(30,028,070)	(97,275,932)	406,019,240
187,043,988	0	(53,509,820)	(15,497,412)	128,521,857	695,120	(53,509,820)	(19,326,532)	125,387,857
19,788,335	988,100	(16,567,253)	(3,407,453)	19,976,205	988,100	(16,567,253)	(4,204,282)	19,179,376
5,589,825	0	0	(744,320)	5,346,696	1,841,000	0	(1,010,169)	6,921,847
70,563,495	52,098,100	(30,509,847)	(11,568,159)	65,673,375	72,965,240	(30,509,847)	(16,314,420)	81,794,254
563,000,000	0	0	0	563,000,000	0	0	0	563,000,000
0	6,286,200	(6,286,200)	0	0	30,139,460	(29,689,460)	0	450,000
1,294,462,365	59,372,400	(133,994,021)	(113,175,083)	1,206,762,735	106,628,920	(160,304,450)	(138,131,335)	1,202,752,574
		103,435,000				103,435,000		
		43,970,867				43,970,867		
		551,233				3,458,402		
		(20,249,279)				(20,249,279)		
		24,272,821				27,179,990		
		6,286,200				29,689,460		
		133,994,021				160,304,450		
		OK				OK		
			0				0	
			113,175,083				138,131,335	
			113,175,083				138,131,335	
			OK				OK	
			0				0	
			OK				OK	
	(59,372,400)				(106,628,920)			
		103,435,000				103,435,000		
			113,175,083				138,131,335	
		43,970,867				43,970,867		
		(19,698,046)				(16,790,877)		
			0				0	
		6,286,200				29,689,460		
	(59,372,400)	133,994,021	113,175,083		(106,628,920)	160,304,450	138,131,335	
	OK	OK	OK		OK	OK	OK	

20X2/4/6 16：55

【図表4－21】 有形固定資産

株式会社ABC

有形固定資産

（単位：円）

	20X1/03	増加	減少	償却・減損	20X1/06	増加	減少	償却・減損
取得価額								
建物	799,000,000	0	0		799,000,000	0	(70,000,000)	
構築物	350,933,780	0	0		350,933,780	0	0	
機械装置	66,477,452	0	(20,000,000)		46,477,452	0	(10,988,100)	
車両運搬具	21,321,890	0	0		21,321,890	0	0	
工具器具備品	111,251,210	0	(25,000,000)		86,251,210	52,098,100	(30,124,120)	
土地	563,000,000	0			563,000,000	0		
建設仮勘定	0	0	0		0	5,298,100	(5,298,100)	
	1,911,984,332	0	(45,000,000)	0	1,866,984,332	57,396,200	(116,410,320)	0
減価償却累計額								
建物	(265,676,758)		0	(29,832,332)	(295,509,090)		42,879,099	(27,893,287)
構築物	(153,404,691)		0	(5,242,661)	(158,647,352)		0	(5,242,440)
機械装置	(27,514,641)		6,538,980	(1,328,903)	(22,304,564)		7,881,867	(1,278,320)
車両運搬具	(15,230,874)		0	(251,190)	(15,482,064)		0	(250,001)
工具器具備品	(55,597,929)		6,263,019	(3,289,019)	(52,623,929)		18,351,254	(3,389,020)
	(517,424,893)	0	12,801,999	(39,944,105)	(544,566,999)	0	69,112,220	(38,053,068)
減損損失累計額								
建物	0			0	0			0
構築物	0			0	0			0
機械装置	0			0	0			0
車両運搬具	0			0	0			0
工具器具備品	0			0	0			0
	0	0	0	0	0	0	0	0
帳簿価額								
建物	533,323,242	0	0	(29,832,332)	503,490,910	0	(27,120,901)	(27,893,287)
構築物	197,529,089	0	0	(5,242,661)	192,286,428	0	0	(5,242,440)
機械装置	38,962,811	0	(13,461,020)	(1,328,903)	24,172,888	0	(3,106,233)	(1,278,320)
車両運搬具	6,091,016	0	0	(251,190)	5,839,826	0	0	(250,001)
工具器具備品	55,653,281	0	(18,736,981)	(3,289,019)	33,627,281	52,098,100	(11,772,866)	(3,389,020)
土地	563,000,000	0	0	0	563,000,000	0	0	0
建設仮勘定	0	0	0	0	0	5,298,100	(5,298,100)	0
	1,394,559,439	0	(32,198,001)	(39,944,105)	1,322,417,333	57,396,200	(47,298,100)	(38,053,068)
＜P/L整合性分析＞								
売却収入（X）			0				43,435,000	
A：除却損			32,198,001				11,772,866	
B：売却損			0				551,233	
C：売却益（△）			0				(13,759,099)	
除売却損益（Y）：A＋B＋C			32,198,001				(1,435,000)	
資産振替による減少（Z）			0				5,298,100	
減少額（X＋Y＋Z）			32,198,001				47,298,100	
			OK				OK	
減価償却費								
売上原価				0				0
販売管理費				39,944,105				38,053,068
				39,944,105				38,053,068
				OK				OK
減損損失				0				0
				OK				OK
＜C/F情報＞								
取得による支出（投資CF）		0				(57,396,200)		
売却による収入（投資CF）			0				43,435,000	
減価償却費（営業CF）				39,944,105				38,053,068
固定資産除却損（営業CF）			32,198,001				11,772,866	
固定資産売却損益（営業CF）			0				(13,207,866)	
減損損失（営業CF）				0				0
資産振替高							5,298,100	
		0	32,198,001	39,944,105		(57,396,200)	47,298,100	38,053,068
		OK	OK	OK		OK	OK	OK

＜変動分析＞

20X1/03

（省略）

20X1/06

（省略）

20X1/09

（省略）

20X1/09

（省略）

20X2/03

（省略）

X203_G100_有形固定資産 Lead Sheet_takeda_X20406

リードシート（発生ベース）

G111

増減明細（発生ベース）

20X1/09	増加	減少	償却・減損	20X1/12	増加	減少	償却・減損	20X2/03
729,000,000	0	0		729,000,000	0	(150,000,000)		579,000,000
350,933,780	0	(120,000,000)		230,933,780	695,120	0		231,628,900
35,489,352	988,100	0		36,477,452	0	0		36,477,452
21,321,890	0	0		21,321,890	1,841,000	0		23,162,890
108,225,190	0	0		108,225,190	20,867,140	0		129,092,330
563,000,000	0			563,000,000	0			563,000,000
0	988,100	(988,100)		0	23,853,260	(23,403,260)		450,000
1,807,970,212	1,976,200	(120,988,100)	0	1,688,958,312	47,256,520	(173,403,260)	0	1,562,811,572
(280,523,278)		0	(24,232,120)	(304,755,398)		147,092,831	(15,318,193)	(172,980,760)
(163,889,792)		66,490,180	(5,012,311)	(102,411,923)		0	(3,829,120)	(106,241,043)
(15,701,017)		0	(800,230)	(16,501,247)		0	(796,829)	(17,298,076)
(15,732,065)		0	(243,129)	(15,975,194)		0	(265,849)	(16,241,043)
(37,661,695)		0	(4,890,120)	(42,551,815)		0	(4,746,261)	(47,298,076)
(513,507,847)	0	66,490,180	(35,177,910)	(482,195,577)	0	147,092,831	(24,956,252)	(360,058,998)
0			0	0			0	0
0			0	0			0	0
0			0	0			0	0
0			0	0			0	0
0			0	0			0	0
0	0	0	0	0	0	0	0	0
448,476,722	0	0	(24,232,120)	424,244,602	0	(2,907,169)	(15,318,193)	406,019,240
187,043,988	0	(53,509,820)	(5,012,311)	128,521,857	695,120	0	(3,829,120)	125,387,857
19,788,335	988,100	0	(800,230)	19,976,205	0	0	(796,829)	19,179,376
5,589,825	0	0	(243,129)	5,346,696	1,841,000	0	(265,849)	6,921,847
70,563,495	0	0	(4,890,120)	65,673,375	20,867,140	0	(4,746,261)	81,794,254
563,000,000	0	0	0	563,000,000	0	0	0	563,000,000
0	988,100	(988,100)	0	0	23,853,260	(23,403,260)	0	450,000
1,294,462,365	1,976,200	(54,497,920)	(35,177,910)	1,206,762,735	47,256,520	(26,310,429)	(24,956,252)	1,202,752,574

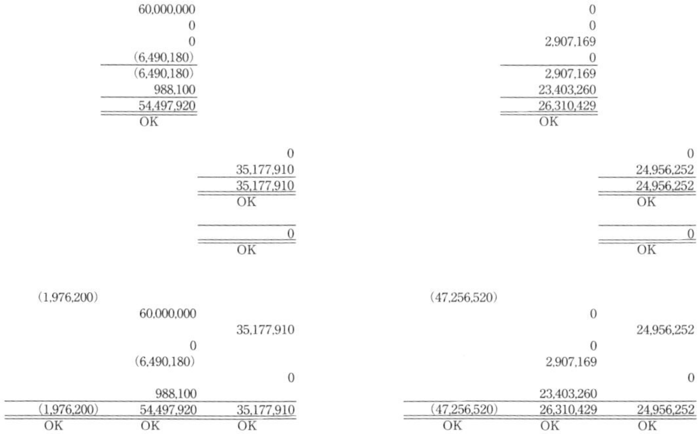

20X1/09	増加	減少	償却・減損	20X1/12	増加	減少	償却・減損	20X2/03
		60,000,000				0		
		0				0		
		0				2,907,169		
		(6,490,180)				0		
		(6,490,180)				2,907,169		
		988,100				23,403,260		
		54,497,920				26,310,429		
		OK				OK		
			0				0	
			35,177,910				24,956,252	
			35,177,910				24,956,252	
			OK				OK	
			0				0	
			OK				OK	
	(1,976,200)				(47,256,520)			
		60,000,000				0		
			35,177,910				24,956,252	
		0				0		
		(6,490,180)				2,907,169		
			0				0	
		988,100				23,403,260		
	(1,976,200)	54,497,920	35,177,910		(47,256,520)	26,310,429	24,956,252	
	OK	OK	OK		OK	OK	OK	

20X2/4/6 16：55

【図表4－22】 有価証券

株式会社DEF

有価証券

（単位：円）

	20X1/12		
	取得原価	時価評価・評価損	帳簿価額（時価）
有価証券			
○×投資事業組合	83,450,900	(31,149,911)	52,300,989
○×◇投資事業組合	51,486,520	814,469	52,300,989
	134,937,420	(30,335,442)	104,601,978
投資有価証券			
○○銀行	18,096,086	(2,594,086)	15,502,000
××自動車	13,175,714	15,591,286	28,767,000
△×○電機	2,488,004	611,996	3,100,000
○△食品	10,547,900	4,388,100	14,936,000
×△石油	665,286	243,714	909,000
○○トータルバランス	34,000,000	0	34,000,000
○×リゾートビレッジ	27,650,000	0	27,650,000
××フィットネス	50,025,000	0	50,025,000
投資有価証券合計	156,647,990	18,241,010	174,889,000
関係会社株式			
△△ファイナンス	29,311,791	0	29,311,791
××リゾート	48,000,000	0	48,000,000
○○スポーツクラブ	3,200,000	0	3,200,000
◇◇リゾート	37,500,000	0	37,500,000
関係会社株式合計	118,011,791	0	118,011,791
出資金			
ITO有限投資中間法人	35,000,000	0	35,000,000
○○信用金庫	20,400,000	0	20,400,000
××協会	1,300,000	0	1,300,000
△△リース組合	600,000		600,000
出資金合計	57,300,000	0	57,300,000
合計	331,959,781	18,241,010	350,200,791
実効税率		40.40%	
売却収入		0	
売却益		0	
売却損		0	
評価損		0	
評価差額（固定）		18,241,010	
繰延税金負債（流動）		0	
繰延税金資産（固定）（負債は▲）		(7,369,368)	
有価証券評価差額金（貸方は▲）		▲10,871,642	

＜変動分析＞

20X1/03

（省略）

20X1/06

（省略）

20X1/09

（省略）

20X1/09

（省略）

20X2/03

（省略）

X203_J100_有価証券 Lead Sheet_takeda_X20406

リードシート

増減明細

J110

増加	減少	20X2/03 取得原価	時価評価・評価損	帳簿価額（時価）
0	0	83,450,900	(50,328,910)	33,121,990
0	0	51,486,520	(18,364,530)	33,121,990
0	0	134,937,420	(68,693,440)	66,243,980
0	0	0		
0	0	18,096,086	(6,527,086)	11,569,000
0	0	13,175,714	8,926,286	22,102,000
0	0	2,488,004	(503,004)	1,985,000
0	0	10,547,900	2,196,100	12,744,000
0	0	665,286	(43,286)	622,000
0	0	34,000,000	0	34,000,000
0	0	27,650,000	0	27,650,000
0	50,025,000	0	0	0
0	50,025,000	106,622,990	4,049,010	110,672,000
0	0			
0	0	29,311,791	0	29,311,791
0	0	48,000,000	0	48,000,000
0	0	3,200,000	0	3,200,000
0	0	37,500,000	0	37,500,000
0	0	118,011,791	0	118,011,791
0	0	35,000,000	0	35,000,000
0	0	20,400,000	0	20,400,000
0	0	1,300,000	0	1,300,000
		600,000		600,000
0	0	57,300,000	0	57,300,000
0	50,025,000	281,934,781	4,049,010	285,983,791
			40.40%	
			95,836,641	
			45,811,641	
			0	
			(50,328,910)	
			54,377,920	
			0	
			(21,968,680)	
			▲32,409,240	

20X2/4/6 10：20

(4) 開示基礎資料レベルのアウトプット資料

開示基礎資料については財務分析を行っていない会社が大半であると思われるが，最終成果物へ直接リンクする**開示基礎資料の分析は極めて重要**である。開示基礎資料についても，他のアウトプット資料と同様に，四半期ごとに作成し，最低でも８～12四半期分のデータを並べてほしい。なお，本決算時のみ開示するものについては，四半期ごとに作成する必要はないが，最低でも３～５年のデータを並べてほしい。

有価証券報告書の【経理の状況】以外の開示項目についても，過年度と比較ができるような体裁により資料を作成し，比較分析することが望まれる（【図表４－23】～【図表４－35】参照）。有価証券報告書以外の開示項目についても同様である。

【図表4－23】 連結指標（1）

株式会社ABC　　　　X120

開示用財務指標データ（連結）

■主要な経営指標等の推移（有報・四半報）

回次	ref.	第X期				第X期			
決算年月		20X1/6 (1Q)	20X1/9 (2Q)	20X1/12 (3Q)	20X2/3 (4Q)	20X2/6 (1Q)	20X2/9 (2Q)	20X2/12 (3Q)	20X3/3 (4Q)
売上高（円）	P/Lより	・・・	・・・	・・・	・・・	・・・	・・・	・・・	・・・
営業利益（円）		・・・	・・・	・・・	・・・	・・・	・・・	・・・	・・・
経常利益（円）		・・・	・・・	・・・	・・・	・・・	・・・	・・・	・・・
親会社株主に帰属する当期純利益（円）		・・・	・・・	・・・	・・・	・・・	・・・	・・・	・・・
包括利益（円）		・・・	・・・	・・・	・・・	・・・	・・・	・・・	・・・
純資産額（円）	B/Sより	・・・	・・・	・・・	・・・	・・・	・・・	・・・	・・・
総資産額（円）		・・・	・・・	・・・	・・・	・・・	・・・	・・・	・・・
1株当たり純資産額（円）	【X131】より	・・・	・・・	・・・	・・・	・・・	・・・	・・・	・・・
1株当たり当期純利益金額（円）		・・・	・・・	・・・	・・・	・・・	・・・	・・・	・・・
1株当たり当期純利益金額（円）（会計期間）		・・・	・・・	・・・	・・・	・・・	・・・	・・・	・・・
潜在株式調整後 1株当たり当期純利益金額（円）		・・・	・・・	・・・	・・・	・・・	・・・	・・・	・・・
自己資本比率（%）	【X131】より	・・・	・・・	・・・	・・・	・・・	・・・	・・・	・・・
自己資本利益率（%）		・・・	・・・	・・・	・・・	・・・	・・・	・・・	・・・
株価収益率（倍）		・・・	・・・	・・・	・・・	・・・	・・・	・・・	・・・
営業活動によるキャッシュ・フロー（円）	C/Fより	・・・	・・・	・・・	・・・	・・・	・・・	・・・	・・・
投資活動によるキャッシュ・フロー（円）		・・・	・・・	・・・	・・・	・・・	・・・	・・・	・・・
財務活動によるキャッシュ・フロー（円）		・・・	・・・	・・・	・・・	・・・	・・・	・・・	・・・
現金及び現金同等物の期末残高（円）		・・・	・・・	・・・	・・・	・・・	・・・	・・・	・・・
従業員数（人）		・・・	・・・	・・・	・・・	・・・	・・・	・・・	・・・
ほか，販売員等（人）		・・・	・・・	・・・	・・・	・・・	・・・	・・・	・・・

■サマリー情報（短信）

	回次	ref.	第X期				第X期			
	決算年月		20X1/6 (1Q)	20X1/9 (2Q)	20X1/12 (3Q)	20X2/3 (4Q)	20X2/6 (1Q)	20X2/9 (2Q)	20X2/12 (3Q)	20X3/3 (4Q)
連結経営成績	売上高（円）	上表より	・・・	・・・	・・・	・・・	・・・	・・・	・・・	・・・
	（前年比）		・・・	・・・	・・・	・・・	・・・	・・・	・・・	・・・
	営業利益（円）		・・・	・・・	・・・	・・・	・・・	・・・	・・・	・・・
	（前年比）		・・・	・・・	・・・	・・・	・・・	・・・	・・・	・・・
	経常利益（円）		・・・	・・・	・・・	・・・	・・・	・・・	・・・	・・・
	（前年比）		・・・	・・・	・・・	・・・	・・・	・・・	・・・	・・・
	当期純利益（円）		・・・	・・・	・・・	・・・	・・・	・・・	・・・	・・・
	（前年比）		・・・	・・・	・・・	・・・	・・・	・・・	・・・	・・・
	１株当たり当期純利益（円）	上表より	・・・	・・・	・・・	・・・	・・・	・・・	・・・	・・・
	潜在株式調整後 １株当たり当期純利益（円）		・・・	・・・	・・・	・・・	・・・	・・・	・・・	・・・
	自己資本当期純利益率（%）	【X131】より	・・・	・・・	・・・	・・・	・・・	・・・	・・・	・・・
	総資産経常利益率（%）	【X131】より	・・・	・・・	・・・	・・・	・・・	・・・	・・・	・・・
	売上高営業利益率（%）	【X131】より	・・・	・・・	・・・	・・・	・・・	・・・	・・・	・・・
	持分法投資損益（円）	P/Lより	・・・	・・・	・・・	・・・	・・・	・・・	・・・	・・・
連結財政状態	総資産（円）	上表より	・・・	・・・	・・・	・・・	・・・	・・・	・・・	・・・
	純資産（円）	上表より	・・・	・・・	・・・	・・・	・・・	・・・	・・・	・・・
	自己資本比率（%）	上表より	・・・	・・・	・・・	・・・	・・・	・・・	・・・	・・・
	１株当たり純資産（円）	上表より	・・・	・・・	・・・	・・・	・・・	・・・	・・・	・・・
	自己資本（円）	【X131】より	・・・	・・・	・・・	・・・	・・・	・・・	・・・	・・・
連結CF状況	営業活動によるキャッシュ・フロー（円）	上表より	・・・	・・・	・・・	・・・	・・・	・・・	・・・	・・・
	（前年比）		・・・	・・・	・・・	・・・	・・・	・・・	・・・	・・・
	投資活動によるキャッシュ・フロー（円）		・・・	・・・	・・・	・・・	・・・	・・・	・・・	・・・
	（前年比）		・・・	・・・	・・・	・・・	・・・	・・・	・・・	・・・
	財務活動によるキャッシュ・フロー（円）		・・・	・・・	・・・	・・・	・・・	・・・	・・・	・・・
	（前年比）		・・・	・・・	・・・	・・・	・・・	・・・	・・・	・・・
	現金及び現金同等物の期末残高（円）		・・・	・・・	・・・	・・・	・・・	・・・	・・・	・・・
配当状況	１株当たり配当金（円）	【X131】より	・・・	・・・	・・・	・・・	・・・	・・・	・・・	・・・
	配当金総額（円）		・・・	・・・	・・・	・・・	・・・	・・・	・・・	・・・
	配当性向（%）		・・・	・・・	・・・	・・・	・・・	・・・	・・・	・・・
	純資産配当率（%）		・・・	・・・	・・・	・・・	・・・	・・・	・・・	・・・

CF指標	自己資本比率（%）	上表より	・・・	・・・	・・・	・・・	・・・	・・・	・・・	・・・
	時価ベースの自己資本比率（%）	【X131】より	・・・	・・・	・・・	・・・	・・・	・・・	・・・	・・・
	キャッシュ・フロー対有利子負債比率（年）	【X131】より	・・・	・・・	・・・	・・・	・・・	・・・	・・・	・・・
	インタレスト・カバレッジ・レシオ（倍）	【X131】より	・・・	・・・	・・・	・・・	・・・	・・・	・・・	・・・

■業績予測（短信）

	回次	ref.	第X期				第X期			
	決算年月		20X1/6 (1Q)	20X1/9 (2Q)	20X1/12 (3Q)	20X2/3 (4Q)	20X2/6 (1Q)	20X2/9 (2Q)	20X2/12 (3Q)	20X3/3 (4Q)
中間	売上高（円）		・・・	・・・			・・・	・・・		
	（前年比）		・・・	・・・			・・・	・・・		
	営業利益（円）		・・・	・・・			・・・	・・・		
	（前年比）		・・・	・・・			・・・	・・・		
	経常利益（円）		・・・	・・・			・・・	・・・		
	（前年比）		・・・	・・・			・・・	・・・		
	親会社株主に帰属する当期純利益（円）		・・・	・・・			・・・	・・・		
	（前年比）		・・・	・・・			・・・	・・・		
	期中平均株式数（株）	【X131】より	・・・	・・・			・・・	・・・		
	1株当たり当期純利益（円）		・・・	・・・			・・・	・・・		
通期	売上高（円）		・・・	・・・	・・・	・・・	・・・	・・・	・・・	・・・
	（前年比）		・・・	・・・	・・・	・・・	・・・	・・・	・・・	・・・
	営業利益（円）		・・・	・・・	・・・	・・・	・・・	・・・	・・・	・・・
	（前年比）		・・・	・・・	・・・	・・・	・・・	・・・	・・・	・・・
	経常利益（円）		・・・	・・・	・・・	・・・	・・・	・・・	・・・	・・・
	（前年比）		・・・	・・・	・・・	・・・	・・・	・・・	・・・	・・・
	親会社株主に帰属する当期純利益（円）		・・・	・・・	・・・	・・・	・・・	・・・	・・・	・・・
	（前年比）		・・・	・・・	・・・	・・・	・・・	・・・	・・・	・・・
	期中平均株式数（株）	【X131】より	・・・	・・・	・・・	・・・	・・・	・・・	・・・	・・・
	1株当たり当期純利益（円）		・・・	・・・	・・・	・・・	・・・	・・・	・・・	・・・

【図表4－24】 連結指標（2）

株式会社ABC　　　　X121

開示用財務指標データ（連結）計算シート

■1株当たり情報

回次		第X期				第X期				
決算年月		20X1/6 (1Q)	20X1/9 (2Q)	20X1/12 (3Q)	20X2/3 (4Q)	20X2/6 (1Q)	20X2/9 (2Q)	20X2/12 (3Q)	20X3/3 (4Q)	
A1 期末純資産	B/Sより	・・・	・・・	・・・	・・・	・・・	・・・	・・・	・・・	
A2 期末新株予約権	B/Sより	・・・	・・・	・・・	・・・	・・・	・・・	・・・	・・・	
A3 期末非支配株主持分	B/Sより	・・・	・・・	・・・	・・・	・・・	・・・	・・・	・・・	
A4 その他普通株主に帰属しない額		・・・	・・・	・・・	・・・	・・・	・・・	・・・	・・・	
A5 普通株式に係る期末純資産額（自己資本）	A1-(A2+A3+A4)	・・・	・・・	・・・	・・・	・・・	・・・	・・・	・・・	
A5 期末発行済株式数（自己株式控除前）	【S100】より	・・・	・・・	・・・	・・・	・・・	・・・	・・・	・・・	
A6 期末自己株式数	【S100】より	・・・	・・・	・・・	・・・	・・・	・・・	・・・	・・・	
A7 期末発行済株式数（自己株式控除後）	【S100】より	・・・	・・・	・・・	・・・	・・・	・・・	・・・	・・・	
X1 1株当たり純資産額	A5/A6	・・・	・・・	・・・	・・・	・・・	・・・	・・・	・・・	→有報・短信
B1 ＜累計期間＞当期純利益（連結）	P/Lより	・・・	・・・	・・・	・・・	・・・	・・・	・・・	・・・	
B2 ＜累計期間＞普通株式以外の株式に係る当期純利益		・・・	・・・	・・・	・・・	・・・	・・・	・・・	・・・	
B3 ＜累計期間＞普通株式に係る当期純利益	B1-B2	・・・	・・・	・・・	・・・	・・・	・・・	・・・	・・・	
B4 ＜累計期間＞期中平均発行済株式数（自己株式控除後）	【S100】より	・・・	・・・	・・・	・・・	・・・	・・・	・・・	・・・	
B5 ＜会計期間＞当期純利益（連結）	P/Lより		・・・	・・・			・・・	・・・		
B6 ＜会計期間＞普通株式以外の株式に係る当期純利益			・・・	・・・			・・・	・・・		
B7 ＜会計期間＞普通株式に係る当期純利益	B1-B2		・・・	・・・			・・・	・・・		
B8 ＜会計期間＞期中平均発行済株式数（自己株式控除後）	【S100】より		・・・	・・・			・・・	・・・		
X2 1株当たり当期純利益金額（累計期間）	B3/B4	・・・	・・・	・・・	・・・	・・・	・・・	・・・	・・・	→有報・短信
X2 1株当たり当期純利益金額（会計期間）	B7/B8		・・・	・・・			・・・	・・・		→有報
C1 ＜累計期間＞普通株式増加数		・・・	・・・	・・・	・・・	・・・	・・・	・・・	・・・	
C2 ＜累計期間＞当期純利益調整額		・・・	・・・	・・・	・・・	・・・	・・・	・・・	・・・	

X3	潜在株調整後１株当たり当期純利益金額（累計期間）	(B3+C2)/(B4+C1)	・・・	・・・	・・・	・・・	・・・	・・・	・・・	・・・	→有報・短信

■その他財務指標

D1	期末総資産	B/Sより	・・・	・・・	・・・	・・・	・・・	・・・	・・・	・・・	
D2	期末自己資本	A1-A2-A3	・・・	・・・	・・・	・・・	・・・	・・・	・・・	・・・	
D3	期首純資産	前期A1	・・・	・・・	・・・	・・・	・・・	・・・	・・・	・・・	
D4	期首新株予約権	前期A2	・・・	・・・	・・・	・・・	・・・	・・・	・・・	・・・	
D5	期首非支配株主持分	前期A3	・・・	・・・	・・・	・・・	・・・	・・・	・・・	・・・	
D6	期首自己資本	D3-D4-D5	・・・	・・・	・・・	・・・	・・・	・・・	・・・	・・・	
D7	期首総資産	前期D1	・・・	・・・	・・・	・・・	・・・	・・・	・・・	・・・	
D8	売上高（連結）	P/Lより	・・・	・・・	・・・	・・・	・・・	・・・	・・・	・・・	
D9	営業利益（連結）	P/Lより	・・・	・・・	・・・	・・・	・・・	・・・	・・・	・・・	
D10	経常利益（連結）	P/Lより	・・・	・・・	・・・	・・・	・・・	・・・	・・・	・・・	
Y1	自己資本比率	D2/D1	・・・	・・・	・・・	・・・	・・・	・・・	・・・	・・・	→有報・短信
Y2	自己資本利益率	B1/{(D2+D6)/2}	・・・	・・・	・・・	・・・	・・・	・・・	・・・	・・・	→有報
Y3	自己資本当期純利益率	B1/{(D2+D6)/2}	・・・	・・・	・・・	・・・	・・・	・・・	・・・	・・・	→短信
Y4	総資産経常利益率	D10/{(D1+D7)/2}	・・・	・・・	・・・	・・・	・・・	・・・	・・・	・・・	→短信
Y5	売上高営業利益率	D9/D8	・・・	・・・	・・・	・・・	・・・	・・・	・・・	・・・	→短信
E1	１株当たり配当金		・・・	・・・	・・・	・・・	・・・	・・・	・・・	・・・	
E2	期末発行済株式数（自己株式控除前）	A5	・・・	・・・	・・・	・・・	・・・	・・・	・・・	・・・	
E3	期末発行済株式数（端数）		・・・	・・・	・・・	・・・	・・・	・・・	・・・	・・・	
E4	期末発行済株式数（自己株式控除前，端数控除後）	E2-E3	・・・	・・・	・・・	・・・	・・・	・・・	・・・	・・・	
Y6	配当総額	E1*E4	・・・	・・・	・・・	・・・	・・・	・・・	・・・	・・・	→短信
Y7	配当性向	E1/X2	・・・	・・・	・・・	・・・	・・・	・・・	・・・	・・・	→短信
Y8	純資産配当率	Y6/A1	・・・	・・・	・・・	・・・	・・・	・・・	・・・	・・・	→短信
F1	期末株価（終値）	【S】より	・・・	・・・	・・・	・・・	・・・	・・・	・・・	・・・	
Y9	株価収益率（倍）	F1/X2	・・・	・・・	・・・	・・・	・・・	・・・	・・・	・・・	→有報

■CF関連指標

G1	株式時価総額	A7*F1	・・・	・・・	・・・	・・・	・・・	・・・	・・・	・・・
G2	短期借入金	B/Sより	・・・	・・・	・・・	・・・	・・・	・・・	・・・	・・・
G3	一年内返済予定長期借入金	B/Sより	・・・	・・・	・・・	・・・	・・・	・・・	・・・	・・・
G3	長期借入金	B/Sより	・・・	・・・	・・・	・・・	・・・	・・・	・・・	・・・
G4	社債	B/Sより	・・・	・・・	・・・	・・・	・・・	・・・	・・・	・・・
G4	一年内償還予定社債	B/Sより	・・・	・・・	・・・	・・・	・・・	・・・	・・・	・・・
G5	未払金	B/Sより	・・・	・・・	・・・	・・・	・・・	・・・	・・・	・・・
G6	長期未払金	B/Sより	・・・	・・・	・・・	・・・	・・・	・・・	・・・	・・・
G7	有利子負債額	SUM(G2:G6)	・・・	・・・	・・・	・・・	・・・	・・・	・・・	・・・
G8	営業活動によるキャッシュ・フロー	C/Fより	・・・	・・・	・・・	・・・	・・・	・・・	・・・	・・・
G9	利息の支払額	C/Fより	・・・	・・・	・・・	・・・	・・・	・・・	・・・	・・・

Z1	時価ベースの自己資本比率	G1/D1	・・・	・・・	・・・	・・・	・・・	・・・	・・・	・・・	→短信
Z2	CF対有利子負債比率（年）	G7/G8	・・・	・・・	・・・	・・・	・・・	・・・	・・・	・・・	→短信
Z3	インタレスト・カバレッジ・レシオ（倍）	G8/G9	・・・	・・・	・・・	・・・	・・・	・・・	・・・	・・・	→短信

【図表４－25】　金融商品 開示基礎資料

株式会社ABC　　X640

金融商品 開示基礎資料

1．金融商品の時価に関する事項

		20X1/3			20X2/3			20X3/3			【参考】時価算定方法
		連結B/S計上額	時価	差額	連結B/S計上額	時価	差額	連結B/S計上額	時価	差額	
資産	(1)現金及び預金	・・・	・・・	・・・	・・・	・・・	・・・	・・・	・・・	・・・	時価＝簿価
	(2)受取手形及び売掛金	・・・	・・・	・・・	・・・	・・・	・・・	・・・	・・・	・・・	時価＝簿価
	(3)その他有価証券	・・・	・・・	・・・	・・・	・・・	・・・	・・・	・・・	・・・	時価＝期末時価評価後簿価（別紙《J112》より）
	(4)長期預金	・・・	・・・	・・・	・・・	・・・	・・・	・・・	・・・	・・・	期末時価評価（別紙《C210》より）
	小計	・・・	・・・	・・・	・・・	・・・	・・・	・・・	・・・	・・・	
負債	(1)支払手形及び買掛金	・・・	・・・	・・・	・・・	・・・	・・・	・・・	・・・	・・・	時価＝簿価
	(2)短期借入金	・・・	・・・	・・・	・・・	・・・	・・・	・・・	・・・	・・・	時価＝簿価
	(3)未払金	・・・	・・・	・・・	・・・	・・・	・・・	・・・	・・・	・・・	時価＝簿価
	(4)社債（１年内償還予定分を含む）	・・・	・・・	・・・	・・・	・・・	・・・	・・・	・・・	・・・	期末時価評価（別紙《X641》にて計算）
	(5)長期借入金（１年内返済予定分を含む）	・・・	・・・	・・・	・・・	・・・	・・・	・・・	・・・	・・・	期末時価評価（別紙《X642》にて計算）
	小計	・・・	・・・	・・・	・・・	・・・	・・・	・・・	・・・	・・・	
合計		・・・	・・・	・・・	・・・	・・・	・・・	・・・	・・・	・・・	

【変動分析】

20X3/3　…

【図表４－26】 有価証券 開示基礎資料

株式会社DEF　　X650

有価証券 開示基礎資料

1．売買目的有価証券

		20X1/03	20X1/06	20X1/09	20X1/12	20X2/03
売買目的有価証券	期末BS計上額	・・・	・・・	・・・	・・・	2,800,000
	取得原価又は期首BS計上額	・・・	・・・	・・・	・・・	3,000,000
	当連結会計年度の損益に含まれた評価差額	・・・	・・・	・・・	・・・	△ 200,000

2．満期保有目的の債券

			20X1/03	20X1/06	20X1/09	20X1/12	20X2/03	時価が BS計上額を 超えるもの	時価が BS計上額を 超えないもの
満期保有目的の債券	国債・地方債等	BS計上額	・・・	・・・	・・・	・・・	3,000,000	1,000,000	2,000,000
		時価	・・・	・・・	・・・	・・・	2,800,000	1,200,000	1,600,000
		差額	・・・	・・・	・・・	・・・	200,000	200,000	△ 400,000
	社債	BS計上額	・・・	・・・	・・・	・・・	6,000,000	2,000,000	4,000,000
		時価	・・・	・・・	・・・	・・・	5,600,000	2,400,000	3,200,000
		差額	・・・	・・・	・・・	・・・	400,000	400,000	△ 800,000
	その他	BS計上額	・・・	・・・	・・・	・・・	9,000,000	3,000,000	6,000,000
		時価	・・・	・・・	・・・	・・・	8,400,000	3,600,000	4,800,000
		差額	・・・	・・・	・・・	・・・	600,000	600,000	△ 1,200,000
	小計	BS計上額（＊1）	・・・	・・・	・・・	・・・	18,000,000	6,000,000	12,000,000
		時価	・・・	・・・	・・・	・・・	16,800,000	7,200,000	9,600,000
		差額	・・・	・・・	・・・	・・・	1,200,000	1,200,000	△ 2,400,000

3．その他有価証券

				20X1/03	20X1/06	20X1/09	20X1/12	20X2/03	BS計上額が取得原価を超えるもの	BS計上額が取得原価を超えないもの
その他有価証券	株式	株式	BS計上額	・・・	・・・	・・・	・・・	2,800,000	0	2,800,000
			取得原価	・・・	・・・	・・・	・・・	3,000,000	0	3,000,000
			差額	・・・	・・・	・・・	・・・	△200,000	0	△200,000
	債券	国債・地方債等	BS計上額	・・・	・・・	・・・	・・・	2,800,000	1,200,000	1,600,000
			取得原価	・・・	・・・	・・・	・・・	3,000,000	1,000,000	2,000,000
			差額	・・・	・・・	・・・	・・・	△200,000	200,000	△400,000
		社債	BS計上額	・・・	・・・	・・・	・・・	5,600,000	2,400,000	3,200,000
			取得原価	・・・	・・・	・・・	・・・	6,000,000	2,000,000	4,000,000
			差額	・・・	・・・	・・・	・・・	△400,000	400,000	△800,000
		その他	BS計上額	・・・	・・・	・・・	・・・	8,400,000	3,600,000	4,800,000
			取得原価	・・・	・・・	・・・	・・・	9,000,000	3,000,000	6,000,000
			差額	・・・	・・・	・・・	・・・	△600,000	600,000	△1,200,000
	その他	投資信託	BS計上額	・・・	・・・	・・・	・・・	2,800,000	0	2,800,000
			取得原価	・・・	・・・	・・・	・・・	3,000,000	0	3,000,000
			差額	・・・	・・・	・・・	・・・	△200,000	0	△200,000
	小計		BS計上額	・・・	・・・	・・・	・・・	22,400,000	7,200,000	15,200,000
			取得原価	・・・	・・・	・・・	・・・	24,000,000	6,000,000	18,000,000
			差額	・・・	・・・	・・・	・・・	△1,600,000	1,200,000	△2,800,000

4．当連結会計年度中に売却した満期保有目的の債券

			20X1/03	20X1/06	20X1/09	20X1/12	20X2/03
満期保有目的の債券	国債・地方債等	売却原価	・・・	・・・	・・・	・・・	0
		売却額	・・・	・・・	・・・	・・・	0
		売却損（△）益	・・・	・・・	・・・	・・・	0
	社債	売却原価	・・・	・・・	・・・	・・・	0
		売却額	・・・	・・・	・・・	・・・	0
		売却損（△）益	・・・	・・・	・・・	・・・	0
	その他	売却原価	・・・	・・・	・・・	・・・	0
		売却額	・・・	・・・	・・・	・・・	0
		売却損（△）益	・・・	・・・	・・・	・・・	0
	合計	売却原価	・・・	・・・	・・・	・・・	0
		売却額	・・・	・・・	・・・	・・・	0
		売却損（△）益	・・・	・・・	・・・	・・・	0

【図表４－27】 退職給付 開示基礎資料

株式会社ABC　　X660

退職給付 開示基礎資料

	20X1/3	20X2/3	20X3/3
（1）退職給付債務の期首残高と期末残高の調整表			
退職給付債務の期首残高	・・・	・・・	・・・
勤務費用	・・・	・・・	・・・
利息費用	・・・	・・・	・・・
数理計算上の差異の発生額	・・・	・・・	・・・
退職給付の支払額	・・・	・・・	・・・
その他	・・・	・・・	・・・
退職給付債務の期末残高	・・・	・・・	・・・
（2）年金資産の期首残高と期末残高の調整表			
年金資産の期首残高	・・・	・・・	・・・
期待運用収益	・・・	・・・	・・・
数理計算上の差異の発生額	・・・	・・・	・・・
事業主からの拠出額	・・・	・・・	・・・
退職給付の支払額	・・・	・・・	・・・
その他	・・・	・・・	・・・
年金資産の期末残高	・・・	・・・	・・・
（3）退職給付債務及び年金資産の期末残高と連結貸借対照表に計上された退職給付に係る負債及び退職給付に係る資産の調整表			
積立型制度の退職給付債務	・・・	・・・	・・・
年金資産	・・・	・・・	・・・
差額	・・・	・・・	・・・
非積立型制度の退職給付債務	・・・	・・・	・・・
連結貸借対照表に計上された負債と資産の純額	・・・	・・・	・・・
退職給付に係る負債	・・・	・・・	・・・
退職給付に係る資産	・・・	・・・	・・・
連結貸借対照表に計上された負債と資産の純額	・・・	・・・	・・・

（7）数理計算上の計算基礎に関する事項

退職給付見込額の期間配分方法	期間定額基準	期間定額基準	期間定額基準
割引率	1.00%	1.00%	1.00%
長期期待運用収益率	2.00%	2.00%	2.00%
数理計算上の差異の処理年数	15年	15年	15年

【変動分析】

20X3/3 …

【図表４－28】　税効果会計 開示基礎資料

株式会社ABC　X670

税効果 開示基礎資料

1．繰延税金資産及び繰延税金負債の発生の主な原因別の内訳　(組替前《X661》より)

組替後 (開示ベース)

		20X1/3		20X2/3		20X3/3	
		単体	連結	単体	連結	単体	連結
	繰延税金資産						
1	貸倒引当金	・・・	・・・	・・・	・・・	・・・	・・・
2	未払事業税	・・・	・・・	・・・	・・・	・・・	・・・
3	未払費用	・・・	・・・	・・・	・・・	・・・	・・・
4	たな卸資産評価額	・・・	・・・	・・・	・・・	・・・	・・・
5	その他有価証券評価差額金	・・・	・・・	・・・	・・・	・・・	・・・
6	その他	・・・	・・・	・・・	・・・	・・・	・・・
	繰延税金資産 (流動)　小計	・・・	・・・	・・・	・・・	・・・	・・・
11	投資有価証券評価損	・・・	・・・	・・・	・・・	・・・	・・・
12	役員退職慰労引当金	・・・	・・・	・・・	・・・	・・・	・・・
13	ゴルフ会員権評価損	・・・	・・・	・・・	・・・	・・・	・・・
14	減損損失	・・・	・・・	・・・	・・・	・・・	・・・
15	資産除去債務	・・・	・・・	・・・	・・・	・・・	・・・
16	リース資産減損処理	・・・	・・・	・・・	・・・	・・・	・・・
17	退職給付に係る負債	・・・	・・・	・・・	・・・	・・・	・・・
18	繰越欠損金	・・・	・・・	・・・	・・・	・・・	・・・
19	その他	・・・	・・・	・・・	・・・	・・・	・・・
	繰延税金資産 (固定)　小計	・・・	・・・	・・・	・・・	・・・	・・・
21	評価性引当額	・・・	・・・	・・・	・・・	・・・	・・・
	繰延税金資産　合計	・・・	・・・	・・・	・・・	・・・	・・・
		・・・	・・・	・・・	・・・	・・・	・・・
31	その他有価証券評価差額金	・・・	・・・	・・・	・・・	・・・	・・・
	繰延税金負債 (流動)　小計	・・・	・・・	・・・	・・・	・・・	・・・
41	その他有価証券評価差額金	・・・	・・・	・・・	・・・	・・・	・・・
42	資産除去債務	・・・	・・・	・・・	・・・	・・・	・・・
	繰延税金負債 (固定)　合計	・・・	・・・	・・・	・・・	・・・	・・・
	繰延税金資産 (負債) 合計	・・・	・・・	・・・	・・・	・・・	・・・
	繰延税金資産の純額	・・・	・・・	・・・	・・・	・・・	・・・

【変動分析】

20X3/3　…

【図表4－29】 セグメント情報 開示基礎資料

株式会社ABC　　X510

セグメント情報 開示基礎資料

		20X1/6 (1Q)	20X1/9 (2Q)	20X1/12 (3Q)	20X2/3 (4Q)	20X2/3 (累計)	20X2/6 (1Q)	20X2/9 (2Q)	20X2/12 (3Q)	20X3/3 (4Q)	20X3/3 (累計)

（1）売上高

Aセグメント	X社	・・・	・・・	・・・	・・・	・・・	・・・	・・・	・・・	・・・	・・・
	Y社	・・・	・・・	・・・	・・・	・・・	・・・	・・・	・・・	・・・	・・・
	Z社	・・・	・・・	・・・	・・・	・・・	・・・	・・・	・・・	・・・	・・・
	調整	・・・	・・・	・・・	・・・	・・・	・・・	・・・	・・・	・・・	・・・
	連結	・・・	・・・	・・・	・・・	・・・	・・・	・・・	・・・	・・・	・・・
Bセグメント	X社	・・・	・・・	・・・	・・・	・・・	・・・	・・・	・・・	・・・	・・・
	Y社	・・・	・・・	・・・	・・・	・・・	・・・	・・・	・・・	・・・	・・・
	Z社	・・・	・・・	・・・	・・・	・・・	・・・	・・・	・・・	・・・	・・・
	調整	・・・	・・・	・・・	・・・	・・・	・・・	・・・	・・・	・・・	・・・
	連結	・・・	・・・	・・・	・・・	・・・	・・・	・・・	・・・	・・・	・・・
Cセグメント	X社	・・・	・・・	・・・	・・・	・・・	・・・	・・・	・・・	・・・	・・・
	Y社	・・・	・・・	・・・	・・・	・・・	・・・	・・・	・・・	・・・	・・・
	Z社	・・・	・・・	・・・	・・・	・・・	・・・	・・・	・・・	・・・	・・・
	調整	・・・	・・・	・・・	・・・	・・・	・・・	・・・	・・・	・・・	・・・
	連結	・・・	・・・	・・・	・・・	・・・	・・・	・・・	・・・	・・・	・・・
総計	X社	・・・	・・・	・・・	・・・	・・・	・・・	・・・	・・・	・・・	・・・
	Y社	・・・	・・・	・・・	・・・	・・・	・・・	・・・	・・・	・・・	・・・
	Z社	・・・	・・・	・・・	・・・	・・・	・・・	・・・	・・・	・・・	・・・
	調整	・・・	・・・	・・・	・・・	・・・	・・・	・・・	・・・	・・・	・・・
	連結	・・・	・・・	・・・	・・・	・・・	・・・	・・・	・・・	・・・	・・・

（2）営業費用

Aセグメント	X社	・・・	・・・	・・・	・・・	・・・	・・・	・・・	・・・	・・・	・・・
	Y社	・・・	・・・	・・・	・・・	・・・	・・・	・・・	・・・	・・・	・・・
	Z社	・・・	・・・	・・・	・・・	・・・	・・・	・・・	・・・	・・・	・・・
	調整	・・・	・・・	・・・	・・・	・・・	・・・	・・・	・・・	・・・	・・・
	連結	・・・	・・・	・・・	・・・	・・・	・・・	・・・	・・・	・・・	・・・
Bセグメント	X社	・・・	・・・	・・・	・・・	・・・	・・・	・・・	・・・	・・・	・・・
	Y社	・・・	・・・	・・・	・・・	・・・	・・・	・・・	・・・	・・・	・・・
	Z社	・・・	・・・	・・・	・・・	・・・	・・・	・・・	・・・	・・・	・・・
	調整	・・・	・・・	・・・	・・・	・・・	・・・	・・・	・・・	・・・	・・・
	連結	・・・	・・・	・・・	・・・	・・・	・・・	・・・	・・・	・・・	・・・
Cセグメント	X社	・・・	・・・	・・・	・・・	・・・	・・・	・・・	・・・	・・・	・・・

	Y社	・・・	・・・	・・・	・・・	・・・	・・・	・・・	・・・	・・・	・・・
	Z社	・・・	・・・	・・・	・・・	・・・	・・・	・・・	・・・	・・・	・・・
	調整	・・・	・・・	・・・	・・・	・・・	・・・	・・・	・・・	・・・	・・・
	連結	・・・	・・・	・・・	・・・	・・・	・・・	・・・	・・・	・・・	・・・
総計	X社	・・・	・・・	・・・	・・・	・・・	・・・	・・・	・・・	・・・	・・・
	Y社	・・・	・・・	・・・	・・・	・・・	・・・	・・・	・・・	・・・	・・・
	Z社	・・・	・・・	・・・	・・・	・・・	・・・	・・・	・・・	・・・	・・・
	調整	・・・	・・・	・・・	・・・	・・・	・・・	・・・	・・・	・・・	・・・
	連結	・・・	・・・	・・・	・・・	・・・	・・・	・・・	・・・	・・・	・・・

（3）営業利益

Aセグメント	X社	・・・	・・・	・・・	・・・	・・・	・・・	・・・	・・・	・・・	・・・
	Y社	・・・	・・・	・・・	・・・	・・・	・・・	・・・	・・・	・・・	・・・
	Z社	・・・	・・・	・・・	・・・	・・・	・・・	・・・	・・・	・・・	・・・
	調整	・・・	・・・	・・・	・・・	・・・	・・・	・・・	・・・	・・・	・・・
	連結	・・・	・・・	・・・	・・・	・・・	・・・	・・・	・・・	・・・	・・・
	営業利益率	・・・	・・・	・・・	・・・	・・・	・・・	・・・	・・・	・・・	・・・
	営業利益構成比率	・・・	・・・	・・・	・・・	・・・	・・・	・・・	・・・	・・・	・・・
Bセグメント	X社	・・・	・・・	・・・	・・・	・・・	・・・	・・・	・・・	・・・	・・・
	Y社	・・・	・・・	・・・	・・・	・・・	・・・	・・・	・・・	・・・	・・・
	Z社	・・・	・・・	・・・	・・・	・・・	・・・	・・・	・・・	・・・	・・・
	調整	・・・	・・・	・・・	・・・	・・・	・・・	・・・	・・・	・・・	・・・
	連結	・・・	・・・	・・・	・・・	・・・	・・・	・・・	・・・	・・・	・・・
	営業利益率	・・・	・・・	・・・	・・・	・・・	・・・	・・・	・・・	・・・	・・・
	営業利益構成比率	・・・	・・・	・・・	・・・	・・・	・・・	・・・	・・・	・・・	・・・
Cセグメント	X社	・・・	・・・	・・・	・・・	・・・	・・・	・・・	・・・	・・・	・・・
	Y社	・・・	・・・	・・・	・・・	・・・	・・・	・・・	・・・	・・・	・・・
	Z社	・・・	・・・	・・・	・・・	・・・	・・・	・・・	・・・	・・・	・・・
	調整	・・・	・・・	・・・	・・・	・・・	・・・	・・・	・・・	・・・	・・・
	連結	・・・	・・・	・・・	・・・	・・・	・・・	・・・	・・・	・・・	・・・
	営業利益率	・・・	・・・	・・・	・・・	・・・	・・・	・・・	・・・	・・・	・・・
	営業利益構成比率	・・・	・・・	・・・	・・・	・・・	・・・	・・・	・・・	・・・	・・・
総計	X社	・・・	・・・	・・・	・・・	・・・	・・・	・・・	・・・	・・・	・・・
	Y社	・・・	・・・	・・・	・・・	・・・	・・・	・・・	・・・	・・・	・・・
	Z社	・・・	・・・	・・・	・・・	・・・	・・・	・・・	・・・	・・・	・・・
	調整	・・・	・・・	・・・	・・・	・・・	・・・	・・・	・・・	・・・	・・・
	連結	・・・	・・・	・・・	・・・	・・・	・・・	・・・	・・・	・・・	・・・
	営業利益率	・・・	・・・	・・・	・・・	・・・	・・・	・・・	・・・	・・・	・・・

【変動分析】
'20X1/6　・・・・

【図表４－30】 附属明細表 開示基礎資料

株式会社ABC　X800

附属明細表 開示基礎資料

	元資料	20X1/3	20X2/3	20X3/3
1年以内償還社債	《X642》より	・・・	・・・	・・・
社債		・・・	・・・	・・・
短期借入金	《X643》より	・・・	・・・	・・・
１年返済長期借入		・・・	・・・	・・・
長期借入金		・・・	・・・	・・・
リース債務（短期）	《I110》より	・・・	・・・	・・・
リース債務（長期）		・・・	・・・	・・・
合計		・・・	・・・	・・・

※ 社債の利率，担保，償還期限は，【X642】参照
※ 借入金の利率，返済期限は，【X643】を参照

20X3/3

科目	元資料	期末残高	1年以内	1年超2年以内	2年超3年以内	3年超4年以内	4年超5年以内	5年超
社債	《X642》より	・・・	・・・	・・・	・・・	・・・	・・・	・・・
短期借入金	《X643》より	・・・	・・・	—	—	—	—	—
長期借入金		・・・	・・・	・・・	・・・	・・・	・・・	・・・
リース債務	《I110》より	・・・	・・・	・・・	・・・	・・・	・・・	・・・
合計		・・・	・・・	・・・	・・・	・・・	・・・	・・・

20X2/3

科目	元資料	期末残高	1年以内	1年超2年以内	2年超3年以内	3年超4年以内	4年超5年以内	5年超
社債	《X642》より	・・・	・・・	・・・	・・・	・・・	・・・	・・・
短期借入金	《X643》より	・・・	・・・	—	—	—	—	—
長期借入金		・・・	・・・	・・・	・・・	・・・	・・・	・・・
リース債務	《I110》より	・・・	・・・	・・・	・・・	・・・	・・・	・・・
合計		・・・	・・・	・・・	・・・	・・・	・・・	・・・

20X1/3

科目	元資料	期末残高	1年以内	1年超2年以内	2年超3年以内	3年超4年以内	4年超5年以内	5年超
社債	《X642》より	・・・	・・・	・・・	・・・	・・・	・・・	・・・
短期借入金	《X643》より	・・・	・・・	—	—	—	—	—
長期借入金		・・・	・・・	・・・	・・・	・・・	・・・	・・・
リース債務	《I110》より	・・・	・・・	・・・	・・・	・・・	・・・	・・・
合計		・・・	・・・	・・・	・・・	・・・	・・・	・・・

【変動分析】

20X3/3　…

【図表4－31】 従業員の状況 開示基礎資料

株式会社ABC　X800

従業員の状況 開示基礎資料

	20X1/3	20X2/3	20X3/3

（1）連結会社の状況

Aセグメント（人）	・・・ ［・・・］	・・・ ［・・・］	・・・ ［・・・］
Bセグメント（人）	・・・ ［・・・］	・・・ ［・・・］	・・・ ［・・・］
Cセグメント（人）	・・・ ［・・・］	・・・ ［・・・］	・・・ ［・・・］
合計（人）	・・・ ［・・・］	・・・ ［・・・］	・・・ ［・・・］

［ ］は臨時従業員数（８時間換算）

（2）提出会社の状況

従業員数（人）	・・・ ［・・・］	・・・ ［・・・］	・・・ ［・・・］
平均年齢（歳）	・・・	・・・	・・・
平均勤続年数（年）	・・・	・・・	・・・
平均年間給与（円）	・・・	・・・	・・・

［ ］は臨時従業員数（８時間換算）

（4）管理職に占める女性労働者の割合等

管理職に占める女性労働者の割合（%）	・・・	・・・	・・・
男性労働者の育児休業取得率（%）	・・・	・・・	・・・
労働者の男女の賃金の差異（%）			
全労働者	・・・	・・・	・・・
うち正規雇用労働者	・・・	・・・	・・・
うち非正規雇用労働者	・・・	・・・	・・・

【変動分析】

20X3/3　…

【図表4－32】 役員報酬 開示基礎資料

株式会社ABC　X841

役員報酬 開示基礎資料

	20X1/3	20X2/3	20X3/3

（1）取締役（社外取締役を除く）

支給人数	・・・	・・・	・・・
基本報酬	・・・	・・・	・・・
業績連動型金銭報酬	・・・	・・・	・・・
業績連動型株式報酬	・・・	・・・	・・・
譲渡制限付株式報酬	・・・	・・・	・・・
上記のうち，非金銭報酬等	・・・	・・・	・・・
報酬等の総額	・・・	・・・	・・・

（2）執行役

支給人数	・・・	・・・	・・・
基本報酬	・・・	・・・	・・・
業績連動型金銭報酬	・・・	・・・	・・・
業績連動型株式報酬	・・・	・・・	・・・
譲渡制限付株式報酬	・・・	・・・	・・・
上記のうち，非金銭報酬等	・・・	・・・	・・・
報酬等の総額	・・・	・・・	・・・

（3）社外取締役

支給人数	・・・	・・・	・・・
基本報酬	・・・	・・・	・・・
業績連動型金銭報酬	・・・	・・・	・・・
業績連動型株式報酬	・・・	・・・	・・・
譲渡制限付株式報酬	・・・	・・・	・・・
上記のうち，非金銭報酬等	・・・	・・・	・・・
報酬等の総額	・・・	・・・	・・・

【変動分析】

20X3/3　…

【図表4－33】　設備の状況 開示基礎資料

株式会社ABC　　　　G310

設備の状況 開示基礎資料

【主要な設備の状況】

（1）提出会社

20X3/3

事業所名	セグメントの名称	設備の内容	建物及び構築物				機械装置及び運搬具			土地	合計	土地	従業員数（人）	
			建物	建物附属設備	構築物	合計	機械装置	車輌運搬具	合計			面積（㎡）		臨時
本社	X事業，全社（共通）	全社統括業務	・・・	・・・	・・・	・・・	・・・	・・・	・・・	・・・	・・・	・・・	・・・	・・・
A拠点	X事業	販売設備	・・・	・・・	・・・	・・・	・・・	・・・	・・・	・・・	・・・	・・・	・・・	・・・
B拠点	X事業	生産設備	・・・	・・・	・・・	・・・	・・・	・・・	・・・	・・・	・・・	・・・	・・・	・・・
C拠点	X事業	生産設備	・・・	・・・	・・・	・・・	・・・	・・・	・・・	・・・	・・・	・・・	・・・	・・・
D拠点	X事業	生産設備	・・・	・・・	・・・	・・・	・・・	・・・	・・・	・・・	・・・	・・・	・・・	・・・
E研究所	X事業	研究設備	・・・	・・・	・・・	・・・	・・・	・・・	・・・	・・・	・・・	・・・	・・・	・・・
		合計	・・・	・・・	・・・	・・・	・・・	・・・	・・・	・・・	・・・	・・・	・・・	・・・

20X2/3

事業所名	セグメントの名称	設備の内容	建物及び構築物				機械装置及び運搬具			土地	合計	土地	従業員数（人）	
			建物	建物附属設備	構築物	合計	機械装置	車輌運搬具	合計			面積（㎡）		臨時
本社	X事業，全社（共通）	全社統括業務	・・・	・・・	・・・	・・・	・・・	・・・	・・・	・・・	・・・	・・・	・・・	・・・
A拠点	X事業	販売設備	・・・	・・・	・・・	・・・	・・・	・・・	・・・	・・・	・・・	・・・	・・・	・・・
B拠点	X事業	生産設備	・・・	・・・	・・・	・・・	・・・	・・・	・・・	・・・	・・・	・・・	・・・	・・・
C拠点	X事業	生産設備	・・・	・・・	・・・	・・・	・・・	・・・	・・・	・・・	・・・	・・・	・・・	・・・
D拠点	X事業	生産設備	・・・	・・・	・・・	・・・	・・・	・・・	・・・	・・・	・・・	・・・	・・・	・・・
E研究所	X事業	研究設備	・・・	・・・	・・・	・・・	・・・	・・・	・・・	・・・	・・・	・・・	・・・	・・・
		合計	・・・	・・・	・・・	・・・	・・・	・・・	・・・	・・・	・・・	・・・	・・・	・・・

【変動分析】

20X3/3　…

【図表４－34】　株式等の状況 所有者別状況 開示基礎資料

株式会社ABC　　　　S210

【有報】株式等の状況 所有者別状況 開示基礎資料

	20X1/3				20X2/3				20X3/3			
	株主数	株式数	単元数	割合	株主数	株式数	単元数	割合	株主数	株式数	単元数	割合
政府及び地方公共団体	0	0	0	0.000%	0	0	0	0.000%	0	0	0	0.000%
金融機関	25	3,000,000	30,000	7.500%	24	2,400,000	24,000	6.000%	23	2,300,000	23,000	5.750%
金融商品取引業者	2	180,000	1,800	0.450%	2	180,000	1,800	0.450%	2	180,000	1,800	0.450%
その他の法人	65	14,000,000	140,000	35.000%	65	14,000,000	140,000	35.000%	65	14,000,000	140,000	35.000%
外国法人等（個人以外）	10	800,000	8,000	2.000%	10	800,000	8,000	2.000%	11	1,000,000	10,000	2.500%
外国法人等（個人）	1	10,000	100	0.025%	1	10,000	100	0.025%	1	10,000	100	0.025%
個人その他	8,346	22,000,000	220,000	55.000%	8,442	22,599,700	225,997	56.499%	8,437	22,499,400	224,994	56.249%
自己株式	1	10,000	100	0.025%	1	10,300	103	0.026%	1	10,600	106	0.027%
合計	8,450	40,000,000	400,000	100.000%	8,545	40,000,000	400,000	100.000%	8,540	40,000,000	400,000	100.000%
単元未満株			0				0				0	

【変動分析】

20X3/3　…

【図表4－35】　株式等の状況 大株主の状況 開示基礎資料

株式会社ABC　　S220

【有報】株式等の状況 大株主の状況 開示基礎資料

20X1/3

氏名又は名称	所有株式数	割合
A株式会社	4,000,000	10.00%
B株式会社	2,000,000	5.00%
C株式会社	1,500,000	3.75%
株式会社D	1,000,000	2.50%
個人E	900,000	2.25%
個人F	900,000	2.25%
個人G	800,000	2.00%
個人H	700,000	1.75%
株式会社I	500,000	1.25%
株式会社J	480,000	1.20%
大株主合計	12,780,000	31.95%

発行済み株式数	40,000,000	

自己株式	10,000	0.03%

20X2/3

氏名又は名称	所有株式数	割合
A株式会社	4,000,000	10.00%
B株式会社	2,000,000	5.00%
C株式会社	1,500,000	3.75%
株式会社D	1,000,000	2.50%
個人E	900,000	2.25%
個人F	900,000	2.25%
個人G	800,000	2.00%
個人H	650,000	1.63%
株式会社I	500,000	1.25%
株式会社J	480,000	1.20%
大株主合計	12,730,000	31.83%

発行済み株式数	40,000,000	

自己株式	10,300	0.03%

20X3/3

氏名又は名称	所有株式数	割合
A株式会社	4,000,000	10.00%
B株式会社	2,000,000	5.00%
C株式会社	1,500,000	3.75%
株式会社D	1,000,000	2.50%
個人E	900,000	2.25%
個人F	900,000	2.25%
個人G	800,000	2.00%
個人H	600,000	1.50%
個人K	500,000	1.25%
株式会社I	470,000	1.18%
大株主合計	12,670,000	31.68%

発行済み株式数	40,000,000	

自己株式	10,600	0.03%

【変動分析】

20X3/3　…

4 決算早期化を実現するアウトプット資料の作成方法

(1) 開示基礎資料はゴールから逆算して作成する

リードシートは試算表をコピペして作成する。勘定科目明細はリードシートをコピペして作成する。そうすれば，「試算表」→「リードシート」→「勘定科目明細」の数値は合う（P.153【図表４－７】参照）。つまり，リードシート，勘定科目明細は，試算表（**上流**）から作成する。

しかし，開示基礎資料は有報・短信等の最終成果物（**下流**）から逆算して作成する。最終成果物を開示基礎資料からコピペで作成する。つまり，開示基礎資料は最終成果物と「１対１」の対応関係になるように作成することがポイントである（P.136「開示有用性」参照）。開示基礎資料の作成は，この**「ゴール逆算思考」**がなければならない。

なお，上場企業の決算担当者ですら自社の最終成果物を見たことがない人が少なくない。経理部とは，各利害関係者の求めに応じて，情報を提供・報告するために存在するのであるから（第３章参照），経理部員であれば自社の最終成果物は網羅的に理解しておくべきである。それなくして，決算早期化の実現はありえない。

【図表４－36】 最終成果物から逆算してどのような開示基礎資料を作成すべきか(再掲)

⑵ 「開示マッピングシート」の作成

自社の最終成果物や開示項目を理解するために，【図表４－37】のような**「開示マッピングシート」**を作成すべきである。これは，有報，短信，事業報告の目次を列挙したものであるが，他の成果物（管理会計資料等）についても可能な限りこの１枚のシートに盛り込むことが望ましい。そうすることによって，開示事項に重複が多いことがわかる。重複しているものについては，開示基礎資料を「有報用」「短信用」…と分けて作成する必要はない。「ゴール逆算思考」により，**１つの注記に対して，１つの開示基礎資料を作成する**。

そして，作成したシートのファイル名（もしくはシート名，リファレンスナンバー）を「開示マッピングシート」の右端の列に記載しておく。

そうすることによって，経理部員が最終成果物や開示項目を理解できるだけでなく，開示基礎資料の漏れ・ダブりを防ぐこともでき，決算の効率化・早期化にもつながる。

⑶ すべてのアウトプット資料に「横串」を刺す

多くの上場企業において，単体決算担当者は単体決算を締め，単体の勘定科目明細等を作成して終わっている。連結決算担当者は連結決算を締め，連結仕訳明細等を作成して終わっている。そのため，単体決算や連結決算とは別の開示業務担当者が，開示基礎資料の作成をゼロベースで行っている。このように，決算業務における「上流」の工程である単体決算・連結決算と，「下流」の工程である開示業務の担当者が「分断」されているため，決算・開示資料も「上流」の資料（勘定科目明細等，連結仕訳明細等）と「下流」の資料（開示基礎資料）が「分断」されている。

「縦割り行政」は，権限と責任の所在を明確にし，各人の専門性を活かせる等のメリットがあるが，そのようなメリットを発揮できるのは数千人，数万人の巨大組織だけである。大半の上場企業の経理部は数名，多くても10名～20名の小さな組織である。このような小さな組織において，「縦割り行政」は，一

【図表４－37】「開示マッピングシート」

有価証券報告書の項目・内容		決算短信	事業報告書	区分	ファイル収納場所 （ファイル名orシート名）
第１【企業の概要】			1.【企業集団の状況】		
1【主要な経営指標等の推移】			1.(2)【財産および損益の状況】	B	B120_開示用財務指標データ（単体）
2【沿革】	（定性的情報）			—	
3【事業の内容】	（定性的情報）		1.(5)【主要な事業内容】（定性的情報）	—	
4【関係会社の状況】	資本金，議決権割合等	【企業集団等の概況】（定性的情報）		X連結	X140_連結グループ一覧
			1.(6)【主要な営業所】	—	
5【従業員の状況】	従業員数（セグメント別），平均年齢，平均勤続年数等		1.(7)【使用人の状況】	X連結	X150_連結従業員数
第２【事業の状況】					
1【経営方針，経営環境・・・】	（定性的情報）	【経営成績等の概況】，CF関連指標，業績予想	1.(1)【事業の状況】	B	B110_単体試算表　変動分析シート
2【事業等のリスク】	（定性的情報）			—	
3【財政状態，経営成績・・・の分析】				B	B110_単体試算表　変動分析シート
			1.(4)【対処すべき課題】（定性的情報）	—	
5【研究開発活動】	研究開発費の金額			—	
			1.(8)【主要な借入先の状況】	N借入	N_借入金
第３【設備の状況】					
1【設備投資等の概要】	設備投資額			G有固	G_有形固定資産
2【主要な設備の状況】	帳簿価額・従業員数，賃借物件の賃料・従業員数			G有固	G_有形固定資産
3【設備の新設，除却等の計画】				G有固	G_有形固定資産
第４【提出会社の状況】			2.【会社の現況】		
1【株式等の状況】	(1)株式の総数，発行済株式数		(1)株式の状況	S純資産	S_純資産
	(2)新株予約権の状況		(2)新株予約権の状況	S純資産	S_純資産
	(4)発行済株式総数，資本金等の推移			S純資産	S_純資産
	(5)所有者別状況			S純資産	S_純資産
	(6)大株主等の状況		(1)④大株主	S純資産	S_純資産
	(7)議決権の状況（発行済株式数，自己株式数）			S純資産	S_純資産
2【自己株式の取得等の状況】	(4)保有自己株式の処理状況及び保有状況			S純資産	S_純資産
3【配当政策】	配当総額，１株当たり配当額			S純資産	S_純資産
4【株価等の推移】	最高・最低株価			S純資産	S_純資産
5【役員の状況】	（定性的情報）		(3)会社役員の状況（定性的情報）	—	
6【コーポレート・ガバナンスの状況等】	役員報酬等		(3)③取締役および監査役の報酬	T損益	T_損益
	株式の保有状況			J有証	J_有価証券
	監査報酬等		(4)会計監査人の状況	T損益	T_損益
			他略		
第５【経理の状況】					
1【連結財務諸表等】					
1連結財務諸表		1連結財務諸表	1連結財務諸表	X連結	
①連結貸借対照表		①連結貸借対照表	①連結貸借対照表	X連結	
②連結損益計算書		②連結損益計算書	②連結損益計算書	X連結	
連結包括利益計算書		連結包括利益計算書		X連結	
③連結株主資本等変動計算書		③連結株主資本等変動計算書	③連結株主資本等変動計算書	X連結	
④連結キャッシュ・フロー計算書		④連結キャッシュ・フロー計算書		Y連結CF	
【注記事項】					
（連結財務諸表作成のための基本となる重要な事項）	（定性的情報）	—		—	
（未適用の会計基準等）	（定性的情報）				

（会計方針の変更）	—	—		—	
（表示方法の変更）	（定性的情報）	—		—	
（追加情報）	—	—		—	
（連結貸借対照表関係）	※1　関係会社株式	—		J有証	J_有価証券
	※2　当座貸越契約	—		N借入金	N_借入金
	※3　保証債務	—		—	
（連結損益計算書関係）	※1　たな卸資産の収益性低下による簿価切下げ額	—		E棚卸	E_棚卸資産
	※2　販管費の内訳	—		T損益	T_損益
	※3　一般管理費に含まれる研究開発費の総額			T損益	T_損益
	※4～5　固定資産除売却損益の内訳	—		G有固	G_有形固定資産
（連結包括利益計算書関係）	組替調整額，税効果	—		S純資産	S_純資産
（株主資本等変動計算書関係）	発行済株式数増減，新株予約権残高，配当支払額	—		S純資産	S_純資産
（連結キャッシュ・フロー関係）	現金及び現金同等物残高，新連子の資産・負債	—		Y連結CF	
（リース取引関係）	オペレーティング･リース取引(借)の未経過リース料	—		X連結	X_連結注記基礎資料_リース
（金融商品関係）	BS計上額・時価・差額，借入金等返済予定額	—		X連結	X_連結注記基礎資料_金融商品
（退職給付関係）	退職給付債務の内訳，退職給付費用の内訳等	—		P退引	X_連結注記基礎資料_退職給付
（SOP関係）	費用，内容，規模・変動状況，単価情報，見積方法			S純資産	S_純資産
（税効果会計関連）	DTA発生別内訳，税率差異	—		X連結	X_連結注記基礎資料_税効果
（企業結合等）		—		—	—
（資産除去債務）	増減額			G有固	G_有形固定資産
（セグメント情報）	セグメント別売上・利益・資産，関連情報	セグメント別売上・利益・資産，関連情報		X連結	X_連結注記基礎資料_セグメント情報
（関連当事者取引）	重要な関連会社との取引	—		X連結	X_連結注記基礎資料_関連当事者取引
（1株あたり情報）	1株あたり純資産，1株あたり当期純利益	1株あたり純資産，1株あたり当期純利益		B	B120_開示用財務指標データ（単体）
【連結附属明細表】		—			
（借入金等明細表）		—		N借入	X_連結注記基礎資料_金融商品
【その他】	四半期PL	—		B	
2【財務諸表等】		—			
【財務諸表】		—	【財務諸表】		
①貸借対照表		—	①貸借対照表	B	B_単体試算表_変動分析シート
②損益計算書		—	②損益計算書	B	B_単体試算表_変動分析シート
③株主資本等変動計算書		—	③株主資本等変動計算書	B	B_単体試算表_変動分析シート
【注記事項】		—			
（重要な会計方針）	（定性的情報）	—		—	—
（会計方針の変更）	（定性的情報）	—		—	—
（表示方法の変更）	（定性的情報）	—		—	—
（貸借対照表関係）	※1　関係会社に対する金銭債権・債務	—		U注記	V110_関係会社との債権債務一覧
	※2　当座貸越契約	—		U注記	N_借入金
	※3　保証債務	—		U注記	V100_保証債務
（損益計算書関係）	※1　関係会社との取引高	—		U注記	V120_関係会社との内部取引一覧
	※2　販管費の内訳	—		T損益	T_損益
（有価証券関係）	時価のない子会社株式，関連会社株式	—		J有証	X_連結注記基礎資料_有価証券
（税効果会計関連）	DTA発生別内訳，税率差異	—		X連結	X_連結注記基礎資料_税効果
（企業結合等）	—	—		—	—
【附属明細表】		—			
（有形固定資産等明細表）		—		G有固 H無固	G_有形固定資産 H_無形固定資産
（引当金明細表）	引当金	—		D，Q	D_営業債権（貸倒引当金） O_その他流動負債

体として実施すべき決算業務を過度に細分化することになり，効率性，生産性等のあらゆる面においてデメリットのほうが大きい。特に，細分化された業務を割り当てられた各担当者が経理部の全体像や決算のゴールを見ずに仕事をする可能性が高いというデメリットが生じることは看過できない。

第１章で，決算早期化を実現した会社と，決算早期化が実現できない会社の最大の違いは，**決算担当者が「森を見る視点」（業務全体を見渡す視点）を持っているかどうかの違い**だ，と述べた。決算業務が縦割りになっていたら各担当者は目の前の与えられた業務しか見ることがないという**「枝」を見る視点**になってしまう。これでは，決算早期化の実現はできない。

弊害の多い経理部の「縦割り行政」を改善するには，いきなり業務分担を変えるのではなく，その前に決算資料の体系を変えなければならない。**アウトプット資料を「縦割り」ではなく「横串」を刺すように作成するのである。**

多くの上場企業では，【図表４－38】のように，「上流」の資料（勘定科目明細等）と「下流」の資料（開示基礎資料）が「分断」している（しかも，これらの資料は，網羅性や有用性が確保されていないことが多い）。これを【図表４－39】のように，「横串」を刺すように作成・整備するのである。試算表（上流）から作成した「リードシート」→「勘定科目明細」と，最終成果物（下流）から作成した「開示基礎資料」をつなぐことにより，「試算表」→「リードシート」→「勘定科目明細」→「開示基礎資料」と横串を刺すことができる(※)。

(※) なお，すべての開示基礎資料が勘定科目明細と紐付くわけではない。特に，連結の開示基礎資料は，勘定科目明細と紐付くものが少ない。そのような場合，開示基礎資料だけを別ファイルとして作成・保存してもよい（【図表４－11】のある上場企業の共有フォルダ内のファイルの作成・保存方法を参照）。

アウトプット資料に横串を刺すことができれば，財務分析においても，「試算表レベルの分析」→「リードシートレベルの分析」→「勘定科目明細レベルの分析」→「開示基礎資料レベルの分析」と４段階の分析（ミクロ的な視点の

【図表４－38】 縦割りにより作成される決算資料と業務分担

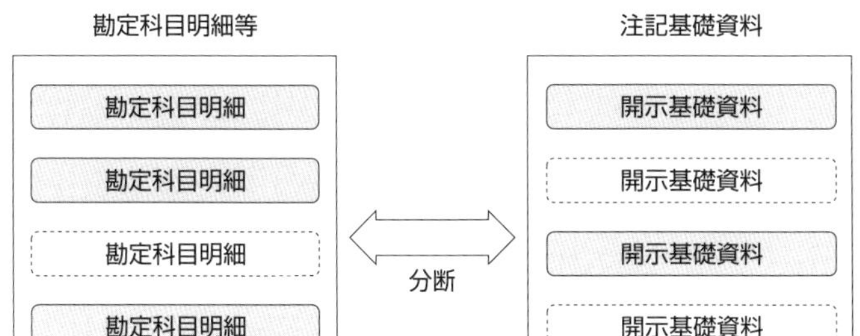

【図表４－39】 横串を刺して作成される決算資料と業務分担

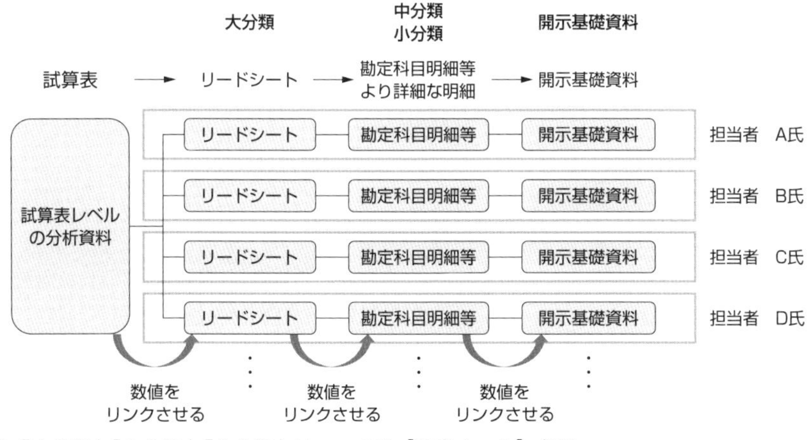

※「大分類」「中分類」「小分類」については【図表４－５】参照

財務分析，P.215参照）を実施することができる。

また，アウトプット資料に横串を刺すことができれば，業務分担も横串を刺すことができる。例えば，有価証券の担当者は，有価証券の開示基礎資料まで一気に作成し，税金の担当者は，税効果会計の注記に係る開示基礎資料まで一気に作成する。そうすれば，単体試算表・連結精算表の作成と同時に（もしくは併行して）開示基礎資料の作成にとりかかることが可能となるため，開示業務の大幅な早期化を実現させることも可能となる。第１章の【図表１－１】で紹介した上場企業は，単体試算表・連結精算表の作成とほぼ同時にすべての開示基礎資料の作成が完了しており，開示業務の工数が圧倒的に少ないことが，同図表から見て取れる。アウトプット資料を見直すことにより，決算早期化は実現できるのである。

最後に，「縦割り行政」を行っていた経理部における典型的な共有フォルダ内のアウトプット資料保管方法を【図表４－40】に，業務に「横串」を刺した経理部における共有フォルダ内のアウトプット資料保管方法を【図表４－41】（単体），【図表４－42】（連結）に示しておく。決算早期化を実現させるためのアウトプット資料の作成・保管方法のゴールのイメージを付けてから，アウトプット資料の改善に取り組んでほしい。

【図表４－40】「縦割り」の経理部のアウトプット資料保管方法

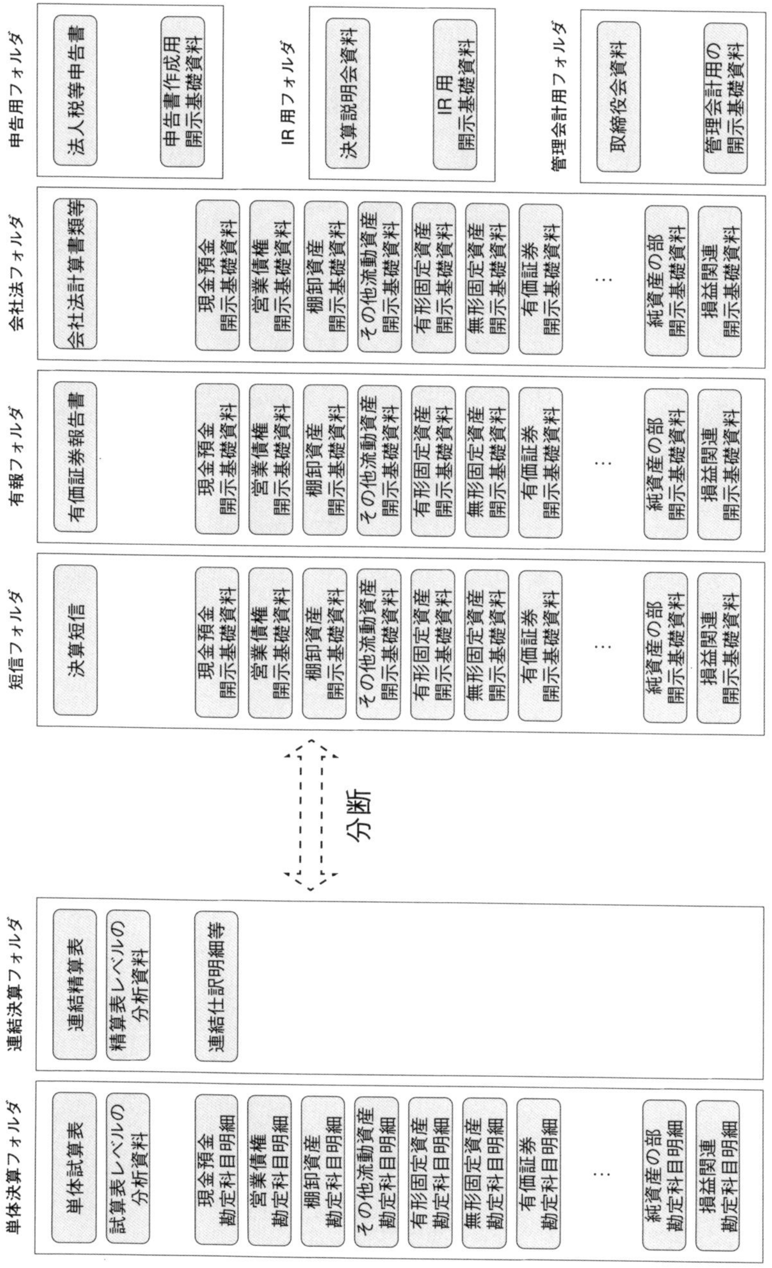

単体決算フォルダ
- 単体試算表
- 試算表レベルの分析資料
- 現金預金勘定科目明細
- 営業債権勘定科目明細
- 棚卸資産勘定科目明細
- その他流動資産勘定科目明細
- 有形固定資産勘定科目明細
- 無形固定資産勘定科目明細
- 有価証券勘定科目明細
- …
- 純資産の部勘定科目明細
- 損益関連勘定科目明細

連結決算フォルダ
- 連結精算表
- 精算表レベルの分析資料
- 連結仕訳明細等

⇔ 分断

短信フォルダ
- 決算短信
- 現金預金開示基礎資料
- 営業債権開示基礎資料
- 棚卸資産開示基礎資料
- その他流動資産開示基礎資料
- 有形固定資産開示基礎資料
- 無形固定資産開示基礎資料
- 有価証券開示基礎資料
- …
- 純資産の部開示基礎資料
- 損益関連開示基礎資料

有報フォルダ
- 有価証券報告書
- 現金預金開示基礎資料
- 営業債権開示基礎資料
- 棚卸資産開示基礎資料
- その他流動資産開示基礎資料
- 有形固定資産開示基礎資料
- 無形固定資産開示基礎資料
- 有価証券開示基礎資料
- …
- 純資産の部開示基礎資料
- 損益関連開示基礎資料

会社法フォルダ
- 会社法計算書類等
- 現金預金開示基礎資料
- 営業債権開示基礎資料
- 棚卸資産開示基礎資料
- その他流動資産開示基礎資料
- 有形固定資産開示基礎資料
- 無形固定資産開示基礎資料
- 有価証券開示基礎資料
- …
- 純資産の部開示基礎資料
- 損益関連開示基礎資料

申告用フォルダ
- 法人税等申告書
- 申告書作成用開示基礎資料

IR 用フォルダ
- 決算説明会資料
- IR 用開示基礎資料

管理会計用フォルダ
- 取締役会資料
- 管理会計用の開示基礎資料

【図表４－41】「横串」を刺した経理部のアウトプット資料保管方法（単体）

	大分類	中分類 小分類	開示基礎資料
	リードシート →	勘定科目明細 →	開示基礎資料
C	現金預金 変動分析資料	現金預金 勘定科目明細	現金預金 開示基礎資料
D	営業債権 変動分析資料	営業債権 勘定科目明細	営業債権 開示基礎資料
E	棚卸資産 変動分析資料	棚卸資産 勘定科目明細	棚卸資産 開示基礎資料
F	その他流動資産 変動分析資料	その他流動資産 勘定科目明細	その他流動資産 開示基礎資料
G	有形固定資産 変動分析資料	有形固定資産 勘定科目明細	有形固定資産 開示基礎資料
H	無形固定資産 変動分析資料	無形固定資産 勘定科目明細	無形固定資産 開示基礎資料
J	有価証券 変動分析資料	有価証券 勘定科目明細	有価証券 開示基礎資料
	⋮	⋮	⋮
S	純資産の部 変動分析資料	純資産の部 勘定科目明細	純資産の部 開示基礎資料
T	損益関連 変動分析資料	損益関連 勘定科目明細	損益関連 開示基礎資料

B
単体試算表
単体試算表変動分析シート

A
決算短信
会社法計算書類
有価証券報告書
法人税申告書
招集通知
管理会計資料

【図表4－42】「横串」を刺した経理部のアウトプット資料保管方法（連結）

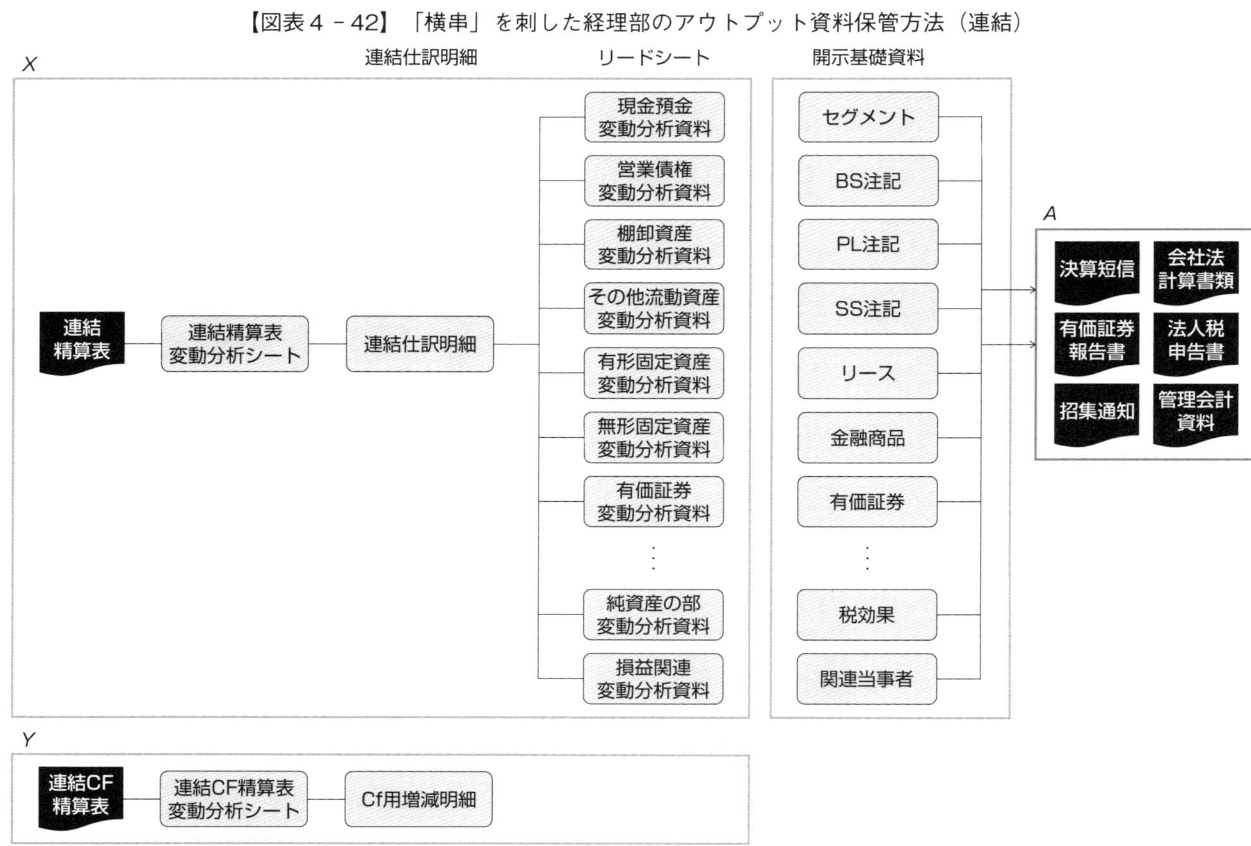

5 財務分析はどのように行うのか

財務分析というと，ROA，ROE，流動比率，自己資本比率といった財務的な指標で一律に評価するものと思っている人がいる。財務分析の書籍を見ても，そのような財務的な指標が多く載っている。しかし，決算担当者はアナリストではないため，そのような指標をすべて覚える必要はない。ここでは，決算担当者にとって最低限必要な財務分析の知識と手法について述べる。

(1) 財務分析とは何か

財務分析とは，簡単にいえば**「財務諸表上のあるデータとあるデータを比較・分析すること」**である。「あるデータ」とは何かというと，ほとんどの場合「今期の財務諸表上のデータ」と「過年度の財務諸表上のデータ」である。その両者の変動の原因を明らかにしていくことが財務分析である。

例えば，前期10億円だった現金預金残高が，今期15億円だった場合，「残高

【図表４－43】 財務分析とは

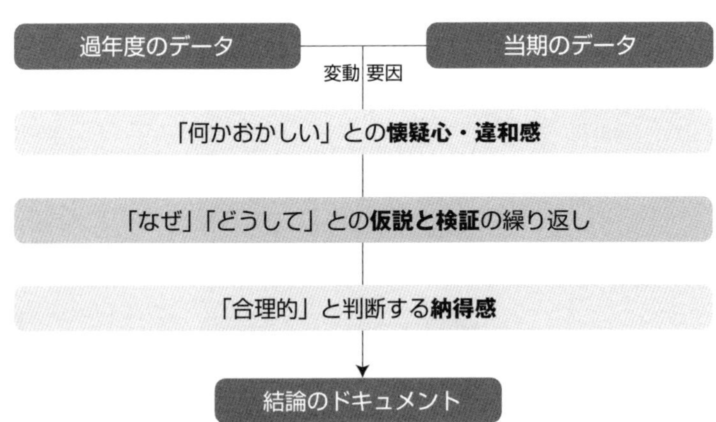

が５億円増えた理由は何か？」を言葉で説明することである。

財務諸表は複式簿記の原理により作成されているため，ある勘定科目の残高等が前期と比較して５億円増減したら，理論上，別の勘定科目の残高等が５億円増減しているはずである。つまり，原則として，**すべての勘定科目の変動は言葉で説明できるはずである。もし，ここで変動が言葉で説明できない場合，そこには不正か誤謬があると疑ったほうがよい。**

例えば，現金預金残高が前期と比較して５億円増加していた場合，その理由としていくつかの仮説を立てることができる。①売上高が増加したからかもしれないし，②営業債権を早めに回収したからかもしれない。③新規借入れを行ったからかもしれないし，④貸付金を回収したからかもしれないし，⑤資産を売却したかもしれない。財務分析を実施する決算担当者は，その考えうる仮説を立て，事実の収集を行い，その仮説を検証する。「なぜ」「どうして」と仮説と検証を繰り返し，変動理由を「合理的」といえるレベルまで調査しなければならない。「合理的」とは，分析者が仮説と検証を繰り返した結果，結論として納得感が得られたというレベルであり，また，経営者や投資家等に変動理由を問われたときに，彼らに説明して納得してもらえるレベルと思ってもらえればよい。決して，「絶対的」な事実関係を調査・分析することが目的ではない。「合理的」と判断できたら，その変動理由をドキュメントする。決算担当者に必要な財務分析はこの程度である。

なお，財務分析を実施していても，その分析結果をドキュメントしている会社は極めて少ない。分析結果は，P.156の【図表４－９】のように簡潔に記載しておくだけで十分である。分析結果を担当者にヒアリングしなければわからないようなドキュメントであれば，各利害関係者の情報提供の質は上がらないし，会計監査の工数も増える。

(2)　財務分析に必要な「マクロ的な視点」と「ミクロ的な視点」

決算書は会社の健康診断書である，ともいわれる。健康診断を受診すれば健康になれるというものではなく，受診後の診断結果から（a）問題点を把握し，

(b) その根本的な原因を分析し，(c) 今後の改善策を練り，(d) 改善を実行していく，ということが重要であることはいうまでもない。会社の決算業務もまったく同じである。財務会計的にいえば，**各利害関係へのディスクロージャーのため，さらには，異常点を発見するために財務分析が必要となる**が，管理会計的にいえば，**会社の健康状態を向上させるため（換言すれば，企業価値向上のため）に財務分析を実施しなければならない**。

つまり，分析業務の目的は，以下の３つであるといえる。

【財務分析の目的】

① 各利害関係者へ価値ある情報を提供・報告するため（ディスクロージャー目的）

② 財務諸表の適正性等を確かめるため（異常点発見目的）

③ 財務上の健全性等を確かめるため（企業価値向上目的）

これら３つの分析業務を使い分けて実施する必要はない。分析業務を実施する際に，形式的に実施するのではなく，３つの目的を達成するために実施することを常に意識しておくべきである。

①ディスクロージャー目的のための財務分析を行うためには，(a) **まずは財務諸表全体の動きを見なければならない**。その際に，貸借対照表（B/S），損益計算書（P/L），キャッシュ・フロー計算書（C/F）の財務３表を関連付けて見なければならない。ある勘定科目の数値が増減したら，理論上，別の勘定科目で同額が増減しているはずである。１つの勘定科目だけが変動するということはない。ということは，財務分析をする際に，１つの勘定科目だけを眺めていても，何もわからないことのほうが多い。精度の高い財務分析を実施するためには，**「枝」を見るのではなく，「森」を見なければならない**（そのため，【図表４－12】のような試算表レベルの変動分析シートは全経理部員で真っ先に共有しておくべきである）。もし自分が売掛金の分析業務を担当したのであ

れば，売掛金の過年度との変動だけを見るのではなく，P/L上の売上高や，C/F上の売掛金の増減額等と整合しているか，違和感がないかを検証しなければならない。もし自分が税金関連科目の分析業務を担当したのであれば，P/L上の整合性を見るだけではなく，B/S（未払法人税等）や，C/F（法人等の支払額等）との整合性もみなければならない。

さらに精度の高い財務分析を実施するためには，(b) **次に会社の動き（事業活動や事業モデル）についても見なければならない**。つまり，どのような事業活動があったから資産・負債・収益・費用などが動いたのか，どのような事業モデルだから資産・負債・収益・費用などが動いたのか，という視点が必要になる。会社の事業活動や事業モデルを見ようと思うと，(c) **さらに業界の動き（競合他社の動き）についても見なければならない**場合もある。自社の事業活動は，業界のトレンドに影響される場合もあるからだ。それだけにとどまらず，(d) **最後に社会・経済の動きについても見なければならない**場合もある。自社の事業活動が，業界という枠を超え，世界経済，日本経済の影響を受ける

【図表４－44】　ディスクロージャー目的の財務分析に必要な「マクロ的な視点」

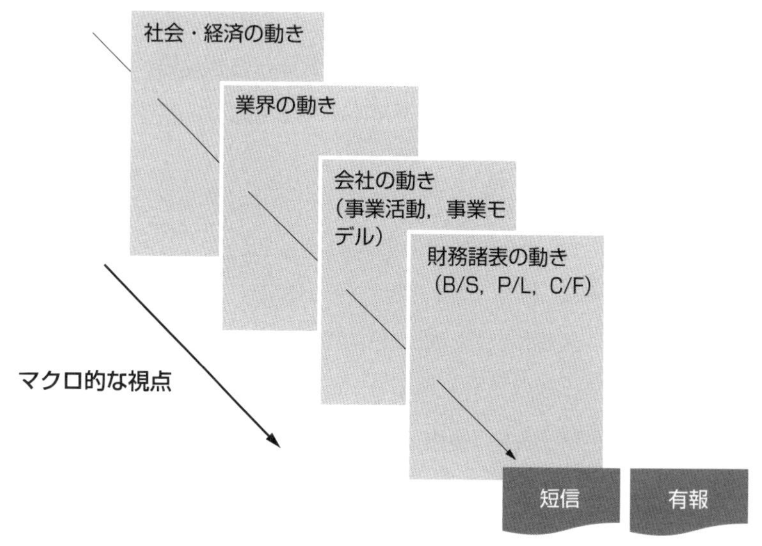

ことも大いにある。

このように，ディスクロージャー目的のための財務分析を徹底的に実施しようと思うと，(a) 財務諸表の動き，(b) 会社の動き，(c) 業界の動き，(d) 社会・経済の動き，という非常に大きなマクロ的視点が必要となる。経理部員がこのような視点を持って財務分析を実施すれば，相当レベルの高い分析ができるはずである。

②異常点発見のための財務分析を行うためには，目線をより高めていくマクロ的視点よりも，むしろ，目線を下げていくミクロ的視点が必要となる。

つまり，(a) **まずは財務諸表全体の動きを見なければならない**点は①と同じである（ここでは，財務諸表全体の動きを見ることを**「試算表レベルの財務分析」**という）。そこで例えば，「売掛金が増えた」ということに懐疑心・違和感を持ったのであれば，(b) **「リードシートレベルの分析」**へと掘り下げていき，売掛金の長期的な残高の推移を分析する。「リードシートレベルの分析」では懐疑心・違和感に対する納得感が得られなければ，(c) **「勘定科目明細レベルの分析」**へと深掘りしていき，どこの得意先への売掛金が増えたのかを調べ，その得意先と実際にどういう取引を行ったのか，取引の実在性は問題ないのか，当期の取引として処理して問題はないのか，といった「実態」に迫っていく必要がある。その際に，深掘りすることばかりを意識しすぎて，B/S，P/L，C/Fの財務３表を関連付けて見ることを忘れてはならない。

一般的に不正会計が行われる場合，売上高や利益の水増しが行われることが多い。つまり，P/Lの水増しが行われる。先述のとおり，ある仕訳が起こされると，一般的に，B/S，P/L，C/Fが複合的に連動する。そのため，売上高や利益の水増しが行われると，その膿の塊はB/S（主に資産）に計上される（簿外負債となる場合等一部の例外もある）。架空売上が計上された場合は，相手勘定として売掛金等のB/S上の資産項目が大きく変動することがあるし，循環取引が行われた場合は，B/S上の棚卸資産が大きく変動するだけではなく，(P/Lが黒字なのに) C/F上の営業キャッシュ・フローが大きく減少する（も

【図表4－45】 異常点発見目的の財務分析に必要な「ミクロ的な視点」

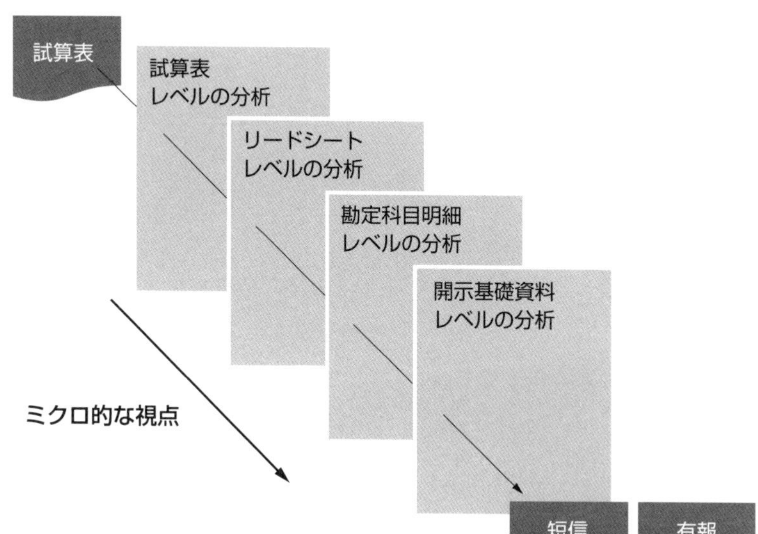

しくはマイナスになる）ことがある。財務３表を関連付けて見ることにより，不正会計を発見できる可能性は高まる。

異常点発見のための財務分析において重要なのは，(d)**「開示基礎資料レベルの分析」**である。財務諸表上の勘定科目の残高や損益に対する懐疑心・違和感がなくても，最終成果物である有価証券報告書や決算短信に異常点（不正や誤謬）がないことを分析（検証）しなければならない（なぜ分析による検証を行わなければならないのかは(3)で詳述する)。

(a)～(c)は主に会計処理面における異常点発見のための財務分析であり，(d)は主に財務諸表の表示面における異常点発見のための財務分析であり，両者は若干性質が異なるが，両者を使い分ける必要性はない。異常点発見目的のための財務分析を徹底的に実施しようと思うと，(a)試算表レベルの財務分析，(b)リードシートレベルの財務分析，(c)勘定科目明細レベルの財務分析，

(d) 開示基礎資料レベルの財務分析，という４段階の財務分析が必要となる。

このように，財務分析をする際は，「森を見てから枝をみる」というマクロ的な視点と，逆に根っこの奥深くまで掘り下げていくミクロ的な視点の両方を持つ必要がある。常に，全体から部分，部分から全体を見るのである。**マクロ的な視点をもって事業の「実態」に迫り，ミクロ的な視点で「数字」を検証し，「実態」と「数字」の違和感をなくしていく。「実態」から「数値」の仮説を立ててみたり，「数値」から「実態」の仮説を立ててみたりしながら，「合理的」と納得感が得られるまで，仮説と検証を繰り返すのである**（【図表４－46】参照）。会社，事業，人の動きを見なければ，実際にどのような取引がなされているか見えてこないこともあるため，時には現場に足を運んで事実（エビデンス）の収集を行う必要もあるだろう。しかし，多くの場合，「実態」と「数字」に対する好奇心や関心があれば，見えないものも見えてくる。財務分析は，初めのうちは時間がかかる作業になるかもしれないが，１年間（年４回，もしく

【図表４－46】 財務分析の思考と手法

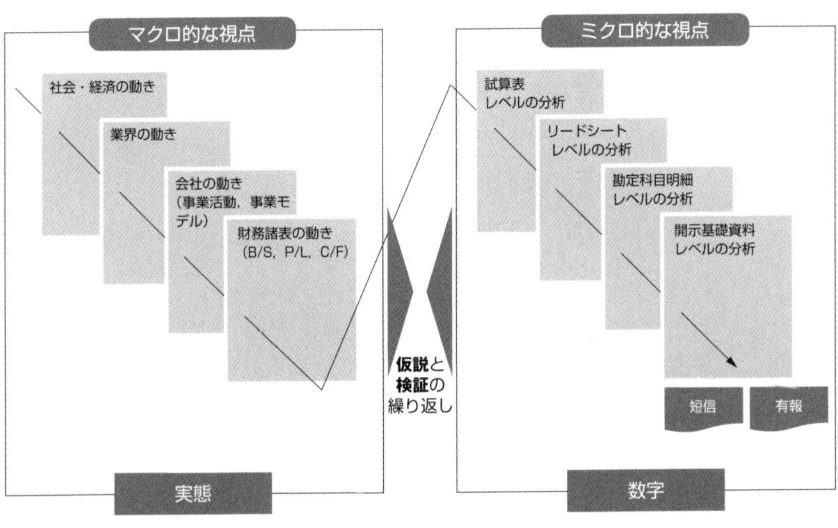

は年12回）きちんと実施すれば，ベテラン公認会計士並みの精度の高い財務分析が実施できるはずである。

財務分析にあたり，最もやってはいけないのは，懐疑心・違和感を「見て見ぬふり」をしたり，仮説・検証の段階において「まっ，いいか」で終わらせたりすることである。上場企業においても，このレベルの会社が非常に多い。だから，不正会計が後を絶たないのだ。

なお，「異常点発見は監査法人がやる仕事だ」と思っている方がいたら大間違いである。チェックは監査法人に丸投げという感覚でいるから，会計処理や表示の誤りやミスが後を絶たず，監査法人からの質問や，修正依頼・指摘事項が減らず，決算や監査の工数が増えるのである。そのような状況で決算早期化などできるはずがない。決算早期化を実現させている会社は，異常点発見目的のための財務分析も，ディスクロージャー目的のための財務分析もきちんと実施している。「セルフ監査」を行ったうえで，監査法人の監査を受けている。そのため，監査法人からの質問も少ないし，修正依頼・指摘事項も少ない。分析業務は，決算の主たる業務の１つであることを忘れてはならない。

⑶　財務諸表が正しいことを検証するには「分析＞突合」

財務諸表の適正性等を検証する方法は，究極的には以下の２つが考えられる。

①　伝票１枚１枚が正確に起票されているかを検証し，すべての伝票が正しいことをもって，全体の財務諸表が正しいことを確かめる方法
②　財務分析を徹底して行い，異常な変動がないことを確かめることによって，全体の財務諸表が正しいことを確かめる方法

つまり，「突合（とつごう）」（帳票等とそのエビデンスを突き合わせること）による方法と，「分析」による方法がある。

そして，どちらの方法が高い精度で財務諸表の適正性等を検証できるかとい

えば，「分析」による方法である。つまり，**「分析＞突合」**なのである。そのため，会計監査も，①の方法ではなく，②の方法を採用している（P.108参照）。そして，全勘定科目の変動に違和感がないことをもって財務諸表が適正であると判断しているのである。①の方法だと，すべての伝票を１枚１枚突合することには時間的な限界があるし，どれだけ慎重かつ丁寧に作業を行っても帳票等に網羅性が確保されていなければ，たちまち全体の正確性が確保されなくなる。しかしながら，②の方法により適正性等の検証をしている上場企業は，極めて少ない。

これは，最終成果物である有報や短信等の表示の妥当性などの検証についても同様である。

多くの上場企業が，最終成果物の表示チェックをする際に，最終成果物と開示基礎資料との「突合」（赤ペンチェック）を行っている。しかし，これも開示基礎資料に網羅性が確保されていなかったり，開示基礎資料に誤りがあったりした場合，チェック自体が意味をなさなくなる。網羅性・有用性を兼ね備えた開示基礎資料を作成できていない企業が，最終成果物の表示チェックをする際に「突合」しか行っていないのは開示リスクが高いといわざるをえない。

どれだけ「突合」しても異常性の発見や表示の妥当性等の検証には限界があるということは憶えておいてほしい。「分析」すればその異常性に気付くことができる。つまり，**分析は突合を超える**のである。

(4)　財務分析と決算早期化の関係

①　財務分析を１日かけて実施すれば，それ以上の決算早期化が実現できる

ここまで読まれた方の中には，「財務分析をきちんとやったら，時間が何日あっても足りないのではないか」と思われた方もいるだろう。これまで財務分析をほとんどやっていなかった会社や，財務分析をやっていても「試算表レベルの財務分析」をやっていたにすぎない会社にとっては，リードシート等の標準テンプレートを作成し，財務分析を実施し，分析結果をドキュメント化する

ことは，工数の増加に感じるかもしれない。

しかし，そう感じる方は，もう一度，第３章を熟読してほしい。**決算早期化が実現できない根本的な原因は，「アウトプット業務」や「分析業務」を十分，網羅的に行っていないから**である（P.126）。多くの会社にとって，決算早期化を阻害する最大のボトルネックといってもよいだろう。

以前，筆者のクライアントにおいて，リードシート等の標準テンプレートを作成した後に，すべての経理部員に財務分析の実施を提案したところ，ある若い女性スタッフから，「なんで私が監査法人のために財務分析なんかやらなきゃなんないのよ！　財務分析なんてしたことないし，報酬を受け取っている監査法人がやる仕事でしょ！」と大声で怒鳴られたことがあった。似たようなことは，このクライアント以外の方にも何度か言われたことがある。

これについては，２点，彼女に申し上げた。

まず１つは，**財務分析は監査法人の仕事ではない**ということ。財務分析はあなたの会社の経理部の主たる業務の１つである。これまで財務分析をせずに開示をしてきたことが普通ではない（異常である）との認識を持たなければならない。財務分析をやらないために，決算・開示・監査業務の「手待ち」「手戻り」「重複」が生じ，決算全体の工数が膨らむうえに，監査法人からの質問攻めにあい，さらに，自ら異常点を発見することもできないため監査法人からの指摘事項も多いのである。自社の決算業務を進めながら，監査法人への対応をしなければならないのは面倒なはずだ。そうであれば，本来は会社でやっておくべきことを，監査が始まるまでにやっておくべきではないか。

もう１つは，**財務分析をやることによって，あなたの決算業務が２倍，３倍になるわけではない**ということ。掘り下げるところは掘り下げなければならないが，掘り下げる必要もないところも多い。（先述のとおり）決算早期化を実現した会社であれば，単体試算表・連結精算表が締まった当日か翌日の１～２営業日で財務分析を実施している。このたった１～２営業日の分析業務をきちんとやるだけで，監査法人からの質問がゼロになり，決算・開示・監査業務の「手待ち」「手戻り」「重複」もなくなり，決算早期化が実現する可能性は高まる。初めは１～２営業日で終わらないかもしれないが，何度かの決算を経れば，それほど時間がかからないはずだ。

筆者のこれまでの経験上，**これまで財務分析をきちんとやっていなかった会社が，財務分析を１日かけてきちんと実施すれば，数日の決算早期化を実現することができる**。１年で10日以上の決算早期化を実現したクライアントが何社もあるが，やってきたことは基本的にリードシートを導入し，財務分析を徹底して実施しただけである。財務分析をきちんとやっても決算早期化の効果が表れないのは，財務分析が甘い可能性がある。財務分析は「セルフ監査」を行った，といえるレベルまで行わなければ意味がない。

②　財務分析スタッフの教育

財務分析の必要性については理解しても，財務分析の実施を部課長クラスのベテラン社員が抱え込んでしまっては，ベテラン社員がさらに忙しくなるため，決算早期化の効果が表れにくい（P.28⑵参照）。財務分析も，部課長未満の社員や，場合によっては派遣社員，パートタイマーにも割り振らなければならない。

これまで，「財務分析はベテラン社員の仕事」と思い込んでいる方には，「派遣社員，パートタイマーに財務分析などできるわけがない」と言われることもあるが，筆者のクライアントでは派遣社員，パートタイマーでも財務分析を実施している。

筆者の場合，まずは「リードシートレベルの分析」「勘定科目レベルの分析」から各経理部員に分担して実施してもらっている。これであれば，仮に「マクロ的な視点」を持てなくても，最低限の財務分析を実施することは可能である。初めのうちは，担当者によって分析の精度が異なる。非常に大雑把な分析で終わる部員もいれば，細かすぎる部員もいる。しかし，その都度上席者が指摘をしてあげれば，１年後には全経理部員が会計監査に耐えうるレベルの財務分析を実施するようになる。そのレベルにまでいけば，徐々に「開示基礎資料レベルの分析」，「試算表レベルの分析」と，「マクロ的な視点」が必要となる財務分析も割り振っていけばよいであろう。

(5) 財務分析の失敗事例　―こんな財務分析はやってはいけない

財務分析を実施していても，決算早期化につながる大きな成果が出せない会社もある。それはおそらく財務分析が甘いからだ。財務分析が甘いということは，財務分析の結果が，開示や会計監査に「使えない」ということである。財務務分析を実施したことによって，決算・開示・監査業務の工数が減らないばかりか，増大しているケースもある。

よくある財務分析の失敗事例を紹介しておくので，他山の石として見てほしい。

①　経理部で財務分析をやらない

第3章で述べたとおり，分析業務や開示業務は経理部の主たる業務である。しかし，これらの業務を他部門が行い，経理部でやっていない会社が少なくない。

何度もいうように，**財務分析は経理部の主たる業務の1つ**である。会社組織がどうであれ，経理部でやらなければならない業務である。分析業務や開示業務は他部門に丸投げするという感覚では決算早期化が実現できるはずがないし，「真の経理部」にはなれない。

②　分析結果をドキュメントしていない

財務分析をしていても，分析結果（変動理由）をドキュメントしている会社は極めて少ない。ドキュメントしていても，監査法人などの第三者が見ても理解できないことが書かれていることが多い。**ドキュメントなき分析シートは，分析していないのと同じ**である。監査法人だけでなく，投資家，経営者，上司，部下等からの決算に関する質問に対し，即答できる準備をしておかなければ，決算・開示・監査業務の工数を無駄に増大させるだけである。

③　財務分析が「仮説」の域を超えていない

財務分析は，ディスクロージャー目的のためにも実施するが，異常点発見目的のためにも実施するため，**性悪説的に，批判的に財務諸表を見る**必要がある。

財務分析を実施している会社においても，「売掛金が増えたのは，売上高が増えたから」，「売上高が増えたのは，高い営業目標を掲げたから」，「製品在庫が増えたのは，来期の販売拡大に備えるため」といった，表面的，形式的なドキュメントが多い。これは，「仮説」の域を超えておらず，何の「検証」もしていない。到底分析したとはいえないため，会計監査にも役に立たない（監査証拠にはなりえない）。

決算担当者は，資産や売上高が過大計上されているのではないかという懐疑心を持ち，「なぜ売掛金が増えているのか？」「なぜ製品在庫が増えているのか？」といった**「なぜ」「どうして」に対して事実を収集しなければならない**。「売掛金が増えたのは，売上高が増えたから」というのは，事実かもしれないが主観である。「ホントに売上高が増えているのか」に対しても性悪説的に，批判的に見なければならない。あらゆる懐疑心に対する納得感が得られるまで「仮説」と「検証」を繰り返すことが財務分析である。単に表面的な数字をなぞっただけの形式的な手続で終わらせていると，決算・開示・監査業務の工数は増える。

④　財務分析の「検証」が甘い

財務分析の「仮説」に対する「検証」が甘すぎるケースも多い。これには，3つのパターンがある。

まず1つは，断片的な情報だけをもとに「合理的」と結論を下しているもの。もう1つは，自分の知っている情報を他の情報より優先的に適用して「合理的」と結論を下しているもの。最後に，自分の中にある固定観念を当てはめて状況を解釈し「合理的」と結論を下しているもの。何度も述べているとおり，「検証」には，**事実を収集しなければならない**。

「検証」が甘い場合も十分な財務分析を実施したとはいえず，決算・開示・

監査業務の工数は増える。

⑤　「勝手な重要性基準」で財務分析を省略する

経理部内で「前期比◯％以上の変動があるもの」や，「前期比◯百万円以上の変動があるもの」のみを分析すればよいというルールを作っている会社が少なくない。分析業務の効率化のためにこのようなルールを作っているのだと思われるが，これは絶対にやめるべきである。

「前月比○％以上の変動があるもの」のみ分析すればよいというルールを設けると，期末残高が大きく金額的重要性が高いものであっても，増減率は小さければ変動分析を無視する経理部員が現れる。逆に，期末残高が小さく金額的重要性が乏しいものにもかかわらず，変動率が大きいことをもって一生懸命に分析を実施する経理部員が現れる。

「前期比○百万円以上の変動があるもの」のみを分析すればよいというルールを設けると，期末残高が大きく金額的重要性が高いものであっても，増減額は小さければ変動分析を無視する経理部員が現れる（そもそも，期末残高が大きいものは金額的重要性が高い，ということすら無視する経理部員が現れる)。増減額が小さくても，回収不能・回収遅延のものはないか，マイナス残高のものはないか，長年取引があったのに突然残高がゼロになったのはなぜか，これまで取引がなかったのに突然新規計上されたのはなぜか，といった点も無視すべきではない。

増減率や増減額が小さいことが「異常」であるケースもある。増減率基準や増減額基準を設定すると，分析担当者の視野・視点を狭めてしまうことになり，財務分析の精度を著しく落とすことになる。先述のとおり，財務分析をする際は，マクロ的な視点とミクロ的な視点（大局的な視点）をもって実施しなければならない。

第5章

決算早期化を実現するための
プロジェクトの進め方

第５章の全体像

1　決算早期化を阻害するボトルネックの特定

(1)　決算早期化プロジェクトの進め方

決算早期化を目指すのであれば，現状把握，現状分析を行い，決算早期化を阻害するボトルネックを特定し，そのボトルネックを取り除くような解決策を構築しなければならない（【図表５－１】参照）。

【図表５－１】決算早期化プロジェクトの進め方

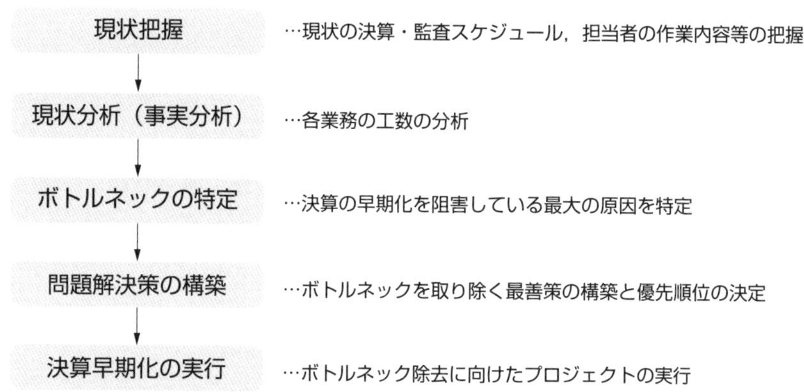

ボトルネックの特定を誤ると，どんな解決策を構築しても決算早期化を実現させることはできない。そのため，ボトルネックの特定は極めて重要であるが，このボトルネックの特定は非常に難しく，多くの会社がこのボトルネックの特定を間違える（つまり，決算早期化の解決策も間違えている）。

慣習としてその方法で長年決算をやってきた決算担当者にとっては，その方法が正しいのかどうか判断できず，代替案もわからないことが多い。そのため，ボトルネックが連結決算や開示業務にあるにもかかわらず，単体試算表作成の前倒しを目指すという会社は多い。特に，決算早期化を実現させるためには単体試算表作成を前倒ししなければならないという固定観念を持っている方が多い。しかし，「決算早期化＝単体試算表の早期作成」ではないことは，第１章でも説明したとおりである。「決算早期化＝決算発表の早期化」であることを忘れてはならない。

【図表５－２】に決算発表が遅い会社B社～E社の４社（いずれも上場企業）の決算スケジュールを記載している。実際の決算スケジュールを「単体」「連結」「開示」「監査」に区分して記載した。あなたがこのB社～E社の４社の決算責任者だとした場合，決算早期化を阻害するボトルネックは「単体」「連結」「開示」「監査」のどこにあると判断するだろうか。

⑵　ボトルネックの特定　―他社の事例

①　B社のケース

B社のケースは，どこがボトルネックかは一目瞭然である。単体決算である。単体決算に36日も要しているというのは「異常」な長さである。まずは単体決算の早期化を図らなければならない。請求書が得意先から届かなければ売上が計上できない等，単体試算表がタイムリーに確定しないことに原因があると考えられるため，業務フローを抜本的に見直す必要があるだろう。

逆に，連結決算や開示業務が４日で本当に終えることができているのかという疑念すらあるスケジュールである。

②　C社のケース

決算発表が遅い会社をいくつかのパターンに分けると，このC社のパターンか，次に説明するD社のパターンが最も多い。

C社のような決算スケジュールの会社でも，決算早期化を図る際に単体試算表作成の前倒しを目指そうとするケースを見受ける。しかし，このような決算スケジュールの会社においては，単体試算表作成を前倒ししても，決算短信の早期開示にはつながらない可能性が高い。なぜなら，この会社は（単体決算ではなく）連結決算や開示業務の期間が長すぎ，決算短信の作成・チェックは決算発表の直前までかかっていると思われるためである。仮に単体試算表作成を

１日前倒しできても，連結決算や開示業務が１日延びるだけで，決算早期化は実現できないという結果になる可能性がある。

よって，この会社におけるボトルネックは「連結」と「開示」であり，「単体」より優先して「連結」と「開示」の早期化を図らなければならない。

③　D社のケース

D社のような決算スケジュールの会社でも，決算早期化を図る際に単体試算表作成の前倒しを目指そうとするケースを見受ける。確かに，D社は単体決算に13日を要しており，決して単体決算が早いとはいえない。しかし，この会社においても，単体試算表作成を前倒ししても，決算短信の早期開示にはつながらない可能性が高い。なぜなら，どれだけ単体試算表の作成を前倒ししても，連結決算は19日にならないと開始できないからである。

D社のケースは，C社と同様に連結決算や開示業務の期間が長すぎるという問題点もあるが，それ以上に単体決算が終わってから，連結決算が開始するまで中５日もあるという点は大問題である。「決算のタスキリレー」(P.４参照)ができていないのである。決算早期化を目指すというのに，中５日も手待ちの期間があってはならない。

よって，この会社におけるボトルネックは「連結」である。おそらく，特定の子会社からの連結パッケージの入手に時間を要していると思われるため，子会社の決算早期化を図る必要があると思われる。

④　E社のケース

このE社のケースが，この４社の中ではボトルネックの特定が最も難しく，ほとんどの方がボトルネックの特定を誤る。このE社の場合も，決算早期化を図る際に単体試算表作成の前倒しを目指そうとしていた。確かに，E社は単体決算に20日も要していることから，改善の余地は十分にありそうである。

しかし，このE社は決算短信の作成・チェックは30日以内に終わっているのである。それでも開示までに43日を要している原因は「監査」である。

【図表5－2】 決算発表が遅い

B社							
本決算							
決算発表：5月13日							
日数	月	日	曜日	単体	連結	開示	監査
1	4	1	金				
2		2	土				
3		3	日				
4		4	月				
5		5	火				
6		6	水				
7		7	木				
8		8	金				
9		9	土				
10		10	日				
11		11	月				
12		12	火				
13		13	水				
14		14	木				
15		15	金				
16		16	土				
17		17	日				
18		18	月				
19		19	火				
20		20	水				
21		21	木				
22		22	金				
23		23	土				
24		24	日				
25		25	月				
26		26	火				
27		27	水				
28		28	木				
29		29	金				
30		30	土				
31	5	1	日				
32		2	月				
33		3	火				
34		4	水				
35		5	木				
36		6	金				
37		7	土				
38		8	日				
39		9	月				
40		10	火				
41		11	水				
42		12	木				
43		13	金	決算発表			
44		14	土				
45		15	日				

C社							
本決算							
決算発表：5月13日							
日数	月	日	曜日	単体	連結	開示	監査
1	4	1	金				
2		2	土				
3		3	日				
4		4	月				
5		5	火				
6		6	水				
7		7	木				
8		8	金				
9		9	土				
10		10	日				
11		11	月				
12		12	火				
13		13	水				
14		14	木				
15		15	金				
16		16	土				
17		17	日				
18		18	月				
19		19	火				
20		20	水				
21		21	木				
22		22	金				
23		23	土				
24		24	日				
25		25	月				
26		26	火				
27		27	水				
28		28	木				
29		29	金				
30		30	土				
31	5	1	日				
32		2	月				
33		3	火				
34		4	水				
35		5	木				
36		6	金				
37		7	土				
38		8	日				
39		9	月				
40		10	火				
41		11	水				
42		12	木				
43		13	金	決算発表			
44		14	土				
45		15	日				

会社の決算スケジュール

D社							
本決算							
決算発表：5月13日							
日数	月	日	曜日	単体	連結	開示	監査
1	4	1	金				
2		2	土				
3		3	日				
4		4	月				
5		5	火				
6		6	水				
7		7	木				
8		8	金				
9		9	土				
10		10	日				
11		11	月				
12		12	火				
13		13	水				
14		14	木				
15		15	金				
16		16	土				
17		17	日				
18		18	月				
19		19	火				
20		20	水				
21		21	木				
22		22	金				
23		23	土				
24		24	日				
25		25	月				
26		26	火				
27		27	水				
28		28	木				
29		29	金				
30		30	土				
31	5	1	日				
32		2	月				
33		3	火				
34		4	水				
35		5	木				
36		6	金				
37		7	土				
38		8	日				
39		9	月				
40		10	火				
41		11	水				
42		12	木				
43		13	金	決算発表			
44		14	土				
45		15	日				

E社							
本決算							
決算発表：5月13日							
日数	月	日	曜日	単体	連結	開示	監査
1	4	1	金				
2		2	土				
3		3	日				
4		4	月				
5		5	火				
6		6	水				
7		7	木				
8		8	金				
9		9	土				
10		10	日				
11		11	月				
12		12	火				
13		13	水				
14		14	木				
15		15	金				
16		16	土				
17		17	日				
18		18	月				
19		19	火				
20		20	水				
21		21	木				
22		22	金				
23		23	土				
24		24	日				
25		25	月				
26		26	火				
27		27	水				
28		28	木				
29		29	金				
30		30	土				
31	5	1	日				
32		2	月				
33		3	火				
34		4	水				
35		5	木				
36		6	金				
37		7	土				
38		8	日				
39		9	月				
40		10	火				
41		11	水				
42		12	木				
43		13	金	決算発表			
44		14	土				
45		15	日				

多くの方にとって，決算早期化を目指すにあたり「監査」は盲点となっているが，このE社のケースのように**「監査」がボトルネックという会社**もある。

E社のケースのように，これほど会計監査の期間が長いというのは「異常」である。会社の規模や業種や取引内容等とは関係なく，会計監査がスムーズに進まない原因があるはずである。そこを解決しなければ，どれだけ会社側の決算を前倒しさせても，決算早期化を達成することができない。

なお，このスケジュール表からはわからないが，E社は決算・監査資料が属人化しているうえに，監査法人を相当嫌っており，会計監査に非協力的であった。会計監査の異常な長さの原因はここにある。

このように決算の早期化を阻害しているボトルネックは各社で異なり，かつ特定が難しい。ボトルネックの特定をせぬまま，決算早期化プロジェクトを進めても，大した効果が出ないのはいうまでもない。

⑶ ボトルネックの特定　―自社の場合

さて，⑵の他社事例を参考に，自社の決算早期化を阻害するボトルネックを特定してみてほしい。その際に，【図表５－３】のスケジュール表に自社の「直近本決算」と「直近四半期決算」のスケジュールを埋めてみるとよいだろう。この表は，筆者が決算早期化コンサルティングの依頼を受けた場合に，依頼者が決算早期化を実現できない原因を分析するために使用しているものである。表の左には，P.３の【図表１－１】にも記載した，決算早期化を実現しているA社の決算スケジュールも（縦横の向きを変えて）記載している。このA社の決算スケジュールと，自社の「直近本決算」と「直近四半期決算」のスケジュールを比較して，「開始時期」や「工数」が大きく異なる業務がボトルネックとなっている可能性が高い。

【図表５－３】　自社の決算スケジュール

決算早期化を実現したA社							
本決算							
決算発表：４月28日							
日数	月	日	曜日	単体	連結	開示	監査
1	4	1	金				
2		2	土				
3		3	日				
4		4	月				
5		5	火				
6		6	水				
7		7	木				
8		8	金				
9		9	土				
10		10	日				
11		11	月				
12		12	火				
13		13	水				
14		14	木				
15		15	金				
16		16	土				
17		17	日				
18		18	月				
19		19	火				
20		20	水				
21		21	木				
22		22	金				
23		23	土				
24		24	日				
25		25	月				
26		26	火				
27		27	水				
28		28	木	決算発表			
29		29	金				
30		30	土				
31	5	1	日				
32		2	月				
33		3	火				
34		4	水				
35		5	木				
36		6	金				
37		7	土				
38		8	日				
39		9	月				
40		10	火				
41		11	水				
42		12	木				
43		13	金				
44		14	土				
45		15	日				

自社							
直近本決算							
決算発表：			月				日
日数	月	日	曜日	単体	連結	開示	監査
1							
2							
3							
4							
5							
6							
7							
8							
9							
10							
11							
12							
13							
14							
15							
16							
17							
18							
19							
20							
21							
22							
23							
24							
25							
26							
27							
28							
29							
30							
31							
32							
33							
34							
35							
36							
37							
38							
39							
40							
41							
42							
43							
44							
45							

自社							
直近四半期決算							
決算発表：			月				日
日数	月	日	曜日	単体	連結	開示	監査
1							
2							
3							
4							
5							
6							
7							
8							
9							
10							
11							
12							
13							
14							
15							
16							
17							
18							
19							
20							
21							
22							
23							
24							
25							
26							
27							
28							
29							
30							
31							
32							
33							
34							
35							
36							
37							
38							
39							
40							
41							
42							
43							
44							
45							

(4) 決算早期化を阻害する原因の特定

① 原因の洗い出し

(3)で決算早期化を阻害するボトルネックが「単体」「連結」「開示」「監査」のどこにあるかを特定することができたら，さらに決算早期化を阻害する原因がどこにあるかを分析する。

これは，ボトルネックと特定したものに限らず，決算早期化を阻害する要因をすべて書き出すところから始める（筆者に決算早期化コンサルティングの問い合わせがあった場合は，まず依頼主から決算早期化を阻害する要因をすべて聞き出し，書き出すところから始めている）。特定の担当者が抱える問題点だけでなく，経理部全体が抱える問題点もすべて洗い出す必要があるため，経理部員全員にヒアリングをしたり，アンケートを取ったりしてもよいだろう。とにかくすべての要因を洗い出すことが重要である。

② 原因の分析

すべての要因を洗い出すことができたら，次に【図表５－４】の表に，その洗い出したものをプロット（書き写し）してほしい。この表にプロットしていくことにより，自社の決算が遅い原因が視覚的に見えてくるのではないだろうか。

筆者の経験上，決算早期化を阻害する原因は「決算資料の問題」「人材・能力の問題」「業務フローの問題」「システムの問題」「その他の問題」に分類することができる。そして，多くの会社が「決算資料の問題」に最大の課題を抱えている。次に多いのは「人材・能力の問題」である。当然，決算早期化プロジェクトにおいても，これらの問題を改善していうことを優先しなければならない。

実は，「業務フローの問題」「システムの問題」が決算早期化を阻害する要因となっている会社は少ない。しかしながら，決算早期化プロジェクトにおいて（決算早期化を阻害する原因の特定を行うことなく）多額のコストをかけて業務フローの改善やITシステムの変更を行っている会社は少なくない。業務フ

【図表５－４】 決算が遅延する原因の特定

	単体決算	連結決算	開示業務	会計監査
決算資料の問題				
人材・能力の問題				
業務フローの問題				
システムの問題				
その他の問題				

ローやITシステムを変えれば決算は早くなると安易に考えたのであろうが，決算早期化を阻害する原因がそこになければ，どれだけコストをかけても根本的な原因解決にならないことはいうまでもない。同じ轍を踏むことがないように気をつけてほしい。

③　原因の特定

決算早期化を阻害する原因の特定を誤ると決算早期化の実現は困難であるため，この**原因の特定は極めて重要であるが，とても難しい**。

例えば，本書で述べてきたようなアウトプット資料の網羅性・有用性の欠落が決算早期化を阻害する最大の原因であるという会社を多く見てきたが，自社のアウトプット資料の問題が最大の原因と認識・特定することは難しい。また，経理部長が仕事を抱えすぎていること（属人化）が決算早期化を阻害する最大の原因であるという会社も多く見てきたが，それを最大の原因と認識・特定する経理部長は少ない。実際に，多くの会社が原因の特定を誤っている。**原因の特定は，大局的・客観的に自社を見つめ，分析しなければならない**。

筆者以外にも決算早期化コンサルティングを行っている専門家はいるが，彼らでさえも原因の特定を誤っていることがある。コンサルタントに多額の報酬を支払ったのに，思ったような結果が出なかったという声はよく聞く。中には，原因の特定をすっ飛ばして，彼らの得意分野（監査法人系コンサルティング会社であれば業務フローの改善，システム会社系コンサルティング会社であればシステムの導入・改修，アウトソーシング会社であれば決算アウトソーシングの導入等）の提案を持ってくることがあるが，本当にそのプロジェクトをすべきかどうかについても，大局的・客観的に自社を見つめ，分析しなければならない。

【図表５－４】の表に，決算が遅延する原因をプロットしていくと，特定の項目に「偏り」が見られるのではないだろうか（例えば，「連結決算」の「決算資料の問題」に問題点が偏っている等）。この「偏り」が，決算早期化を阻害する最大の原因である可能性が高い。

なお，複数の項目に「偏り」がある，もしくは，ほぼすべての項目に原因があるケースも見受けられる。その場合は，**決算早期化を実現するための「優先順位」を付ける**ことが重要になる。

⑸　決算早期化に向けての改善策と優先順位付け

①　改善策の洗い出し

⑷で決算早期化を阻害する原因の特定ができたら，次に，その改善策を考える。これも，決算早期化を阻害する要因をすべて書き出した時と同じように，改善策として考えられることをすべて書き出す。

②　優先順位付け

改善策をすべて書き出すことができたら，次に優先順位付けを行う。書き出した改善策を，「今すぐやること」（今期中にやること）と「将来やること」（来期以降にやること）に分け，さらに，「自社でできること」と「自社だけではできないこと」に分け，【図表５－５】の表にプロットしていってほしい。

「自社でできること」については可能な限り自社で改善すべきだが，「自社だけではできないこと」については，どのような外部専門家に依頼すべきなのか，どれくらいの予算が必要なのかについても検討しておく必要がある。

⑹　決算早期化に向けてのアクション・プラン

⑴～⑸ができたら，決算早期化プロジェクトは半分成功したようなものである。

最後に，【図表５－５】の「今すぐやること」「自社でできること」に列挙した項目を，【図表５－６】のアクション・プランに落とし込んでほしい。「自社だけではできないこと」についても，外部専門家に依頼するためにどのようなアクションを行うのかをアクション・プランに落とし込んでほしい。

ここまでの各表を完成させたら，あとはアクションに移すだけである。

【図表５－５】 決算早期化に向けての改善策と優先順位

	自社でできること	自社だけではできないこと
今すぐやること （　　年　　月期目標）	● ・ ・ ・ ● ・ ・ ・ ● ・ ・ ・	● ・ ・ ・ ● ・ ・ ・ ● ・ ・ ・
将来やること （　　年　　月期目標）	● ・ ・ ・ ● ・ ・ ・ ● ・ ・ ・	● ・ ・ ・ ● ・ ・ ・ ● ・ ・ ・

【図表５－６】 決算早期化に向けてのアクション・プラン

何を	誰が	どのように	いつまでに

2 さらなる決算早期化・効率化への対応

ここまで述べてきた方法以外にも，決算・開示・監査の工数を削減する方法はある。近年，上場企業やそのグループ会社において，【図表５－７】に挙げたような施策が見られる。ここに挙げたものは，直接的に決算・開示・監査の工数を削減する方法ではないが，間接的に工数を削減する効果や，管理コストを削減する効果がある。

例えば，シェアード化や経理機能の一元化は，各社，各事業所等にある経理部門を集約・統合することにより，経理業務のスリム化・効率化を実現し，経理担当者の高度化・専門化を実現させることが可能となる。それに伴い，決算等のスピードアップや，管理コストの削減を実現させることも可能になる。

上場企業においても，決算等の業務の一部をアウトソーシングすることは珍しくない。記帳等の日常的な業務のアウトソーシングのみならず，連結決算業務のすべてや，開示業務のすべてをアウトソーシングしている企業もある。業務の一部をアウトソーシングすることは必ずしも決算等のスピードアップにつながるとは限らないが，依頼先との連携やコミュニケーションをうまく取ることにより，圧倒的な決算早期化を実現させている企業もある。なお，アウトソーシングをすることによって決算早期化の実現を阻害している場合もあるので注意が必要である（P.91参照）。

残業削減や残業禁止といった「働き方改革」への対応は，決算等のスピードアップにはつながらず，場合によっては決算の締めが遅れるリスクを抱える。しかし，多くの企業は労働時間を削減することにより，非効率な業務を改善・廃止し，生産性を高め，決算の締めを遅らせることなく，工数削減を実現させている。

「パーキンソンの法則」というものがある。英国の歴史学者・政治学者であるC・ノースコート・パーキンソンが唱えた法則で，**「仕事の量は，完成のために与えられた時間をすべて満たすまで膨張する」**というものである。「今日

【図表5－7】 間接的な決算・開示・監査の工数削減の方法

施　策	具体的な内容	主な効果（例）
組織の見直し（グループ再編）	シェアード化	経理業務のスリム化・効率化 経理担当者の高度化・専門化
組織の見直し（本社管理部門）	経理機能の一元化 管理部門の統合 管理職の削減	経理業務のスリム化・効率化 経理担当者の高度化・専門化 コミュニケーションのフラット化
業務の選択と集中	経理・決算・開示業務のアウトソーシング	人員削減 担当者の高度化・専門化 生産的な活動への資源集中
労働環境の改善	残業削減（残業禁止） フレックスタイム制 時短勤務 テレワーク導入 業務・会議等のオンライン化	生産性向上 人件費等の削減
業務の効率化	ITシステムの導入・入替 AIの活用 RPA導入 クラウド化 ペーパレス化（デジタル化） 承認・押印手続等の見直し オンライン会議の活用	経理業務のシンプル化 出張・移動時間削減 人員の適正化

は深夜まで仕事をする」と思っていたら，仕事は深夜まで終わらない。しかし，「今日は定時にあがる」と決めれば，仕事は定時に終わる。同じように，「45日以内に決算発表をすればいい」と思っていたら決算業務は45日目まで膨張する。しかし，「絶対に30日以内に決算発表をする」と決断すれば，必然的に30日以内に決算発表をする方法を考え，知恵を絞るはずである。決算・開示・監査の工数を削減するためには，「やると決める」ことも重要である。

ここで述べた個々の内容を組み合わせて実施することにより，全体として工数削減や管理コストの削減をすることができるのではないだろうか。短期間（1年以内）で大きな成果を出すことは困難かもしれないが，決算早期化を実現させている企業は，そこに至るまで5年，10年，20年といったスパンでの改善を繰り返している。毎年毎年の課題抽出と改善実行をコツコツと繰り返すことが大切である。

3 経理部を進化させる方法 ―決算早期化のそのあとに

筆者は，独立して約20年，一貫して決算早期化コンサルティングに携わってきた。毎年，決算早期化が課題の企業の経理部門の方々と向き合い，改善を繰り返してきた。これまで支援してきた上場企業は40社を超える。その中の数社は，プロジェクトが終わった後（決算早期化を実現した後）も定期的にお会いし，その後の進捗等をフォローしている。

また，クライアント以外にも，決算早期化を実現している上場企業の経理担当者や，そのような企業を担当する監査法人の監査人とも積極的にお会いし，どのようにして決算早期化を実現してきたのか，どのような経理部を作ってきたのかについて，教えていただいてきた。

決算早期化を実現した多くの企業を見てきてわかったことは，経理部は「情報製造業」（第３章1参照）でとどまってはいけないということである。**「情報製造業」のその先の「情報サービス業」に進化させなければならない**のである。各利害関係者に対してサービスを提供する「情報サービス業」に進化した経理部が**「真の経理部」**であり**「強い経理部」**である。

(1) 経理部の３段階の進化のプロセス

経理部は倉庫業のように情報をストックするだけでとどまってはならないし，製造業のように価値ある情報を作り上げることにとどまってはならない。経理部は各利害関係者に対して，期待を超えるサービスを提供するサービス業へ進化させなければならない。

つまり，**経理部は情報の倉庫業から，製造業へ，さらにサービス業へと，３つの段階の進化のプロセスを辿る。**

【図表５－８】　経理部の３つの段階の進化のプロセス

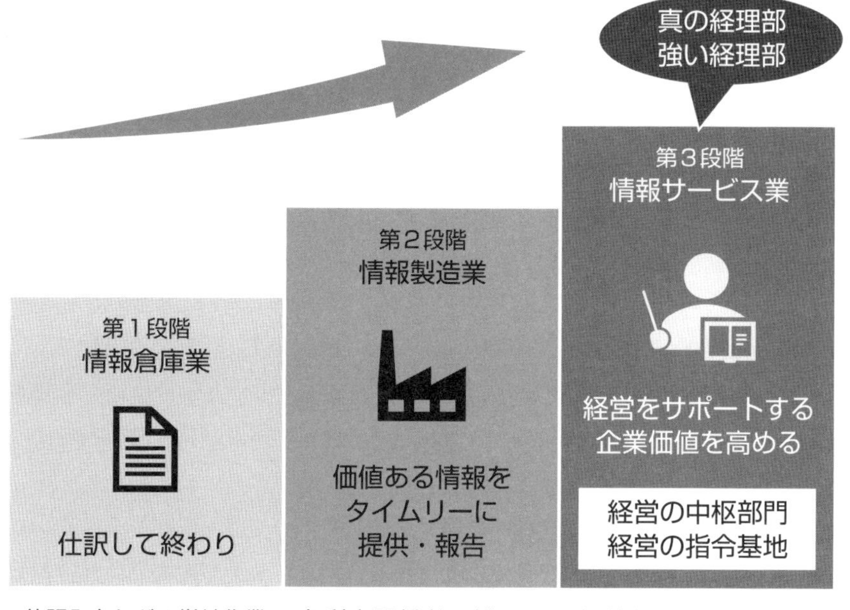

仕訳入力などの単純作業で終わっている経理部。

しかし，決算書は雛形に数値を当てはめるのみであり，各利害関係者に対して「付加価値ある情報」をタイムリーに提供することができていない。

各利害関係者に対して「付加価値ある情報」をタイムリーに報告・提供している経理部。

しかし，新たな価値を創造したり，企業価値を高めたり，経営のサポートをしたりする部署にまでは至っていない。

各利害関係者に対して「付加価値ある情報」をタイムリーに提供することは当然のこと，新たな価値を創造したり，企業価値を高めたり，経営のサポートをする部署に進化している。

（出処）武田雄治『「社長」の本分』（中央経済社，2022年）

第１段階の経理部を，筆者は**「情報倉庫業」**の経理部と呼んでいる。「金庫番」「仕訳屋」「決算書作成屋」にとどまっている経理部を指す。中小企業の経理部の多くが，この「情報倉庫業」である。

第２段階の経理部を，筆者は**「情報製造業」**の経理部と呼んでいる。社内外から入手した情報をもとに「付加価値のある情報」をタイムリーに報告・提供しているところまではできている経理部を指す。多くの上場企業の経理部がこの段階にある。

しかし,「当期の利益は10億円でした」と,単に「事実」を伝えることにとどまっている企業が多い。当期の利益がいくらかというのは財務諸表を見ればわかる。そんなものは実は価値でもなんでもない。経営者や投資家等の利害関係者が知りたいことは単なる「事実」ではなく,「なぜ10億円だったのか」「なぜもっと利益が出なかったのか」「なぜ予測と乖離したのか」「来期はどうなのか」といった財務諸表の裏に隠れた「真実」である。会社の数値を最もよく知っている経理部員が財務諸表の数字とじっくり対話し,「なぜ」「どうして」を繰り返すことにより,経営の実態を浮かび上がらせないといけない。経理部は,ここまでのレベルの財務分析を実施し,その分析結果を各利害関係者に伝える義務がある(財務分析の手法についてはP.214参照)。

第3段階の経理部を,筆者は**「情報サービス業」**の経理部と呼んでいる。ここまで進化している経理部は,単なる業績報告や分析結果の報告では終わらない。その結果を踏まえて,「会社にどういう問題・課題があるのか」「どこに顕在的・潜在的なリスクを抱えているのか」「どこに経営資源を投下すべきなのか」「会社はどこへ向かうべきなのか」「それによって会社の将来の数字はどうなるのか」といった経営者等の意思決定をサポートする情報をタイムリーに伝えている。経営者に情報を伝える前に,経理部内で分析結果をもとに次の経営戦略・戦術を練ることもある。場合によっては経営者を突き動かしたり,歯止めをかけたりもする。このような経理部は,**「経営の中枢部門」「経営の指令基地」となり,「経営者や事業部門を支援するサービス部門」**となっている。そして経営者等の利害関係者の期待を超える情報を,期待を超えるスピードで発信している。このような経理部が「真の経理部」であり「強い経理部」といえる。

ここで,日本を(もしくは世界を)代表する経営者の顔を思い浮かべてほしい。その経理者たちはなぜ思い切った意思決定を行うことができるのだろうか。なぜ数字に強いのだろうか。それは，彼ら／彼女らが簿記や会計の勉強をしたからではない。その後ろに経営の司令塔が存在するからである。F1ドライバーはピットから無線でさまざまな情報をタイムリーに伝えられているから，時速300キロで走りながらも瞬時の意思決定ができる。経理部は，経営者に対して，アクセルを踏ませ，ブレーキを踏ませ，時にはピットに入らせる，そういった司令を出すという役割も負っている。**経理が変われば，経営者が変わり，会社は変わる**。経理部は，経営者を変え，会社を変えなければならない。そして，経営者から信頼され，感謝される部署でなければならない。

⑵　経理部を「情報サービス業」へ進化させる方法

では，経理部を「情報製造業」から「情報サービス業」へと進化させ，「真の経理部」「強い経理部」を作るにはどうしたらいいのだろうか。本書でここまで述べてきた**「経理部の仕組み」**の再構築，アウトプット資料の見直し，財務分析の徹底（第３章～第４章）だけではなく，**「経理部のあり方」**を考え直すという意識改革も必要となる。

①　社長の意識改革

上場企業の社長であっても，経理部を含むバックオフィスへの変革を渋る人が多い。特に営業部門・技術部門あがりの社長は，バックオフィスの重要性をまったく理解していないことがある。バックオフィスには１円たりとも投資しないというスタンスの社長も少なくない。変革への投資どころか，業務に必要不可欠なシステム投資，人材採用，教育投資，備品購入等も徹底して渋る社長すらいる。30年前のデスクトップPCに，20年前の会計システムを入れ，10年前のWindowsをいまでも使い続けている会社もある。経理部への必要な投資を渋り続けたことにより，「昭和の経理部」が社内に取り残され，経理部から正しい情報，価値がある情報をタイムリーに発信できないばかりか，経理部が事業運営の足を引っ張っているケースもある。これでは，どれほど優秀な経理部長を採用しても，経理部が「情報サービス業」に進化することはない。

② 経理部トップの意識改革

経理部トップは，経理や決算に特別な思いを持っていることが多い。そのため，上場企業においても，経理部トップが決算・開示業務を握りしめていることがある。そのような企業は，決まって決算が属人化しており，人材が育たず，決算発表が遅い。このような経理部は「情報製造業」でとどまっており，「情報サービス業」に進化することはない。企業全体の中で，経理部が何を求められているのか，経理部トップが何を求められているのかを，経理部トップが自らに問うべきである。

③ 経理部員の意識改革

先述のとおり，経理部は「金庫番」「仕訳屋」「決算書作成屋」にとどまっていてはいけない。つまり，出納管理をすることや，振替伝票を入力することや，単体試算表・連結精算表を作成することだけが仕事ではない。各利害関係者（特に投資家や経営者）から「ありがとう」といってもらえる仕事をしなければならない。

会社の数字を最もよく理解している経理部が，経営の過去・現在・未来の「ストーリー」を作り，ストーリーの語り部となって，利害関係者に伝えていかなければならない。そして，「経営の中枢部門」，「経営の指令基地」の一員として，経営をサポートしていかなければならない。これが，経理の本分である。まずは，このような「経理部のあり方」を考え直すという意識改革が必要である。

経理部にとって，利害関係者は「お客様」であるという意識改革も必要である。一般的に「お客様」はわれわれに何を要求しているのかを言ってくれない。そのため，経理部員は「お客様」が何を求めているのかを理解する**マーケティング力**が求められる。その「お客様」の期待を超える情報を，期待を超えるスピードで伝える**伝達力**も求められる。伝達した後に，「お客様」をフォローし，情緒的なつながりを大切にし，信頼関係を築いていく**人間力**も求められる。そして，経営（者）を動かす**リーダーシップ力**，**行動力**も求められる。「お客様」からの期待を超えた時に，「お客様」からの“ありがとう”をいただける。その“ありがとう”が増えれば，仕事のやりがい・モチベーションがさらに上がるはずである。

つまり，経理部員は，決算や開示を極めればよいというわけではない。

このように，経理部は責任重大で大変な部署ではあるが，われわれが発信する情報の質・量・迅速性により利害関係者から感謝され，利害関係者の意思決定や行動が変わり，場合によっては経営（者）を動かすこともでき，ひいては，会社を動かすこともでき，社会も動かすことができる。こんなやりがいがあり，素晴らしく，面白い部署はないと思う。

本書をきっかけに，１社でも多くの企業の経理部が「強い経理部」「真の経理部」に進化することを願い，ペンを置くことにする。

《著者紹介》

武田　雄治（たけだ　ゆうじ）

公認会計士
武田公認会計士事務所 所長
関西学院大学商学部卒業。
KPMG（現・有限責任 あずさ監査法人），東証上場企業財務経理部門，コンサルティング会社勤務等を経て，現在に至る。
監査をする側と監査をされる側の両方の経験を活かし，「経理を変えれば会社は変わる」との信念のもと，これまで数多くの上場企業財務経理部門の業務改善を行ってきた。決算早期化，決算業務改善の分野では第一人者と称されている。

【著書】『「経理」の本分』『「社長」の本分』（共に中央経済社）など多数。
【ホームページ】「武田公認会計士事務所」 http://www.cpa-takeda.com/
【ブログ】「CFOのための最新情報」 http://blog.livedoor.jp/takeda_cfo/
【連絡先】otoiawase@cpa-takeda.com

「経理の仕組み」で実現する
決算早期化の実務マニュアル〈第３版〉

2012年７月30日　第１版第１刷発行
2013年２月５日　第１版第５刷発行
2016年４月１日　第２版第１刷発行
2023年３月30日　第２版第11刷発行
2024年４月20日　第３版第１刷発行
2024年９月25日　第３版第３刷発行

著　者　武　田　雄　治
発行者　山　本　継
発行所　㈱　中　央　経　済　社
発売元　㈱中央経済グループパブリッシング

〒101-0051　東京都千代田区神田神保町１-35
電話　03（3293）3371（編集代表）
　　　03（3293）3381（営業代表）
https://www.chuokeizai.co.jp
印刷／東光整版印刷㈱
製本／㈲井上製本所

＊頁の「欠落」や「順序違い」などがありましたらお取り替えいたしますので発売元までご送付ください。（送料小社負担）

ISBN978-4-502-50041-1　C3034